高等职业院校经济管理类规划教材

客户服务与管理产教融合型教程

主　编　汪启航　向红梅　唐　玲
副主编　王　鸿　宋世才　吴传淑

北京邮电大学出版社
www.buptpress.com

内 容 简 介

本书以职业素养为核心，以客户体验为切入点，以产教融合为主线，坚持按照实用性、实践性、前瞻性的原则编写，培养"德技兼修"的企业客服人才。按照企业客服的岗位流程，共设计"初识客户服务""学会客服技能操作软件""建立客户服务关系""维护客户关系""实施客服数字绩效""构建客户关系管理平台"6个企业客服的真实任务。对接客服岗位需求，设计客服技能知识点的操作步骤，引导学生"做中学、学中做"。新增"1+X"证书所需的合页式笔记与新技能，有效衔接企业客服所需新技能，满足企业对客服技能的新需求。

本书可作为职业院校市场营销专业、电子商务专业、物流管理专业、财务管理专业的教材，也可以作为企事业单位客服部、营销部的培训教材，或作为社会从业人士的参考读物。

图书在版编目（CIP）数据

客户服务与管理产教融合型教程 / 汪启航，向红梅，唐玲主编. --北京：北京邮电大学出版社，2020.11
（2024.1重印）
ISBN 978-7-5635-6236-7

Ⅰ．①客… Ⅱ．①汪… ②向… ③唐… Ⅲ．①企业管理－销售管理－商业服务－职业教育－教材 Ⅳ．①F274

中国版本图书馆 CIP 数据核字（2020）第 208753 号

策划编辑：彭　楠　　　　责任编辑：满志文　　　　封面设计：七星博纳

出版发行：北京邮电大学出版社
社　　　址：北京市海淀区西土城路 10 号
邮政编码：100876
发 行 部：电话：010-62282185　传真：010-62283578
E-mail：publish@bupt.edu.cn
经　　　销：各地新华书店
印　　　刷：保定市中画美凯印刷有限公司
开　　　本：787 mm×1 092 mm　1/16
印　　　张：17.25
字　　　数：453 千字
版　　　次：2020 年 11 月第 1 版
印　　　次：2024 年 1 月第 2 次印刷

ISBN 978-7-5635-6236-7　　　　　　　　　　　　　　　　　　　　　　　定　价：42.00 元

·如有印装质量问题，请与北京邮电大学出版社发行部联系·

前　言

一、编写本书的初衷

"新经济就是客户经济",迈克尔·哈默的这句话具有两层含义,一是新经济离不开客户,二是新经济更加重视客户服务。本质上,新经济都是服务型经济。

"顾客就是上帝""客户都是对的"等耳熟能详的名言、俗语,体现了企业为客户服务的原则。但是,这更多的是对于优质服务态度的一般理解。要把这种客户服务态度落到实处,必须要对服务对象、服务方式、服务内容和服务结果有较全面准确的认识。

把客户服务作为深化产教融合的生成性学习的重要内容,弥补教育业相关课程与产业长期脱节的短板。事实上,没有任何经济活动能够离开客户服务。"为客户服务"本身就是其主要业务,"服务"是最显著的行业属性和标签。在智能信息化技术高速发展的时代,客户和企业老板对客服的要求越来越高。那么,我们如何通过产教融合的任务实操,为学生的未来就业与成长提供专业技能提升的保障?作为客服人员,怎样才能让你的老板视你为左膀右臂?鉴于此,我们编写了本书,相信它能让你的客户服务工作如鱼得水。

二、本书的主要内容

本书是一本专业的客服修炼秘籍,将企业客服所应了解的重点技能知识点嵌入各个任务技能实操中。通过本书的学习与实践训练,你将轻松拥有企业客服所需的基本技能。

本书根据企业客服的岗位需求,共设计了6个项目任务,项目任务1　初识客户服务⇨项目任务2　学会客服技能操作软件⇨项目任务3　建立客户服务关系⇨项目任务4　维护客户关系⇨项目任务5　实施客服数字绩效⇨项目任务6　构建客户关系管理平台。6个项目任务,由浅入深,层层深入,穿插破冰游戏、技能知识学习、实战演练,"1+X"证书所需的合页式笔记与新技能,有效对接企业客服所需技能。主要内容及逻辑解析如下。

本书就客户服务的内涵及特点要素、层次关系、服务类型、服务现状及人才培养等多方面内容做了系统性探讨,以具体服务项目为抓手,注重可操作性及能力培养。紧跟AI科技进步的时代潮流,梳理了传统人工服务和智能机器人服务的内涵、区别及操作特征,并重点描述了"人机"交互智能服务的软件操作与流程,这是本书的一大亮点与特色。

建立客户服务关系,说通俗一点,就是谋求客户给予服务的机会,这是实现客户服务的前提条件之一。建立客户服务关系,并不是简单的一步到位、一次即止或者一对一的服务关系,往往是点对点、点对线、点对面、线对点、线对线、线对面等复杂状态的交织。因此,建立客户服务关系与实现优质的客户服务,实际上是一种系统的服务能力展现。学生在学习客户服务的过程中,除了系统掌握相关理论知识、个人服务能力提升等要素以外,还需要强化系统性的服务意识和团队服务意识。

维护客户关系是建立客户服务关系之后的自然延伸和现实需要。客户服务离不开过程管理。因此,客户服务的绩效与考核是对客户服务最有效的评价方式。现实中,实际上大量存在无效服务甚至是负面服务——服务本身的质量如果不能获得保证，那么其实际后果有可能造成比产品本身更大的品牌损害。态度与细节都应成为客户服务考核评价机制的重要内容。

　　实现优质客户服务，必须借助科学、高效的服务平台或者工具。建立客户关系管理平台，是规模性、系统性客户服务的现实要求。管理平台本身并非客户服务，如果把客户服务比喻为"前台"的话，那么管理平台就是客户服务的"后台"，谁能否认，"前台"也还需要"后台"服务呢？

　　系统性的理解、消化与吸收客户服务的深厚内涵，是职业教育相关专业的学生，充实头脑、提升自我、走向成功的理论武器与现实工具。

三、如何使用本书

　　为了读者能更好地阅读本书，建议阅读以下两点小提示。

　　• 阅读本书的技能知识学习实践操作时，建议对接或申请成立一个网店/微店/跨境店/线下实体店，线上店需申请一个账号并提交免费开店申请。

　　• 在使用本书时，建议对接你所在的网店/微店/跨境店/线下实体店，跟随本书的技能知识点实践操作步骤进行技能训练。这样既可以按照本书的任务顺序学习，还可以根据自身需求，选择提升所需技能的实战演练。

　　希望本书能为读者的客户服务工作提供帮助，使读者能不断完善和超越自我，让读者的客户服务工作面朝大海，春暖花开。

　　在本书的编写过程中，北京沃云森科技有限公司总经理王鸿、客户成功工程师朱刚发，中国指数研究院深圳分院市场总监宋世才，以纯集团人力资源总监李艳，浙江姬存希化妆品有限公司重庆代理商舒雅琴、张萍，重庆电子工程职业学院的谢佳佳、罗觅嘉、马丹、帅育平、冷俊霖、王礼娟、周静、张忠林、巫山，退休协会重庆分会向月望等人为本书收集、整理资料并参与部分文字的编写和校正工作。在此，编者对以上企业专家、学校学者给予的鼎力支持，表示衷心的感谢！

　　本书的编者精益求精，但因水平和时间的限制，难免有不足之处，恳请广大读者批评指正。

编　者

目 录

项目任务 1 初识客户服务 ··· 1

  1.1 客服工作任务单 ·· 1
      任务解析|5 个赞赏 ·· 2
      拟定学习目标|5 个赞赏 ·· 3
      编制团队工作(学习)计划|5 个赞赏 ·· 3
  1.2 破冰游戏 ·· 3
  1.3 技能知识学习 ·· 4
      客户服务的内涵及特点 ·· 5
      客户的定义及分类 ·· 9
      了解优质客户服务 ··· 19
  1.4 实战演练 ··· 32
  1.5 分享与反思(分享典型范例和学习反思) ··· 34
      分享|5 个赞赏 ·· 34
      学习反思|5 个赞赏 ·· 36
      技能自我测试|5 个赞赏 ·· 36
  1.6 合页式笔记与新技能|5 个赞赏 ·· 39
  1.7 技能拓展|5 个赞赏 ··· 39
  1.8 下一个工作任务|5 个赞赏 ·· 41

项目任务 2 学会客服技能操作软件 ··· 42

  2.1 客服工作任务单 ··· 42
      任务解析|5 个赞赏 ·· 43
      拟定学习目标|5 个赞赏 ·· 44
      编制团队工作(学习)计划|5 个赞赏 ·· 45
  2.2 破冰游戏 ··· 45
  2.3 技能知识学习 ·· 46
      客服沟通工具千牛的使用(电脑版和手机版) ··· 46
      图片编辑工具 Photoshop 软件的使用 ··· 56
      客服工具 CRM 软件的使用 ·· 60
  2.4 实战演练 ··· 81
  2.5 分享与反思 ··· 83

　　　　　分享|5个赞赏 ……………………………………………………… 83
　　　　　学习反思|5个赞赏 …………………………………………………… 84
　　　　　技能自我测试|5个赞赏 ……………………………………………… 85
　　2.6　合页式笔记与新技能|5个赞赏 ……………………………………… 87
　　2.7　技能拓展|5个赞赏 …………………………………………………… 88
　　2.8　下一个工作任务|5个赞赏 …………………………………………… 88

项目任务3　建立客户服务关系 89
　　3.1　客服工作任务单 ………………………………………………………… 89
　　　　　任务解析|5个赞赏 …………………………………………………… 90
　　　　　拟定学习目标|5个赞赏 ……………………………………………… 91
　　　　　编制团队工作(学习)计划|5个赞赏 ………………………………… 91
　　3.2　破冰游戏 ………………………………………………………………… 92
　　3.3　技能知识学习 …………………………………………………………… 93
　　　　　寻找潜在目标客户 …………………………………………………… 93
　　　　　沟通客户需求 ………………………………………………………… 100
　　　　　实施客户开发 ………………………………………………………… 118
　　3.4　实战演练 ………………………………………………………………… 127
　　3.5　分享与反思(分享典型范例和学习反思) ……………………………… 129
　　　　　分享|5个赞赏 ………………………………………………………… 129
　　　　　学习反思|5个赞赏 …………………………………………………… 131
　　　　　技能自我测试 |5个赞赏 ……………………………………………… 131
　　3.6　合页式笔记与新技能|5个赞赏 ……………………………………… 133
　　3.7　技能拓展|5个赞赏 …………………………………………………… 134
　　3.8　下一个工作任务|5个赞赏 …………………………………………… 134

项目任务4　维护客户关系 135
　　4.1　企业客服工作任务单 …………………………………………………… 135
　　　　　任务解析|5个赞赏 …………………………………………………… 136
　　　　　拟定学习目标|5个赞赏 ……………………………………………… 137
　　　　　编制团队工作(学习)计划|5个赞赏 ………………………………… 138
　　　　　编制团队学习计划|5个赞赏 ………………………………………… 138
　　4.2　破冰游戏 ………………………………………………………………… 138
　　4.3　技能知识学习 …………………………………………………………… 140
　　　　　客户关怀 ……………………………………………………………… 140
　　　　　客户满意度 …………………………………………………………… 146
　　　　　客户忠诚度 …………………………………………………………… 153
　　　　　客户投诉 ……………………………………………………………… 158
　　　　　客户流失 ……………………………………………………………… 164
　　4.4　实战演练 ………………………………………………………………… 167

4.5 分享与反思 …… 169
　　分享|5个赞赏 …… 169
　　学习反思|5个赞赏 …… 172
　　技能自我测试|5个赞赏 …… 172
4.6 合页式笔记与新技能|5个赞赏 …… 174
4.7 技能拓展|5个赞赏 …… 175
4.8 下一个工作任务|5个赞赏 …… 175

项目任务5 实施客服数字绩效 …… 176

5.1 企业客服工作任务单 …… 176
　　任务解析|5个赞赏 …… 177
　　拟定学习目标|5个赞赏 …… 178
　　编制团队工作(学习)计划|5个赞赏 …… 179
　　编制团队学习计划|5个赞赏 …… 179
5.2 破冰游戏/闯关 …… 179
5.3 技能知识学习 …… 180
　　售前客服的数字绩效 …… 180
　　售中客服的数字绩效 …… 186
　　售后客服的数字绩效 …… 190
5.4 实战演练 …… 195
5.5 分享与反思 …… 197
　　分享|5个赞赏 …… 197
　　学习反思|5个赞赏 …… 199
　　技能自我测试|5个赞赏 …… 199
5.6 合页式笔记与新技能|5个赞赏 …… 201
5.7 技能拓展|5个赞赏 …… 201
5.8 下一个工作任务|5个赞赏 …… 202

项目任务6 构建客户关系管理平台 …… 203

6.1 企业客服的工作任务单 …… 203
　　任务解析|5个赞赏 …… 204
　　拟定学习目标|5个赞赏 …… 205
　　编制团队学习计划|5个赞赏 …… 206
6.2 破冰游戏 …… 206
6.3 技能知识学习 …… 207
　　开通账号 …… 207
　　组织结构/登录设定/权限分配 …… 208
　　导入客户数据(天眼查数据功能) …… 214
　　触及开发客户 …… 224
　　客户签约流程 …… 231

　　　　客户维护流程 …………………………………………………………… 241
　　　　客户生命周期 …………………………………………………………… 251
　　　　绩效考核模型 …………………………………………………………… 256
　6.4　实战演练 ………………………………………………………………… 261
　6.5　分享与反思 ……………………………………………………………… 263
　　　　分享|5个赞赏 …………………………………………………………… 263
　　　　学习反思|5个赞赏 ……………………………………………………… 266
　　　　技能自我测试|5个赞赏 ………………………………………………… 266
　6.6　合页式笔记与新技能|5个赞赏 ………………………………………… 268
　6.7　技能拓展|5个赞赏 ……………………………………………………… 268

项目任务 1　初识客户服务

1.1　客服工作任务单

任务背景描述：

随着经济全球化的发展，市场竞争越来越激烈，要想在形形色色的企业和分门别类的服务中占据一席之位，就必须通过客服来提高服务质量、提高客户满意度，提升企业核心竞争力。在千人千面的移动互联网时代，谁来满足顾客消费升级的个性化需求呢？毫无疑问，企业的客服是不二之选。

目前企业客服有人工客服和智能客服，"人机"互动的智能客服因"走形"不"走心"，故缺少人性的温度。如"等待，请按 1"、"xxx，请按 2"、"yyy，请按 3"和"请输入 aaa 后按 bb"的操作，很难令客户满意，还让客户更烦心。"走心"要存之于心，发乎于情，践之于行，从里至外想客户之所想，急客户之所急。不走心就不会入心，也不会暖心、动心。只有走心才会产生有温度的服务，才能让客户感到真切、真诚、真情。智能客服的"人机应答"失去人心交流，失去捕捉客户的心理，也就无法知客户所想，无法猜客户想问。人工客服能想客户所想，急客户所急，能用"走心"的态度贴合客户需求，提供"即问即答"有温度的个性化服务，让企业和客户"默契互动"，给客户暖心的服务体验。

当企业客服因自身业务能力不强，对技能操作工具不熟悉等，便会出现客户反映的问题无法得到解决，或客户无法在最需要时得到及时帮助，这时很容易被客户抱怨为"甩锅客服""让人深恶痛绝的客服"。据数据显示，75%的消费者因对客服不满意而放弃购买行为，43%的消费者会因对客服不满意而不推荐他人购买。为了促成交易，提高顾客的满意度和忠诚度，作为企业客服，除了需要了解客服基础知识外，还需要掌握客服技能操作工具——千牛、Photoshop、CRM 等软件。

> **任务要求:**
> 1. 学习者自由组合为4~6人的客服团队。
> 2. 选择一个实体企业或在线注册一个淘宝店,进行跟踪学习研究,分析该企业是如何诠释客户意识、客户服务与客户关系管理的。

任务解析 | 5个赞赏

1. 教师分析任务需求
(1) 确定的客服团队。
(2) 客服基础知识及经验。

2. 教师提出任务要求
(1) 企业简介。
(2) 企业经营理念、服务理念分析。
(3) 企业客户分析。
① 分析企业客户;
② 对客户进行科学分类;
③ 客户价值分析;
(4) 企业客户服务分析。
① 企业服务水平现状分析;
② 分析你们企业的特色服务项目。

3. 客服团队对任务单中问题的理解

4. 根据团队表现对其进行等级评价: ➕赞 ☆☆☆☆☆   分享/转发 ☆☆☆☆☆

5. 教师对任务单中问题的理解

"所谓新经济,就是客户经济!"——迈克尔·哈默

谁拥有客户,谁就拥有未来!无论是在制造业领域,还是在服务业领域,服务均已成为至关重要的竞争手段,也是企业挖掘竞争优势、形成品牌特色的关键所在。在风云变幻的网络世界,层出不穷的服务创新让人们目不暇接。以客户为中心的理念日益深入人心。今天的企业,必须要打造"以客户为中心"的"客户型企业",那么,企业瞄准的目标客户究竟是谁?我们必须对客户进行细划和区分。良好的服务是客户所期望的,优质的服务能提升客户的满意度,而服务方面的怠慢或失误,则容易导致客户的流失,甚至使企业品牌和声誉受损。本项目任务的初识客户服务是按照胜任企业客服岗位的技能需求进行任务分解。

项目任务1　初识客户服务

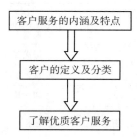

拟定学习目标 | 5 个赞赏

1. 课程学习目标

通过初识客户服务的学习,树立鲜明的客户服务与管理意识,能够对客户服务的内涵、特点有正确的理解,能理解客户的定义、掌握客户分类的目的及方法、能找到并分析客户的价值,能分析客户服务的市场、掌握客户服务基本技能和方法、能够为客户提供优质服务。

2. 个人学习目标

编制团队工作(学习)计划 | 5 个赞赏

月　日—　月　日,　年

27	28	29	30	31	1	2
周日	周一	周二	周三	周四	周五	周六

1.2　破冰游戏

游戏名称:"客户服务意味着……"

游戏任务:小组人员互相协作,将短语组合起来组成服务的七种定义,把"客户服务意味着……"这句话补充完整。

3

完成	日常工作	格外出色的	备注
客户的	超越	期望值	
增加	价值和信誉	为每次互动	
展现	你最好的状态	向每个客户	
发现	新方法	感到愉快的	让你的服务对象
让你惊讶于	自己	多好	能够做得
关心	你的客户	像	关心你的家人那样

游戏时间：10～15分钟。

游戏规则：

(1) 每句话都应该意思完整,逻辑清晰;

(2) 每个短语都必须使用到,而且只能使用一次。

解谜：

	格外出色地完成日常工作
客户服务意味着	

游戏尾声的互动任务：你赞同这些说法吗？谈谈你对"客户服务意味着……"的理解。

学习者对破冰游戏体会/评论
破冰游戏学习结束后,对其等级评价：＋赞 ☆☆☆☆☆   分享/转发 ☆☆☆☆☆

1.3 技能知识学习

客户服务是如此普遍,以至于人们认为,任何组织或企业中的每个人,都会有自己的客户,都将直接服务于客户,或者协助自己的同事(内部客户)服务于客户。无论是在制造业领域,还是在服务业领域,服务均已成为至关重要的竞争手段,也是企业挖掘竞争优势、形成品牌特色的关键所在,如我国著名互联网三巨头 BAT 公司(百度、阿里巴巴、腾讯),分别提出了自己独特的服务使命,百度倡导"用科技让复杂的世界更简单";阿里巴巴提出"让天下没有难做的生意";腾讯致力于"通过互联网服务提升人类生活品质"。

 客户服务的内涵及特点

一、客户服务的内涵及特点

1. 客户服务的内涵

客户服务的内涵非常丰富,不同的人有不同的认识,营销学者一般是从区别于有形的实物产品的角度来进行研究和界定的。

菲利普·科特勒的定义:"一方提供给另一方的不可感知且不导致任何所有权转移的活动或利益"。

美国市场营销协会(AMA)的定义:"主要为不可感知,却可使欲望获得满足的活动。而这种活动并不需要与其他的产品或服务的出售联系在一起。生产服务时可能会或不会利用实物,而且即使需要借助某些实物协助生产服务,这些实物的所有权将不涉及转移的问题"。

在 ISO9000 系列标准中,对服务所作的定义是:"服务是为满足顾客的需要,在与顾客的接触中,服务提供者的活动和活动的结果。"

我们认为,客户服务是一种涉及某些无形因素的活动、过程和结果,它包括与顾客或他们拥有的财产间的互动过程和结果,并且不会造成所有权的转移。

在大多数情况下,服务与产品如影相随。世界著名市场营销专家菲利普·科特勒根据服务在有形产品中所占比例,将产品分成以下五种类型:纯粹的有形产品,如生鲜蔬菜、日用百货;伴随服务的有形产品,如汽车、计算机;有形产品与服务的混合,如医疗、餐饮;以服务为主,伴随少量有形产品,如旅游、美容;纯粹的服务,如心理咨询、法律咨询等。

要严格地将有形产品与无形服务区分开来,显然是一件十分困难的事情。今天的制造企业,需要与服务公司一样注重其配套服务;而服务,也不再只是服务行业所特有的供给。每个行业都渗透着服务,每种产品都离不开相应服务。产品与服务的划分,只能是一种相对的区隔。例如,如果空中客车公司为客户检修自家飞机引擎,那么这一业务属于制造业的部分,即隶属于制造业,而专门的服务公司来承担飞机引擎检修业务时,这一业务就属于服务业了。

综上所述,服务是指为他人做事。并使他人从中受益的一种有偿或无偿的活动。换句话说,服务是指不以实物形式,而以提供活劳动的形式,来满足他人某种需要的所有活动。

2. 客户服务的特点

无形性、差异性、同步性、易失性是客户服务的四个基本特征。无形性,对服务质量的评价往往凭自己消费后所获得的满意程度做出,主观随意性较大。差异性,即可变性或波动性,即使是同一种类型服务也会因服务人员、顾客及环境不同而不同,难以始终如一地提供稳定、标准化的服务。同步性,服务的生产和消费过程在时间和空间上同时并存,顾客是参与其中的,必须在服务的过程中消费服务,因此,服务质量是顾客对服务过程和服务结果的总评价。易失性,一旦在限定的时间内丧失服务的机会,便不再复返。

3. 客户服务三要素

真正的客户服务是根据客户本人的需求使他获得满足,而最终使客户感觉到他受到重视,把这种好感铭刻在他的心里,成为企业的忠诚客户。客户不要求千篇一律的产品,而要求有个性的产品,所以很多公司提出可以为客户量身定制,根据客户的需求来定制其产品。因为客户每人的个性及性格不一样,而真正的客户服务是依据客户不同的个性提供令客户满足的服务,这才是最佳的客户服务。客户服务的要素如表1-1所示。

表1-1 客户服务的要素

信任	言必行,行必果,建立信誉
	通过强调以客户为中心的理念,提升优质服务
及时	根据客户本人的喜好使他满意,及时提供服务,客户会感到受到重视
	提供个性化的服务,强调以人为本
快速	客户投诉处理系统、客户服务反馈系统、配件库存
	快速解决客户设备的故障

案例

上海有一家"组合式"鞋店运用7种鞋跟、9种鞋底、黑白为主的鞋面颜色,搭配近百种的新鞋,增加了客户挑选的余地,满足了客户个性化、多样化的需求,得到了客户的高度认可,其市场份额和市场美誉度得到大幅度提高,市场竞争力得到增强。再如海尔集团推出的"我的冰箱我设计"活动,在不到一个月时间内,就收到100多万台定制冰箱的订单,创造了行业奇迹。海尔集团把满足消费者个性消费需求作为追求的经营目标,从设计洗地瓜的洗衣机、三角形的冰箱等大个性化产品,到今天定制冰箱的小个性化产品,其个性化经营策略创造了一个又一个令人称叹的市场奇迹。

4. 客户服务中的服务意识

目前,国内的企业普遍缺乏服务意识。到哪儿都很热情,因为那是有功利性目的,是一种称之为销售的技巧。只有当客户去投诉的时候,当客户去要求索赔的时候,依然对客户笑脸相迎,能站在客户的立场上思考问题,这个企业的客户服务才是真的做得不错。客户远不只是要购买东西的消费者。不应把客户仅仅看成是消费者,而要把客户服务看成是客户服务部门应尽的责任,理所当然要给客户提供更好的服务。优质的客户服务不只是"我能帮你做什么"。实际上客户需要的是获得帮助,希望和熟悉业务、懂业务的人打交道,喜欢和能做决定的人打交道。客户希望以他需要的方式来对待他,希望他的身份地位得到尊重,希望企业能够了解他真正的需求,能让他产生一种获得服务的满足感。

案例

海底捞——服务制胜

去过海底捞的人,都说他们的服务很好,为什么?

大家去饭店吃饭,都希望饭店生意火爆,但生意好的饭店往往要排长队,这个时候是客

> 户最难受的时候。大多数饭店只是在门口提供几张凳子,让客户拿号排队等候,大家都这么做,所以也没什么不妥。但海底捞恰恰就是在这么小的一个细节之处,做了充分的改进,在排队时做了很多小活动,让客户不仅不会觉得等候让人烦躁,反而感到很开心。
>
> 比如,你喜欢下棋,象棋、围棋、跳棋、军棋什么都有,喜欢扑克,他们也有,还专门为喜欢美甲的女孩提供免费美甲服务,你可以和朋友一边玩儿一边等候,这个时候还会为您提供免费茶点等,总之让你感觉不到等候的烦恼。如果你过生日,他们会单独为你的这一桌做一个很漂亮的生日背景,不时有工作人员来给你唱生日歌、给你祝福、额外送果盘等,总之让你很开心。
>
> 他们提供这么多额外的服务,这样做是否会亏损呢?答案当然是不会。让你开心了,你下次还会来,还会介绍你的朋友来。去过的人都会为他们做免费的宣传,这非常重要。比如很多案例、教材、培训等都举海底捞的例子,就是给他们做了一个非常大的宣传。这就是以客户为中心、处处替客户着想带来的巨大好处。
>
> 有人说海底捞我学不会,但如果能学习他们的以客户为中心的理念和思维模式,就可以做得跟海底捞一样好,甚至更好。

5. 客户服务的层次关系

客户服务与产品一样,也存在着不同的层次。在企业的核心产品之外,相叠着三种不同层次的服务。图 1-1 表明了客户服务的层次关系。

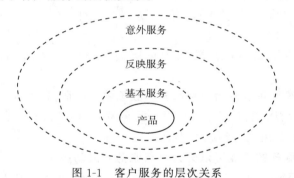

图 1-1　客户服务的层次关系

(1) 基本服务,是客户在购买企业产品之前假定自己必须获得的服务。

(2) 反映服务,又称"能明确表达的服务",这是指客户能够向企业明确表达的希望得到的服务,这一层次服务的内容可通过调查得知。

(3) 意外服务,这些服务一旦履行,将会给客户带来意外的惊喜。意外服务是客服人员改进服务工作的重点。

由于基本服务是人人必做的,那么开发的余地就很有限了,因此加强服务的主要工作在于加强、丰富反映服务和意外服务。尤其是对于意外服务,由于它具有与竞争者不同的性质,成为开发服务改进计划的工作重点。应该注意的是,反映服务与意外服务之间的界限是虚化的,这是因为当一种意外服务被多个竞争者模仿之后,在客户眼中它就合成为一种"标准化"了的服务,那么它将被归入客户的希望之中,原有的竞争优势消失,退化为一种反映服务。从这里也可以看出,企业必须不断自我挑战,开发具有独特内容的意外服务,才能保持自身的竞争优势。

二、客户服务的类型

1. 按服务时间可以将客户服务分为售前服务、售中服务和售后服务

售前服务是企业在客户未接触产品之前所开展的一系列刺激客户购买欲望的服务工作。售前服务的内容多种多样,主要是提供信息、市场调查预测、产品定制、加工整理、提供咨询、接受电话订货和邮购等。售前服务的主要目的是为客户创造购买产品或服务的条件,让客户更好地了解企业的产品或服务,从而增强客户的购买欲望。

售中服务是指在产品销售过程中为客户提供的服务。包括创造优美舒适的购买环境,良好的服务态度,热情地为客户介绍、展示产品,详细说明产品使用方法,耐心解答客户提出的问题等。售中服务伴随客户的实际购买行为过程,良好的售中服务可以促使客户做出购买决定。

售后服务,是指生产企业、经销商把产品(或服务)销售给客户之后,为客户提供的一系列的服务,包括产品介绍、送货、安装、调试、维修、技术培训、上门服务等。在市场激烈竞争的今天,客户在选购产品时,不仅注意到产品实体本身,在同类产品的质量和性能相似的情况下,更加重视产品的售后服务。因此,企业在提供优质的产品(或服务)的同时,还应向客户提供完善的售后服务,消除客户的后顾之忧,提高企业的信誉。

2. 按服务的性质可以分为技术性服务和非技术性服务

技术性服务是指提供与产品技术有关的服务,如企业向客户提供产品安装、维修、调试等服务。

非技术性服务是指提供与产品效用无直接关系的服务活动,如产品的宣传、送货到户等。

3. 按照服务是否收费可以分为免费服务和收取费用的服务

在售前、售中、售后服务中大部分客户服务是免费的,但涉及产品的维修、安装等,可以根据情况收取一定的人工费用或材料成本费用。

4. 按照提供客户服务的地点可以分为定点服务和流动服务

定点服务是指在固定的地点建立服务点进行客户服务,如生产企业遍布全国的产品维修服务网点。

流动服务是指定期或不定期地向客户提供服务,如上门回访客户,深入客户群体,了解客户需求,为客户解决问题。

 阅读材料

一些著名公司的服务使命

无论何种规模和类型的公司,都有自己的经营宗旨和服务使命,并致力于将企业经营的价值和目的,更好地传递给自己的客户和员工。

爱宝迪公司(A. B. Dick):爱宝迪公司在同行业中首屈一指,业务范围遍及全球。在竞争激烈的印艺行业中,爱宝迪公司致力于为客户提供最好的服务。为了这个目标,公司遵守以下准则:

- 专注于为印艺市场提供高效、可靠的服务,提供传统及先进的数字化的技术;
- 重视股东的利益,满足客户的需求;
- 创造良好的服务文化,让员工承诺正直地为客户服务。

雅马哈摩托车公司(Yamaha Motor Company):我们创造了"Kando"—触动人心。我们承诺,创造让客户满意的服务水平,用我们的独创性和热情来完美大家的人生。

宝洁公司(Procter & Gamble):我们会提供最好的服务,我们为了全世界人民的生活而共同努力。最终通过我们的努力,客户会以巨大的销售额和利润增长回报我们,让我们的员工、我们的股东、我们的宝洁走向繁荣昌盛。

创意表达资源公司(Creative Presentation Resource):我们的使命是为客户提供及时、先进、价格公道的人力资源开发理念和产品。

西南航空公司(Southwest Airlines):西南航空公司的使命是用热情、友好、自豪的态度,时刻铭记企业文化,为客户提供最优质的服务。

技能训练1:列举10个著名公司的服务使命

学习小组以选定的研究企业为对象,分析公司的服务使命。

客户的定义及分类

一、客户的定义

服务的价值,往往不取决于服务本身,而取决于客户的需要。要创造和提供优质的服务,首先必须了解客户,认识客户,弄清楚客户的需求。

在西方的论著中,顾客(Customer)和客户(Client)是两个不同的概念。尽管顾客与客户都是购买和消费企业产品的人或者组织,但两者最大的区别就在于,顾客只是"没有名字的一张脸",可以由任何人或机构来提供服务;而客户的资料却很详尽地保存在企业的信息库之中,由专门的人员来提供服务,更为重要,也更为尊贵。

按韦伯斯特(Webster)和温德(Wind)对"客户"这一概念的定义:所有本着共同的决策目标参与决策制定并共同承担决策风险的个人和团体。其中包括使用者、影响者、决策者、批准者、购买者、把关者。使用者:是指那些将要使用产品或者服务的人员,在大多数情况下,由他们首先提出购买建议并协助决定价格。影响者:是指那些能够影响购买决策制定的人员,由他们提供营销活动所需要的评价信息。决策者:是指那些有权决定产品需求和供应商的人员,由他们提出采购方案。批准者:是指那些有权批准决策者或购买者所制定计划的人员,由他们最终决定产品的购买与否。购买者:是指那些和供应商谈判,具体安排采购事宜的人员。把关者:是指有权阻止卖方及其信息到达采购中心那里的人员,如代理人、接待人员、电话接线员等。

关于客户的定义众说纷纭:
- 客户是购买或消费企业产品、服务的人或组织;
- 客户是企业存在的理由;
- 客户是企业的根本资源;
- 客户不是我们要争辩和斗智的人(从未有人会取得与客户争辩的胜利);
- 不是客户依靠我们,而是我们依靠客户。

这些定义从不同的层面讲述了客户的含义,并揭示了企业与客户的本质关系。在现代以客户为中心的营销观念的指导下,无论接受产品的是个体还是组织,都统称为客户。

客户管理中的客户其内涵已经扩大化,在关系营销中甚至将公司内部上流程与下流程的工作人员都称为客户。因此,可以这样定义:客户是接受企业产品或服务,并由企业掌握其有关信息资料,主要由专门的人员为其提供服务的组织和个人。客户的含义可从以下几个方面来理解。

(1)客户不一定是产品或服务的最终接受者。处于供应链下游的企业或个人是上游企业的客户,他们可以是批发商、零售商或中介商,而最终的接受者可能是消费产品和服务的人或机构。

(2)客户不一定是用户。处于供应链下游的批发商、零售商或中介商是生产商的客户,只有当他们消费这些产品和服务时,他们才是用户。

(3)客户不一定在公司之外,内部客户被日益引起重视。人们习惯于为企业之外的客户服务,而把企业内的上、下流程工作人员和供应链中的上、下游企业看成是同事或合作伙伴,从而淡化了服务意识,造成服务的内外脱节和不能落实等问题。

(4)客户一定在公司存有相应的资料。企业尤其是许多服务性企业会将客户的信息资料建成数据库,以便提供服务和发展业务,而一般意义的顾客则大多在企业中没有资料。

(5)客户是所有接受产品或服务的组织和个人的统称。在现代客户观念指导下,个体的顾客和组织的客户都可称为客户,因为无论是个体或是组织都是接受企业产品或服务的对象,而且从最终的结果来看,"客户"的下游还是客户。因此,客户是相对于产品或服务提供者而言的,他们是所有接受产品或服务的组织和个人的统称。

二、客户的分类

企业进行有效的客户细分,能够更有针对性地提供客户服务,为企业创造客户价值,提高企业利润。帕累托二八法则,在经济和社会生活中广泛应用,对于企业而言,企业利润的80%来自约20%的重要客户,而其余80%的客户对企业来说是微利的甚至是无利可图的。在某种意义上说,客户细分是实施客户关系管理的基础。

"客户就是上帝""客户永远都是对的",这些关于服务质量的名言,自20世纪80年代以来广为流传,影响了一代又一代的市场营销及客户服务人员。但是,随着时代的发展,这些标准正被不断地修正和完善。无论是对企业贡献的价值度,还是客户本身的个性及特点,"客户"这一庞大群体,都有被细分和差别化对待的必要。

依据不同的分类标准,可将客户分为不同的类型。

1. 根据客户与企业的关系分类

购买者购买企业产品或服务的目的并不相同,因此,其与企业形成的购买关系也就不同。可以根据客户与企业的关系对客户进行细分,来帮助企业充分认识到自己客户的特点,从而对不同的客户采取不同的策略。

(1) 消费者客户,也就是购买企业最终产品或服务的直接消费者,通常是个人或家庭,又称"最终客户"或"终端客户"。这类客户通常情况下数量众多,但消费额一般不高,企业往往最为关注,付出精力很大,但是很难使这类客户满意。

(2) 中间客户,中间客户购买企业的产品或服务,但他们并不是产品或服务的直接消费者,他们将购买来的产品或服务附加到自己的产品或服务上,再进行销售。他们是处于企业与消费者之间的经营者,经销商就是典型的中间客户。

(3) 内部客户,企业(或联盟企业)内部的个人或业务部门,他们需要企业的产品或服务以实现他们的商业目标,这通常是最容易被企业忽略的一类客户,他们也是最具长期获利性的客户,企业员工应该是企业较为重要的内部客户。

(4) 公利客户,公利客户是代表公众利益,向企业提供资源,然后直接或间接从企业获利中收取一定比例费用的客户。公利客户的典型例子是政府、行业协会和媒体等。

 阅读材料

"海底捞"独特的客户制胜之道——内部客户

提起火锅店,很多人会对"海底捞"赞不绝口。在竞争激烈的火锅行业,"海底捞"成为同行们争相学习、效仿的榜样,尤其是它的客户管理经验。"海底捞"是一家来自四川简阳的火锅店,创始人张勇从1994年4张桌子的麻辣烫小店开始,截至2018年年底,海底捞拥有全球门店数466家,海底捞共有员工69 056人。在火锅这样一个门槛低、无准入、无技术含量的行业,作为一名新秀,它是如何从极不起眼的小店开始,之后异军突起的呢?它是如何在竞争惨烈的行业中立稳脚跟的呢?

对客户含义的深刻理解以及将其付诸实践,是它成功的秘诀。"海底捞"的内部客户理念是其独特的撒手锏。在"海底捞"的眼里,客户不仅仅是指消费自己产品的顾客,而且还包括自己的员工,它把员工视为内部客户。去过"海底捞"消费的人,可能对它的卓越服务如数家珍,如等候排队时给你送些小食品的欢乐服务、及时到位的席间服务、暂时充当孩子保姆、五星级般的卫生间服务等,但很少有人知道其内部客户服务。

将员工当作客户来服务,成为其鲜明的企业文化。其员工群体具有特殊性:大多来自农村,低学历,家境贫穷等。海底捞为员工提供城市人居住的有暖气的楼房,并有专门的宿舍长阿姨,负责住宿管理;建立寄宿学校,让员工的孩子能够安心地学习;定期的家访,让员工的家庭和企业互相深刻地了解;对有杰出贡献的员工奖励全家旅游;为员工的父母发养老金以代员工表示孝心和谢意等。滴滴温情渗透在员工的生活中,解决其后顾之忧,把员工当作客户一样来服务。这些或许是细小的事情,对员工却起到了关键性的激励作用。细节决定成败,也是海底捞引发我们思考的最关键的一点。没有学过管理的张勇却做到了人力资源管理的最高境界:有效运用心理学做人力资源管理。

对员工信任式授权,让员工感到被信任,提高服务的响应速度和效果。张勇的信任式授权源于他自有的一套人性假设论,他认为大多数人是有道德自律的,滥用权力的是少数;如果监控得法,滥用的人就更少。因此,授权就利大于弊,因为大多数员工感到被信任,受到激励,工作会更努力,处理客人投诉会更有效,顾客满意率也就更高。正是这样的假设,海底捞从总经理到区域经理,从店长到服务员,他们都有不同的权利。比如,因正当理由给顾客赠送菜品,因正当理由给顾客免单等。正因为这样的授权,与顾客直接打交道的服务人员能更好地掌握顾客的需求,及时满足顾客的需要。好的管理一定是激励为主,监控为辅;这样才能让大部分员工感到被信任。人被信任了,就会"士为知己者死",管理就事半功倍。坏的管理一定是监控为主,激励为辅,用"防贼"的方式监控员工。人被看低了,士气自然就低,管理就会事倍功半。

海底捞通过一系列企业文化、福利、授权制度和晋升机制,培养了一批具有强烈服务意愿和热情的员工,由此打造了一个服务名声远播的海底捞。

思考与讨论:"海底捞"的内部客户理念如何深化了对客户的理解?对客户的重视又是如何帮助企业在火锅行业成功的?

2. 根据客户的价值分类

不同的客户对企业产生的价值是不同的,且不同价值的客户的需求有所不同。企业应该根据客户的不同价值为其分配不同的资源,以更好地满足不同客户的需求。根据客户的价值,客户可以划分为四种类型并形成一个"金字塔"。如图1-2所示,处在金字塔顶端的是VIP,其下依次为主要客户、普通客户和小客户。

图1-2 客户"金字塔"

(1) VIP,位于客户"金字塔"的顶端,这类客户的数量虽然不多,但他们的消费金额在企业销售总额中占有的比例很大,对企业做出的贡献最大。一般情况下,VIP的数量占企业客户总量的1%左右。

对于这类高赢利性的客户,应受到重点关注和保护,他们是企业竞争对手竭力要抢夺的目标,企业应对这类客户采取特殊的服务策略,将其视为上宾,使其享受到企业最优质的服务,保持良好关系。

(2) 主要客户,是指除了VIP以外,消费金额占比较多,能够为企业提供较高利润的客户。这类客户约占客户总量的4%。

主要客户也是企业竞争对手奋力争夺的目标,企业应准备好向这些客户提供适度的折扣和激励,或者采用特殊服务的方式不断提升其满意程度,以保证在其他竞争者来临时,这些客户能保持对企业产品的忠诚。

(3) 普通客户,所产生的消费金额能为店铺带来一定的利润,这类客户的数量占客户总量的15%左右。

对于这类客户,企业应精心研究和培养他们,努力提高他们的满意程度,以期在不久的将来转变为具有更高商业价值的客户。

(4) 小客户,位于金字塔的最底层,他们在客户总数中占比最多,但为企业带来的利润却不多。

小客户人数众多,但对企业的赢利贡献很小甚至为负。对于此类客户,企业没有必要花费过多的精力,只需要进行简单的维护。此外,企业还要控制住那些只能为企业带来负利润的客户的数量。在竞争稀少或缺乏的行业内,淘汰些这样的客户有一定的积极意义。因为如果企业公平对待所有的客户,那么他们不仅仅在浪费资源吸引和维护无利可图的客户,同时也会对高利润的客户服务不周,从而导致他们不满并离开。

阅读材料

对于不同类型的小客户,商家可以采取不同的管理方法。针对有升级潜力的小客户,商家要努力将其培养成为普通客户甚至是主要客户。商家应该为他们提供更多的关怀,挖掘并满足其个性化需求。

针对没有升级潜力的小客户,有的商家采取的是坚决剔除的做法,不再与其进行交易,但是这种做法过于极端。因为开发一个新客户所产生的成本相当于维护5~6个老客户的成本,因此商家必须慎重对待每一个客户。聚沙成塔,保持一定数量的小客户是企业实现规模效益的重要保证,是企业保持成本优势、遏制竞争对手的重要手段。

如果商家放弃小客户,任其流失到竞争对手那里,就会让竞争对手的客户规模得以壮大,进而对企业的发展造成不利的影响。此外,如果商家直接、生硬地将小客户拒之门外,可能会给企业带来不良的口碑,对企业不满的小客户可能会向其他客户表达其不愉快的经历,以致给企业造成消极的影响。因此,针对没有升级潜力的小客户,商家不能简单地将其淘汰,但可以采取提高服务价格、降低服务成本的办法来增加小客户的价值。

首先,企业可以提高小客户的服务价格,或者是取消以前免费的服务项目,也可以向小客户推销高利润的商品;其次,降低小客户的服务成本,限制为小客户提供的服务范围和内容,压缩为小客户服务的时间,从而降低企业的经营成本,节约企业的资源。

当然,企业的这些做法可能会导致小客户感觉自己受到了不公平待遇,致使他们产生不满情绪。为了避免这种不愉快情况的出现,企业可以将不同级别客户提供的服务从空间或时间分割开来。例如,航空公司可以根据票价将客户分别分配在不同等级的舱位,不同级别的客户享受不同等级的服务,互不干扰,这样就能分别提高不同级别客户的体验,让其觉得各得其所。

当然,并非所有的客户关系都值得保留。劣质的客户会消耗企业的利润,对于这些客户,与其让他们蚕食企业的利润,还不如尽早与他们终止关系。

3. 根据客户的忠诚度划分

客户对企业忠诚度不同,对企业利润的贡献大小也不同。因此,按照客户对企业的忠诚度进行客户分类,针对不同客户采取不同的措施,不断提高客户的忠诚度是十分必要的。

（1）忠诚客户，是指对企业的产品或服务有全面深刻的了解，对企业以及企业的产品或服务有高度信任感和消费偏好，并与企业保持着长期稳定关系的客户。

（2）老客户，是指与企业有较长时间的交易，对企业的产品或服务有较深了解，但同时还与其他企业有一定交易往来的客户。

（3）新客户，是指刚刚开始与企业有交易往来，但对企业的产品或服务缺乏较全面了解的客户。

（4）潜在客户，是指对企业的产品或服务有需求，但目前尚未与企业进行交易，需要企业大力争取的客户。

客户的忠诚度与企业和客户交易的时间长短及次数是正相关关系，只有忠诚的客户才能长时间、高频率地与企业进行交易。而随着与企业交往时间的增加，客户对企业的产品或服务的了解程度也会不断加深，如果其购买或消费体验一直保持满意，那么客户就会忠诚于企业及其产品或服务。企业的营销措施适当，能够让客户满意，就能赢得客户的信任和支持，潜在客户可以转变为现实的新客户，新客户可转变为老客户，老客户可转变为忠诚客户。反之，企业的营销措施如果不能令客户满意，甚至损害了客户利益，客户会出现反向变化，减少、中止或彻底终止与企业的交易。

4．根据客户的个性特点分类

根据客户的个性特点进行划分，可以帮助客服人员迅速调整自己的行为。以客户乐于接受的方式建立进一步的良好关系，从而提供更为个性化的客户服务。

（1）严格要求型客户。严格要求型客户非常关注结果，而不关心过程，喜欢表达自己的需求和期望，并希望客服认真聆听。如果他感觉事情是在朝他所期望的方向发展，他会马上说出来；反之，也会立即提出意见。因此，与这类客户交往，最好采取迅速而自信的行事方式，使客户感觉客服将迅速完成工作。

（2）和蔼可亲型客户。和蔼可亲型客户希望被别人接受，并希望与客服人员保持友好的关系，而非仅仅例行公事式的商业关系。他们希望自己的问题能在客服人员的友好帮助下得到解决。因此，与这类客户的交往，给予特别的关注很重要。热情的态度，特别的关注，适度谈谈与当前事情无关的一些话题等，都有助于与他们的交往。

（3）理智型客户。理智型客户条理性强，有耐心。他们对于事情的运作方式、问题的处理过程很有兴趣，希望有确定的服务程序。这类客户的需求如果得到满足，他们会保持较高的忠诚度。因此，为理智型客户提供服务的关键在于保持冷静、理性的态度，采用富有条理的处理方式。

（4）遵从型客户。遵从型客户重视对规则的遵守，对客服人员提供的信息很敏感。他们希望得到的服务是准确而高质量的。因此，客服人员提供的服务应清晰准确，传达的信息应谨慎诚实。

 阅读材料

百度网盟推广产品的用户分类及服务策略

百度网盟推广，是以60万家联盟网站为推广平台，通过分析网民的自然属性（地域、性别）、长期兴趣爱好、短期搜索和浏览行为，借助百度特有的受众定向技术（兴趣定向、关键词定向、目标用户定向、到访定向、地域定向），以固定、贴片、悬浮等广告形式，推送企业的推广信息,帮助企业锁定目标人群。通过分析百度网盟推广产品的用户群体,客服人员发现,网盟推广产品的客户,大体上可以分为下述几种类型,可以采取相应的服务策略,如表1-2所示。

表 1-2 客户类型描述及服务策略

编号	客户类型	客户描述	服务策略
1	以自我为中心的客户	对客服是否熟悉他的百度账户情况,非常在意,可能会反复询问客服自己账户的一些细节问题	面对"我账户的日均消费是多少?我账户的重点关键词排名情况怎么样?"之类的问题,客服要能准确迅速地做出回答,否则他会非常生气
2	对钱非常敏感的客户	只要是涉及让他出钱,他的第一反应就是不同意,如此反复几次后,才肯听客服的解释	客服应准确地把做网盟推广对他的好处讲清楚、讲明白,他才会同意继续这次沟通
3	很在乎竞争对手的客户	如果竞争对手在做某样新的推广产品上投入的钱比他更多,他就会觉得自己的行业地位受到了威胁	当客服用同行刺激法的时候,他就会比较容易被说服
4	自以为是的客户	觉得他的行业和产品都不适合做推广,对做搜索推广没信心。以前随便投点钱试了试,效果不怎么样,不想继续做了,更别说做网盟推广了	当客服通过成功案例,用强化信心法的时候,他就会比较容易接受
5	注重效果的客户	他的真实需求是:让他的账户每个月花100块钱,得到10个订单,有这样的效果保证,才能接受继续做百度推广	将网盟推广的效果解释清楚,让他了解事实
6	粗暴专横的客户	他很反感在对话中被对方打断,但是又很喜欢打断对方的话;无论客服跟他说什么,他都会不等客服说完,就打断他、抱怨客服	当他抱怨的时候,客服应及时地回应,比如说一些"嗯""是"等回应词,否则,他就质疑客服没有认真听他说
7	思维混乱的客户	他的思维很混乱,也不知道到底是不是要做网盟推广;如果客服不能帮他理清思路,那他就会东拉西扯,表达混乱	当客服能够把他的思路理清,且回到沟通主题,他可能会同意尝试
8	很讲逻辑的客户	在客服让他做网盟推广时,他一定要搞清楚网盟推广对他的好处	客服的沟通不要漫无边际,而应直入主题,讲清做网盟推广对他有什么好处

(资料来源:方玲玉.客户服务与管理——项目教程.北京:电子工业出版社,2018)

拓展性阅读材料:

客户的分类:在实际中,根据不同的分类标准,可以把客户分成不同类型。

(1) 按客户对企业的收入贡献进行分类,可以分为:超级客户、大客户、中客户、小客户、非积极客户、潜在客户。

(2) 按不同的标准对客户性质进行分类,如:商业客户和个人客户等;批发商、经销商和最终用户等;特大型企业、大型企业、中型企业和小型企业等;制造业、服务业、政府机构等;政府机构(以国家采购为主)、特殊公司(如与本公司有特殊业务等)、普通公司、顾客个人和交易伙伴等。

(3) 按客户所在地域来划分,如:本地客户、外埠客户、国际客户等;城市客户、城镇客户、农村客户等。

(4) 按所处的销售阶段来划分,可以分为:潜在客户、现实客户、既有客户。

(5) 按客户与企业的交易情况来划分,可以分为:忠诚型客户、快速增长型客户、睡眠型客户、值得培养和重视的客户。

(6) 按交易过程划分,可分为曾经有过交易业务的客户、正在交易的客户和即将进行交易的客户。

(7) 按交易数量和市场地位划分,可分为主力客户(交易时间长、交易数量大等)、一般客户和零散客户。

(8) 按地区划分,中国可分为东北区、华北区、华东区、华中区、华南区、西南区、西北区等。

(9) 按行业划分,如防弹背心的客户可分为军警系统的客户、金融系统的客户、邮政储蓄系统的客户等。

(10) 根据客户的战略价值、实际价值以及服务成本的大小可以将客户划分为最有价值客户、二级客户和负值客户。

三、客户的生命周期及终身价值

1. 客户生命周期

客户生命周期是指从客户开始对企业进行了解或企业欲与客户建立业务关系直到客户与企业完全终止关系的全过程。

一般而言,客户与企业形成业务关系都要经历一个"从未发生接触"到"初次接触",再到"形成销售机会",再到"签约",直至成为用户并发生再购买的过程。在这一过程中,客户所处的阶段和状态随时变化着。客户与企业发生联系的全过程的不同阶段和状态也就构成了客户的生命周期。客户生命周期大体上可分为考察期、形成期、稳定期和退化期等四个阶段,如图1-3所示,客户生命周期不同阶段具有各阶段不同的特征,客户对企业的价值贡献是不同的。

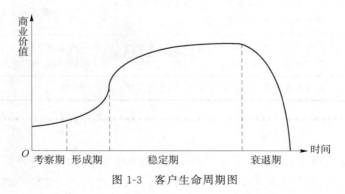

图1-3 客户生命周期图

(1) 考察期——关系的探索和试验阶段

在这一阶段,双方考察和测试目标的相容性、对方的诚意、对方的绩效,考虑如果建立长期关系双方潜在的职责、权利和义务。双方相互了解不足、不确定性大是考察期的基本特征,评估对方的潜在价值和降低不确定性是这一阶段的中心目标。这一阶段,客户会下一些尝试性的订单,企业与客户开始交流并建立联系。因客户了解企业业务的需要,企业要对相关问题进行针对性的解答,企业投入是对所有客户进行调研,以便确定出可开发的目标客户。此时企业有客户关系投入成本,但客户尚未对企业做出大的贡献。

(2) 形成期——关系的快速发展阶段

双方关系能进入这一阶段,表明在考察期双方相互满意,并建立了一定的相互信任和交互依赖。在这一阶段,双方从关系中获得的回报日趋增多,交互依赖的范围和深度也日益增加,逐渐认识到对方有能力提供令自己满意的价值(或利益)和履行其在关系中担负的职责,因此愿意承诺一种长期关系。在这一阶段,随着双方了解和信任的不断加深,关系日趋成熟,双方的风险承受意愿增加,由此双方交易不断增加。当企业对目标客户开发成功后,客户已经与企业发生业务往来,而且业务在逐步扩大,此时已进入客户成长期。企业的投入和考察期相比要小得多,主要是发展投入,目的是进一步融洽与客户的关系,提高客户的满意度、忠诚度,进一步扩大交易量。此时客户已经开始为企业做贡献,企业从客户交易中获得的收入已经大于投入,开始赢利。

(3) 稳定期——关系发展的最高阶段

在这一阶段,双方或含蓄或明确地对持续长期关系做了保证。这一阶段有如下明显特征:一是双方对对方提供的价值高度满意;二是为能长期维持稳定的关系,双方都做了大量有形和无形投入;三是大量的交易。因此,在这一时期双方的交互依赖水平达到整个关系发展过程中的最高点,双方关系处于一种相对稳定的状态。此时企业的投入较少,客户为企业做出较大的贡献,企业与客户交易量处于较高的赢利时期。

(4) 退化期——关系发展过程中关系水平逆转的阶段

关系的退化并不总是发生在稳定期后的第四阶段,实际上,在任何一阶段关系都可能退化。引起关系退化的可能原因很多,如一方或双方经历了一些不满意、需求发生变化等。

退化期的主要特征是:交易量下降;一方或双方正在考虑结束关系甚至物色候选关系伙伴(供应商或客户),开始交流结束关系的意图等。当客户与企业的业务交易量逐渐下降或急剧下降,客户自身的总业务量并未下降时,说明客户已进入退化期。

此时,企业有两种选择:一种是加大对客户的投入,重新恢复与客户的关系,进行客户关系的二次开发;另一种做法便是不再做过多的投入,渐渐放弃这些客户。企业两种不同做法自然就会有不同的投入产出效益。当企业的客户不再与企业发生业务关系,且企业与客户之间的债权债务关系已经理清时,意味着客户生命周期的完全终止。此时企业有少许成本支出而无收益。

总的来说,客户关系水平和客户商业价值随着时间的推移,从考察期到形成期和稳定期直至退化期依次增高,稳定期是理想阶段,而且客户关系的发展具有不可跳跃性。为获得高额的客户整个生命周期的总体价值,企业要尽可能地延长客户的生命周期,尤其是稳定期,而且尽量推迟退化期的到来。

2. 客户终身价值的概念及内涵

客户终生价值(Customer Lifetime Value,CLV),也称为客户寿命期价值,是指某特定客户或客户群在与企业保持交易关系的整个存续期间可能创造的总利润的净现值。

从客户生命周期的角度来看,客户的商业价值不仅是发掘客户的单次商业价值,更重要的是深入挖掘客户的整个生命周期的商业价值,即客户的终身价值。客户终生价值描述了企业预计客户在长期的购买行为中,会对该企业带来未来利润的总现值。客户生命周期、客户商业价值两大因素共同影响着客户终生价值的大小。客户生命周期中稳定期越长,较高客户商业价值折现的年限越多,客户终生价值越高。

每个客户的价值都由三部分构成:历史价值、当前价值和潜在价值。从狭义来理解,客户终生价值是指一个客户在与公司保持关系的整个期间内所产生的现金流经过折现后的累积和。从广义来理解,客户终生价值是指所有客户终身价值折现值的总和。企业在品牌管理过程中必须从广义的角度来把握客户终生价值。事实上,客户终生价值不是一个单维的矢量。它是一个立体的概念,具有三维结构。

客户维持时间维度。企业通过维持与客户的长期关系,建立高的客户维持率,从而获得较高的客户终生价值。

客户份额维度。这是指一个企业所提供的产品或服务占某个客户总消费支出的百分比。要获得最大的客户终生价值,不仅需要有高的客户维持率,更要有高的客户份额。客户份额应该是衡量客户终生价值的一个重要指标。

客户范围维度。显然企业总的客户终生价值的大小与它的客户范围直接相关。从客户范围维度出发,要求企业必须清楚它的现有客户是谁,同时注意开拓潜在客户。

客户的商业价值:客户自身价值增值的能力,它是一定时期内某客户为企业带来的收益(即企业因客户与其建立客户关系而获得的收益)超过企业为其付出的客户成本(即企业用于吸引、获取、发展和保有该客户所付出的所有成本)以外的一种经济价值。

客户商业价值=客户带来的收益-客户成本

总的来说,客户商业价值由客户的即有价值、客户的潜在价值、客户的影响价值和客户的学习价值四大类价值要素构成。

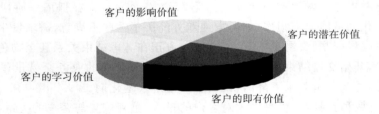

图1-4 客户商业价值的构成图

技能训练2:客户价值计算

肯德基是以回头率来划分消费者的:重度消费者一个星期消费一次;中度消费者一个月消费一次;轻度消费者半年内消费一次。重度消费者占全部消费者的30%~40%,对于他们来说,肯德基已经和他们的环境、习惯相联系,并逐步成为他们生活的一部分。对于重度消费者,肯德基的策略是要保有他们的忠诚度,不要让他们失望;对于轻度消费者,在调查中发现,许多人没有光临肯德基的最大一个原因就是便利性不够,这只有通过不断开设新的门店来实现了。假定一个客户在肯德基餐厅每星期消费一次,平均每次消费50元,以平均客户生命周期10年为基准来计算客户价值的大小(以销售额来计算)。如果该客户对肯德基提供的服务满意,那他可能将自己的满意告诉另外5人;如果不满意,则可能将其抱怨告诉另外10个人。假定所有听到其赞美或抱怨的人均有20%的转化率,或增加了肯德基的忠实客户,或失去相应数量的忠实客户。将计算结果填入表1-3,并进行必要的分析。

表 1-3　肯德基客户价值动态分析

价值大小	价值类型		
	客户基本价值	满意客户的新增价值	抱怨客户的价值损失
计算公式			
价值大小 （销售额）			
分析结论			

分析企业的客户及客户价值：学习小组以选定的研究企业为对象，对企业的客户进行合理分类，分析客户价值。

了解优质客户服务

一、我国客户服务市场现状及分析

我国企业开展客户服务的时间比西方国家晚许多，起点也较低。随着各行各业市场竞争的日益加剧，我国企业越来越重视客户服务工作，也在逐步应用高科技手段提升服务水平。目前我国客户服务存在不少问题，主要表现在以下几个方面。

1. 服务意识淡薄

除经济发达的大中型城市及开放较早的沿海地区外，我国其他经济欠发达地区的客户服务意识相对淡薄，"客户会自己找上门来""商品出门概不负责""少你一个不少，多你一个不多"的旧观念仍然存在。服务态度较差，对客户应付了事的现象常常出现。例如，不少超市或银行为了节省人员费用，常常关闭部分收款通道或服务窗口，让客户排长队等候的现象随处可见。

2. 缺乏敬业精神

有不少企业的客户服务人员，在与客户打交道时，还不习惯站在客户的立场上思考问题，而只是站在企业或自己的立场上进行分析与判断。接待上门投诉时千方百计地推卸责任；即使使用了规定的服务用语"您好""谢谢"，也总显得敷衍、生硬和言不由衷。在这些客户服务人员心目中，"微笑服务""热情服务"都只是企业挂在墙上的口号，而不是个人职业生涯的内在需要。

3. 部门沟通不畅

企业不同部门之间的推诿扯皮，让客户无所适从，多头管理，无人负责的情况比比皆是。最常见的是客服部门与维修部门的矛盾，客户开发、客户维护及客户服务，由不同人员负责，而他们之间又缺乏必要的沟通，极大地增加了客户的成本，降低了客户服务工作效率。

此外，重开拓、轻维护的情况比较普遍。有的企业将开拓新客户放在首要地位，认为如果客户已经选择了企业就万事大吉，不需要再投入更多精力。这样，不仅可能导致客户维护工作的失败，直接损害企业声誉，也会间接影响企业对新客户的吸纳。

4. 忽视内部客户

相比企业内部客户，人们更加关注的是企业外部客户，而对企业内部同事，有时会缺乏应有的关注和支持。

企业内部客户与外部客户同样重要。内部客户服务与外部客户服务互为表里，两者有机融合，才能共同构成企业连贯统一、高效运作的服务支持体系。

5．无视客户差异

不同的客户有不同的个性特点，需求与期望也会有所差异。在与不同类型的客户交往时，应注意识别其个性特点，否则容易给客户造成冷漠和缺乏诚意的感觉。

6．缺乏考评标准

如果客户服务工作没有明确可操作的质量标准和要求，会使员工缺乏行动的依据。将"客户满意"的口号落到实处，制定具体的服务规范与评估制度，可使员工知道哪些行为是应该做的，哪些行为会受到鼓励。例如，在服务条款中规定"对客户的维修要求，在24小时内上门服务"，而不是笼统地用"尽快满足客户的维修要求"来描述。

总之，在不同地区、不同行业和不同企业之间，我国客户服务工作发展极不平衡。因而，以改善服务条件、提高服务水准为特征的创新实践，必然蕴涵着巨大的商机！

技能训练3：企业服务水平现状分析

学习小组以选定的研究企业为对象，根据表1-4提供的线索，对企业服务水平的现状进行评估，并说明相应的理由，给出必要的分析结论。

表1-4　企业服务水平现状分析

评价指标	服务水平		
	服务现状	评价依据	备注
服务意识			
客服人员的敬业精神			
部门之间的沟通状况			
内部客户的服务水准			
差异化服务情况			
服务质量的考核与评价			
应对网络化挑战的具体措施			
分析结论			

二、了解优质客户服务

良好的服务是客户所期望的，优质的服务能提升客户的满意度，而服务方面的怠慢或失误，则容易导致客户的流失，甚至使企业品牌和声誉受损。

1．优质客户服务的内涵

对于客户服务，不同的人有不同的认识和理解。下面是人们对客户服务比较认可的五种表述。

（1）客户服务就是为客户创造价值。它强调的是通过客服人员的努力，使客户获得产品或服务以外的辅助服务及尽可能多的便利，减少客户支出，并让客户获得精神和心理方面的满足。

（2）客户服务是指企业为客户提供的有偿的技术和智力上的帮助，强调服务是有价的而不是无偿的。

（3）客户服务是指致力于让客户满意，使其继续购买企业的产品、服务的一切活动。

（4）客户服务是指企业以客户为对象，以产品或服务为依托，以挖掘和开发客户潜在价值为目标，为客户开展的各项服务活动。

（5）客户服务就是我们向客户提供的，能提升客户体验的东西。

优质客户服务的内涵十分丰富，例如：

① 与客户建立良好的关系；

② 向客户提供必要的信息；

③ 满足客户的各类需求；

④ 良好地展示企业及其产品或服务。

以上内容从不同角度揭示了客户服务的内涵和本质。总之，客户服务是指企业在适当的时间和地点，以适当的方式和价格，为目标客户提供适当的产品和服务，满足客户的适当需求，从而使企业和客户的价值都得到提升的过程。

2．优质客户服务的特点

要真正地提供优质的客户服务，仅仅将它作为一项工作任务是远远不够的。客服人员必须满腔热情地投身到服务工作中，以客户为中心，将客户满意作为每次服务活动的目标。

每个企业或组织，尽管提供的产品或服务各不相同，但所有优质的客户服务，都必须具备以下特点。

（1）尊重客户，着眼于企业能为他们提供哪些产品或服务，而不只是把他们当成"推销商品的对象"。

（2）了解每一位客户的需求，帮助他们找到能够满足这些需求的产品和服务。

（3）积极提供售后支持与服务，而不是付完钱就不认人。

（4）确保客户对其所购买的商品和所接受的服务都很满意，使他们愿意再次光顾。

（5）发展长期的客户关系，不要只想着做"一锤子买卖"。

（6）将客户的需求放在第一位。

3．优质客户服务的构成要素

优质的客户服务，主要由良好的专业素质技能、品质优良的产品或服务、全体成员对细节的关注、富于创意的客户关怀、勇于承担责任的职业态度等几大要素构成。

（1）产品特点、客户需求、内部制度及沟通技巧，构成客服工作的基本框架。为了提供优质的服务，客户服务人员首先必须做到以下几点。

① 全面了解企业所提供的产品及服务，特别关注外部客户的真实需求，有针对性地为他们提供个性化的产品和服务。不仅要了解产品和服务的特点，还要了解这些特点如何对客户有益，并清楚本企业的产品和服务与竞争对手的差别所在。

② 熟知企业内部的制度和流程，熟悉企业内部的客户服务网络。企业的外部客户希望与一个协调如一的公司打交道。作为客服，有责任直接为他们提供满意的服务，或者能迅速找到其他合适的人员来帮助他们解决问题。

③ 保持积极的态度。客户人员应致力于第一次就把事情做好，并积极协助同事为客户提供服务。

④ 良好的沟通技巧。通过倾听了解客户的需求，并且确保客户已经准确理解了你所说的

每一句话,以免事后发生令人不愉快的误解,这要求客服人员掌握娴熟的沟通技巧。优秀客服人员的能力素质结构模型如图1-5所示。

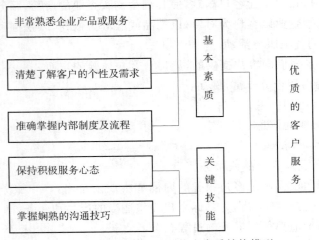

图1-5 优秀客服人员的能力素质结构模型

(2) 品质优良的产品或服务,是提供优质客户服务的前提和基础。

永远不要期望客服能将稻草卖出黄金价。优质的客户服务,不是简单的微笑运动。企业交付给客户的商品及服务的优良品质,是获得客户满意的前提和基础。当然,品质不是单纯的好坏的概念,它与具体客户的需求和期望直接相关。

(3) 对细节的关注及持续改善,是达成优质客户服务的必由之路。

卓越的客户服务,要求全体客服人员不断完善服务过程的每一个细节。因为,达成卓越客户服务所需要的改善,绝大多数都来源于日复一日的细微变化。优质客户服务就是给予重要的细节以获得更多的关注。例如:记得客户最喜欢的杂志,并告诉客户下一期杂志何时会到;知道客户的工作时间表,并避免在客户忙碌时打搅你;适时、主动地打电话,询问客户对所购买的产品或服务是否满意……

日本卡西塔餐厅的优质客户服务就是一个典型的案例。到他们店里去吃饭,需要提前一个月预约。他们在接受预订时会仔细询问一些细节,如客人有什么个人喜好、有无忌口、为什么预订、客人身份情况、性别姓名等,甚至还会问结婚纪念的客人结婚几年了,婚姻中最感动的时刻是什么,在哪里?他们也会问准备来此求婚的朋友,求婚对象有什么喜好,是否养着宠物,宠物什么样子等。有位来餐厅求婚的顾客,店员通过询问得知客人的女友喜欢夜景,就特意给他们安排了靠近窗户的座位,餐后还请他们到一个特别的地方用甜点,那里是可以直接看街景的窗前独座,座位上撒上美丽的花瓣,给女客人的咖啡是特别定制的,咖啡的拉花图案很像她养的卷毛狗狗。店里还为男客准备了求婚的花束,求婚成功后,他们看到楼下独特的风景——店里的服务员在楼下为了他们举起了"祝福你们,婚姻美满,永远幸福"的牌子。求婚的客人要离开时,可以乘坐餐厅安排的专车,店员们站在门口相送,挥手告别。当然,店员也不会全部满足顾客的要求,有的顾客在点餐时,店员会温柔地拒绝,并真心建议:鉴于您最近的情况,麻烦您改成其他的菜品。

(4) 富于创意的客户关怀,是实现客户服务从优秀到卓越的关键。

只有卓越的服务,才能获得客户的注目。如果客户对企业提供的服务无动于衷,竞争对手就有可能很容易地把他们抢走。

要让客户从"心动"到"行动",别出心裁且富于创意的客户关怀十分必要。客户服务有时被称为客户关怀,因为这关系到如何照料客户,而不是仅仅靠摆一些噱头来打动消费者。

例如,当某位客户购买了一张价格不菲而又笨重的桌子后,是给予5%的折扣以示感谢,还是花半个小时让客服人员帮他把桌子抬上车。对公司而言这两者成本可能相差无几,但对客户的影响则大不相同。

当自家商店没有客户所需要的商品,是热情地推荐另外一家公司来帮助他们,还是让上门来的客户扫兴而归。在某些时候,企业所费不多,却仍然可以给客户留下服务品质上乘的印象,甚至让客户内心产生感动。

(5) 敢于负责的胸怀和勇气,是客服工作获得信赖和尊重的关键。

一个企业或组织,可能有成千上万名职员,但客户只需要一个人代表企业负责任地为他提供服务,这就要求客服人员要有诚实的态度和敢于负责的勇气。只有这样,才能让客户宽心和放心,并最终产生信任和依赖。例如:

① 如果发生了任何差错,客服人员应主动代表公司表示歉意。

② 在电话里进行自我介绍时报上自己的姓名,与客户面谈时戴上胸卡等,这样可让客户确信你是一位负责任的职员。

③ 帮助客户了解自己的企业。把他们介绍给相关人员,或者把他们带到放置其所需要的商品的货架前。

④ 亲自提供后续服务。把自己的名字和电话号码告诉客户,客户往往希望在和公司的交易过程中保持一贯性,一般不太愿意向其他人重复他们的需求。

⑤ 告诉客户你正在忙什么。让他们知道,之所以让他们等候,是因为你正在设法帮他们解决问题。

阅读材料

周春明,是我国台湾地区的一名出租车司机,人称"出租车皇帝"。相比于每天至少开12小时的其他出租车司机,每天工作8~10小时的周春明的月收入是别人的2倍左右。他的秘诀在哪里呢?

周春明将自己定位为"客户专属私人司机",以形成差异化。

周春明有一张密密麻麻的熟客名单,其中包括200多位教授和中小企业老板。要坐周春明的车,最晚要提前一星期预订。在3月底,他的预约已经排到5月,当其他出租车司机还在路上急急寻找下一个客人时,他烦恼的却是挪不出时间照顾老客户。

周春明做的第一件与别人不同的事,就是不计成本地做长途载客服务。对一般出租车来说,载客户到我国台湾地区的新竹、台中,要冒空车回来的风险,等于跑两趟赚一趟的钱。于是行业就约定将成本转嫁给客户,车费比计价表数额高50%。但周春明观察到,这群人才是含金量最高的商务旅客,为了稳住他们,他只加价17%。

锁定长途商务客,凭借不转嫁成本,贴心而赢得生意,这是周春明独辟的蹊径。周春明认为计较是贫穷的开始。从周春明在《计较,是贫穷的开始》一书中所说的一段话,我们就会找到答案:"计较,是人性的缺点,它让我们失去太多宝贵的东西。当一个人和钱斤斤计较的时候,钱也会和你斤斤计较。当你不是为了钱而活着的时候,你才可能获得更多的钱,金钱仅仅是成功的附带品罢了。"比如,他赔钱运送一位盲人乘客时,这位盲人按摩师介绍了很多生意给他，尽管都是赔钱的买卖，但他也在这样奉献的过程中获得了乐趣，这使得他服务其他客人的时候，也保持着积极向上的精神面貌。而周春明从中总结到的是：服务说到底是一种感动，要拿出自己的心和爱，感动每一位客人，创造出让人眼睛一亮的效果，把每天的工作都当成自己的代表作，不要100分，要101分。表面上，他每趟收入比同业低，但也因此赢得客户的好感与信任，开始接到许多长途订单。

在他开车的第4年，他从科学园区载了一位企管顾问公司经理，对方被他的贴心服务打动，把载企管顾问公司讲师到远郊的长途生意全包给他，他因此打开一条关键性的长途客源。从那年开始，他的客户由街头散客逐渐转为可预期的长途商务客。翻开他的出车记录，当年出了100趟长途车，而今年预计可达八百趟。更大的意义是，他开辟出大量的可预期旅程客户，不再需要在街头漫无目的地等待乘客，空车率大大降低。企管顾问公司的讲师，包括各大学的知名教授和资深企业人，周春明每天接送这些乘客，吸收这群精英的观念，耳濡目染，竟发展出管理出租车生意的一套标准作业程序和客户关系管理（CRM）的方法。客户告诉他，新手在乎价格、老手在乎价值，只有高手懂得用文化创造长久的竞争力。

他注重了解客户喜好，从早餐到聊天的话题都为每位客户量身定制。周春明说，每个客人上车前，他要先了解，他是谁，关心的是什么？如果约好五点载讲师到桃园机场，他前一天就会跟企管顾问公司的业务人员打听这客人的专长、个性，甚至是早餐和喜好。隔天早上，他会穿着西装，提早十分钟在楼下等客人，像随从一样，扶着车顶，协助客人上车，后座保温袋里已放着自掏腰包买来的早餐。连开口跟客人讲话的方式都有讲究，如果是生客，他不随便搭讪，等客人用完餐后，才会问对方是否要小睡下，或者听音乐，还是聊天。从他的选择，看出他今天心情如何，如果对方选择聊天，周春明就会按照事前准备，端出跟客人专长相关的有趣话题；但是政治、宗教和其他客人的业务机密，他知道是谈话的禁区，会主动避开；甚至连机场送机，该如何送行，他都有标准做法，不能说"再见"，要说一路平安。如果是送老师到远郊讲课，一上车，也少不了当地特产，这些都是他自掏腰包准备的。

周春明强调：差异化，就是把服务做到101分，你要做到客户自己都想不到的服务，才拿得到那1分。他还有一本客户关系管理的秘籍，里面详载了所有熟客的喜好，光是早餐的饮料，就有10种，有的要茶，有的要无糖可乐；如果是咖啡，放几包糖、几包奶精，都要精确。

有个叫严心镛的客人第一次坐周春明的车。下车时，周春明问他，为什么不用他准备的汉堡和咖啡。严心镛说，他只吃中式早餐。从此以后，只要严心镛早上坐他的车，车上一定放着一份热腾腾的烧饼和油条。透过有系统的管理，每个客户爱听什么音乐，爱吃什么小吃，关心什么，坐上他的车，他都尽力提供定制化服务。他就像是客户专属的私人司机。严心镛说，一般出租车司机无法提供这样的定制化服务。

慢慢地，越来越多人指名约他的车，周春明越来越忙。他开始把自己的服务标准作业流程复制到其他司机身上，用企业化方法经营车队服务。"有一次他说有约不能来，但他推荐一个朋友来载我。"李吉仁回忆。一上车，虽然换了司机，但是该准备什么，他喜欢什么，周春明做服务的方法，都一丝不差地重现在新司机身上。现在，周春明的客户多到要有七八辆合作的出租车才跑得完。他的价值不只是一个载客人的司机，开始慢慢变成掌控品质的车队老板，他可以转订单给专属车队。有了车队，他们能做更复杂的服务。有一次，他载奇异公司的副总詹建兴到机场，好不容易穿过星期一的拥挤车潮到了机场，客人却忘了带护照。只剩一小时登机,如果开车回去拿,根本来不及,周春明就调动车队,到客人家去拿护照,再从八里抄近路送到机场,在最后一刻送到焦急的副总手上。

客户越来越多,为了扩大经营,他今年还计划进大学,念一个服务业的学位。周春明说,他的目标,是包下像台积电这样的大公司,做车队服务。

其实看到这个例子,就会发现周春明开出租车不仅仅是把乘客从一个地点转移到另外一个地点,更是从细节做好服务,而且是免费的增值服务。企业学习的就应该是这一点:从细节了解客户,贴心服务,满足客户需求,从而赢得更多客户的青睐。

技能训练4:企业产品及服务特色分析

学习小组以选定的研究企业为对象,对企业提供的产品或服务的性能特点、特色优势、行业动态及竞争对手进行分析,并将相关的结果填入表1-5。

表1-5 企业产品或服务特性分析表

分析指标	性能特点		
	基本特点	分析依据	备注
产品或服务的主要性能及特点			
产品或服务的特色及优势			
主要竞争对手的优劣势分析			
行业发展动态及趋势			
分析结论			

学习小组以选定的研究企业为对象,根据企业服务水平现状分析表及企业产品或服务特性分析表,结合分析结论,提出改进措施,打造优质客户服务。

三、专业客服人员的培养

对广大企业及商业组织来说,作为向客户提供产品或服务的服务人员,必须具备强烈的服务意识、销售意识、品牌意识,才有可能成为企业的"金牌"客服,如图1-6所示。

图1-6 "金牌"客服三要素

① 服务意识:能服务好客户、处理好售后问题。
② 销售意识:能将企业商品快速销售出去。
③ 品牌意识:能让客户深层次了解并认同企业。

在网络购物中,客户无法真实地感受到商品,往往会对商品心存怀疑,这时就需要客服人员来与客户进行沟通,消除客户心中的疑虑。优秀的客服人员能够有效塑造企业形象,提高成交率和客户的回头率,客服人员对客户购物体验的建设有着至关重要的影响。

1. 客服人员的素质要求

客户服务的核心关键词是诚信、专业、热情、耐心、服务,另外,开心幽默的个性品质在客服工作中异常宝贵。一个合格的客服人员,应该具备一些基本的素质和技能,这样才能让客户体验到企业高品质的服务,让他们更加愿意购买企业的产品。

(1) 良好的心理素质

在与客户沟通的过程中,客服人员可能会遭遇多种挫折,需要承受各种压力,因此一个合格的客服人员需要具备良好的心理素质。客服人员心理素质的要求:挫折和打击的承受能力;情绪的自我掌控及调节能力;处变不惊的应变能力;满负荷情感付出的支持能力;积极进取,永不言败的良好心态。

(2) 专业的商品知识

客服人员必须要对自己所销售的商品有足够的了解,包括商品的用途、特性、材质、尺寸,以及使用注意事项等。最好对行业的相关知识也要有所了解,如商品的使用方法、保养方法、维修方法等。

不同的商品可能适合不同的人群,例如,化妆品使用者的肤质不同所适合的产品就会有较大的区别,有些玩具不适合太小的孩子玩,有些零食不适合太小的孩子独自食用等。对于这些事项,客服人员一定要了解清楚,并适时地提醒买家。

(3) 不同电商运营平台的相关交易规则

作为客服人员,要充分了解不同电商运营平台的相关交易规则,不可违背平台规则进行操作。只有对运营平台的规则相当熟悉,才能在面对各种突发情况时做到镇定自若、按部就班,并妥善地将其解决,使交易有条不紊地进行。

此外,客服人员还要在不违背相关交易规则的前提下熟练掌握交易过程中的相关操作,包括修改商品价格、付款流程、修改评价、关闭交易、申请退款、申请延时等。

(4) 物流相关知识、店铺活动及相关政策

作为网店的客服人员也会经常和物流打交道,但对于一家业务量比较大的店铺来说,一般情况下不会只和一家快递公司合作。因为不同的快递公司有着不同的特点和优势,不同的客户也会有不同的需求,这就需要店铺与多家快递公司合作。

在物流方面,客服人员的任务就是要了解常用的几家快递的优缺点,明白什么情况应该选择哪家快递。此外,还要了解不同的物流方式在速度上的区别及物流方式的查询方法等。最好在手边准备一份不同的物流方式的联系方式,以保证能够最短时间内联系到不同物流的快递人员。

为了有效地应对发生的意外情况,除了以上的准备工作之外,客服人员还应该对各种物流关于包裹的撤回、更改地址、状态查询、保价、问题件退回、索赔的处理等方面的知识有所了解,以保证意外状况发生时能够在第一时间内做出反应,将店铺和客户的损失降到最低。

技能训练 5:心态训练

目的:锻炼你的心理承受能力。

活动形式:以小组为单位,多人发问,一人答辩。

活动要求:提问尖刻,不要求合理性(文明用语,不进行人身攻击);回答者始终面带微笑,保持积极的心态面对发问。

问题思考:

在压力大时,我能否冷静思考;

面临巨大压力时,我能否保持积极乐观的态度;

别人发难时,我是否只想和他去争论,很难做到平和地解释回答问题;

压力大时,我能否清楚地分析判断问题;

压力大时,我能否清晰地表达;

压力大时,我是否愿意主动地组织协调解决问题;

压力大时,我是否只注意自身的感受,而未留意对方(周围人)的感受。

……

分享控制情绪的有效方法。

2. 客服人员服务沟通技巧

对于任何销售模式来说,沟通都是永不过时的话题,与客户有效沟通是促成交易的关键,如果客服人员不懂表达,即使商品再好也无法打动客户的心,更加不可能产生交易,在网店的销售中更是如此。

(1) 与客户沟通应保持的原则

与客户展开沟通,需要客服人员懂得沟通的原则,这样才能有效拉近与客户的距离。

1) 了解客户需求

在客户服务中,明白客户需要什么是开始沟通的关键点,只有了解了客户的需求,才能向其推荐最需要的商品或服务。例如客户最关心的是补水问题,那么在向其推荐化妆品时,就要突出商品的这个特点,而不是客户需要有补水效果的商品,客服人员却突出商品美白的效果。这样根本不能解决客户的需求,也不能让客户最关心的问题得到最大化的满足。

2) 明白客户的担忧

不管购买什么商品,任何客户都会存在一定的疑虑,或是担心商品的质量,或是担心商品的使用效果,或是担心商品的价格,这些都是正常情况。因此,在沟通过程中需要客服人员运用一定的技巧来降低客户的疑虑。

要想降低或消除客户对商品的疑虑,可以向客户展示商品的相关合格证书,展示一些用户购买并使用后的反馈效果,或是将自己的商品与同类商品进行对比以体现自己商品的优势。

当然,最重要的还是要让客户对客服人员产生信任感。客服人员的人品、人格要有保障,要耐心地为客户解决每一个问题,而不是开口就让对方付款,这样很容易让客户认为是骗子。只有在合适的时候,根据客户的需求,以合理的、对方接受的方式促成付款,完成发货与签收,才是成功的成交。

3) 凡事留有余地

在与客户沟通的过程中,不要使用"肯定""绝对""保证"之类的词语。这样做并不是说对客户缺乏责任心,也不是说店铺销售的是次品,而是为了不让客户产生失望的感觉。

因为每一个人在购物时都会有一种期望,如果我们的商品无法满足客户的期望,就会转变为客户的失望。例如化妆品,每个人的肤质有所不同,没有人能保证售出的商品能在一个星期或一个月内达到客户想象中的效果。例如售出的商品需要物流的运输,商家也无法保证运输过程不会发生意外,快递公司不会延误。因此,为了不让客户失望,商家不要轻易对客户做出自己无法控制的保证。最好使用"努力""争取""尽量"等词语,这样既能表达自己的真诚,也能为自己留一份余地。

4)坚持自己的原则

在销售过程中,经常会遇到讨价还价的客户,这时客服人员应该懂得坚持自己的原则。如果某些客户提出一些无理的要求,此时也要耐心地解答客户的问题,不能不理睬客户。因为即便是无理要求,也是一种反馈意见,能为以后的销售积累经验,有助于店铺的发展。因此,新店不能因为要吸引客源积攒人气而答应客户的一些无理要求。

如果店铺已经决定不接受议价,那么客服人员就应该向要求议价的客户表明这个原则。例如邮费问题,如果客户没有达到包邮的要求,就不能为其破例包邮,一旦破例,钱是小事,但会给店铺造成非常不利的影响:会让其他客户觉得不公平,认为店铺不规范;给客户留下经营管理不正规的印象,从而小看店铺;会让客户产生商品与价格不成正比的感觉,否则怎么还会有包邮的空间;客户下次再来购物可能还会要求享受这种待遇,或者进行更多的议价,这样就需要客服人员花费更多的时间来应对,一旦双方无法达成一致,很可能既失去客户,又浪费了自己的时间。

(2)沟通用语的使用

在与客户的沟通过程中,交流用语的选择是非常重要的,令人感觉亲切、舒服的用语,不仅能体现商家对客户的重视,更能拉近与客户的心理距离。

1)多使用带人情味的词

通过几组不同用语的对比,感受一下不同说法的效果。

"不行"和"真的不好意思哦"比较,很明显,前者的语气比较生硬,后者的语气比较有人情味;

"恩"和"好的,没问题"比较,带给人的感觉也是后者更让人感觉到亲切;

"不接受见面交易"和"非常不好意思,我平时比较忙,可能没时间和您见面交易,请您谅解哦"比较,很明显后一种说法更容易让人接受。

因此,在沟通的过程中,多使用礼貌、谦和、带有人情味的字眼,更容易与客户建立良好的沟通关系。例如下面的一些用语。

- 您好,欢迎光临小店。
- 请问有什么可以为您效劳吗?
- 很高兴能为您效劳。
- 您真是好眼光,您选择的这款销量非常好,而且非常适合您。
- 您真的很幸运,刚好这款我们还有货。
- 质量您放心,相信您买了一定会觉得物超所值。
- 好的,请稍等,我马上去仓库给您看一下。
- 不好意思,您要的这款已经断货了,但是我们还有很多新款供您选择的。
- 不好意思,咱们店里的宝贝都是薄利多销的,这价钱绝对超值。

- 我们会以最快的速度给您发货。
- 谢谢您,欢迎您再来!

此外,要尽量减少使用"你",多使用"您""咱们"之类的字眼,这样更能让客户感觉商家是在真心实意地为其着想。

2)尽量避免使用负面语言

在客服工作中,要尽量避免使用负面语言。那么,什么样的语言属于负面语言呢?在想要表达这样的意思时,又应该用什么语言来替换?

① "我不能"。在客服工作中,没有"我不能",因为当说出这个词时,客户往往就会将注意力集中在"为什么不能""凭什么不能"上,而不是集中在商家所能给予的服务上。应该将"我不能"转换成"看看我们能为您提供什么服务",这样就避开了对客户说"不可以""不行"之类的话。

② "但是……"。回想自己的经历,有没有收到过这样的赞美:"你背这个包真好看!但是……"不管前面说得多好,如果后面出现了"但是"就等于将前面所说的话进行了否定。因此,在客服工作中尽量要避免说"但是……"

③ "我想我做不了"。尽量不要说"我想我做不了",当商家向客户说"不"时,会将与客户的沟通带进一种消极的氛围中。不要总是向客户传达客服人员或店铺不能做什么,或者不想做什么,而是应该告诉客户能做什么,而且非常愿意帮助他们。

④ "这不是我应该做的"。不要向客户说"这不是我应该做的",这样会让客户感觉自己受到了轻视,进而不再听客服人员的解释,正确的说法应该是"我很愿意为您做"。

(3)与客户沟通时的忌讳

在电子商务销售沟通中,有以下几点忌讳需要店主和客服人员特别注意。

1)忌过分热情

与客户第一次打交道时,最好不要过于热情,过犹不及,过度的热情容易让人反感。更不要一上来就直接向客户推销商品,可以先和客户简单地交流,建立基本的认知,如果客户需要购买商品会主动说明,之后客服人员及时跟进即可。

2)忌显得太功利

虽然说与客户进行良好沟通的主要目的是达成交易,提升商品销量和获得利润,但有时与客户交流最主要是为了与客户成为朋友,将客户变成店铺的粉丝,扩大和巩固自己的客源。因此,在与客户介绍商品的过程中,不能显得太功利,不要一直不停地向客户介绍店铺的各种商品,逼着客户买这买那,这样的交流只会让客户产生压力,让客户觉得商家只是为了销售商品,并没有真正考虑其需求,最后让客户反感。

客服人员在与客户沟通时可以多聊一些客户感兴趣的话题,首先让客户愿意与自己交流,之后再介绍商品,把客户引导到商品上,从而激发客户的购买欲望,促成交易。

3)忌过分幽默

虽然通过一定的交流,客服人员可以和客户慢慢地熟悉起来,但只要没有看到能让双方都满意的结果之前,在沟通中尽量不要搞笑,这样会有损客服专业的形象。与客户交流可以适当说笑,这样能拉近与客户的距离,但要注意掌握好度,某些话语也许自己认为是玩笑,是调节气氛的话,可是由于性格和成长环境的不同,在客户听来可能就会完全变了味道。

4)忌反应迟钝

对于客户的咨询要及时回复,不要让客户长时间地等待。在漫长的等待中,客户也许早就离开了,甚至已经在别的店铺购买了商品。别总是借口自己很忙,有客户光顾却半天置之不理。如果有客户光顾,作为客服上来问句:"您好,有什么能为您效劳的吗?"能让客户听着心里舒服,更加愿意购买商品。

5) 忌与客户争辩

在销售商品时难免会遇到难缠和不讲理的客户,客服人员不能因为双方观点不一致就与客户争辩,甚至恶语相向,这样会给客户留下不好的印象。有道是"买卖不成仁义在",虽然这次客户没有在店铺购买商品,但不代表该客户下次不会来购买。所以,做生意应当以和为贵,不要赢了争辩,失了客户。

6) 忌隐瞒商品缺陷

任何商品都可能会存在缺点,因此客服人员不能为了保证销量而只向客户介绍商品的优点,对商品的缺点一带而过,甚至隐瞒商品的缺点。客服人员要真诚地向客户表明商品可能会存在的某些小缺点,让客户接受自己所推荐的商品"确实是存在些小缺点,但并不会影响商品的使用"的现实。尤其是对于理智型或挑剔型的客户来说,主动向他们说明商品的某些缺点,可以提高在其心中的好感,避免客户收到商品后因商品和图片差别太大而给出差评。

7) 忌不正面回答客户的问题

对于客户提出的疑问要做出正面的回答,不能顾左右而言他。例如:

- 客户询问:"这款裤子会掉色吗?"客服人员却回答:"质量没问题,您放心。"
- 客户询问:"我什么时候能收到货呢?"客服人员却回答:"我今天就给您发货。"

虽然客服人员认为自己对客户的疑问都做出了回答,可是在客户看来并没有正面回答他的问题。客户需要的是细节的沟通,如果客服人员的回答比客户提问的还要详细,客户才会真正放心地购买。

因此,如果客服人员回答:"您好,这款裤子不会掉色的,请您定放心。""我今天会准时为您发货,正常情况下3天内您就能收到啦。"这样回答不仅正面解决了客户的疑问,更会给客户留下一个亲切、随和、服务全面的印象。

(4) 有效处理客户的差评或投诉

当店铺出现了差评或投诉,商家和客服人员要及时与客户进行沟通处理,在处理过程中要特别注意以下要点。

1) 查明原因

当客户收到商品并发现商品有问题时一般会比较着急,担心问题得不到解决会影响自己的使用,有瑕疵的商品必然会引起客户的不满,对商品做出差评甚至投诉。这个时候客服人员要及时和客户联系,耐心地了解清楚商品出现了什么问题并寻找原因,及时帮助客户解决问题。

2) 认真倾听

客户在收到商品后反映商品有问题时,客服人员要比交易时更加热情,这样会让客户觉得商家的服务态度很好。如果客服人员在客户购买商品时表现得很热情,商品出现问题时却爱理不理,这样会给客户造成种极不负责的印象,最终很可能导致客户的流失。

3) 安抚和解释

当客户在收到有问题的商品时会表现出烦恼、失望、发怒等各种情绪,这时作为商家要站在客户的角度思考问题,做好安抚工作,然后针对问题做出让客户满意的回答。

4) 诚恳道歉

不管是由于什么样的原因引起客户的不满,商家都要诚恳地向客户道歉,减少给客户造成的不愉快并弥补损失。

5）提出补救措施

对于客户给出的差评或投诉，商家需要主动提出补救措施，有时一个不错的补救措施可以帮你换回一个好评。遇到售后问题时，商家也要及时提出补救的方式，并明确地转达给客户，让客户感受到商家的诚意。

6）跟进处理

当给客户采取补救措施时，无论进行到哪步，都要明确地告诉客户，让其知道售后解决的进度，直到问题妥善解决。不要弥补完过失之后就草草收场，那样会给客户一种应付了事的感觉，可能造成客户的心理不平衡。

案例

沟通中的障碍突破（以服装店销售为例）

障碍：顾客很喜欢，可陪伴者说："我觉得一般或再到别的地方转转看"。

服装销售中，陪伴购物的关联人越多，衣服销售出去的难度就越大。服饰店铺中经常出现顾客对衣服很满意，但陪伴购物者一句话就让销售过程终止的现象，确实非常令人头疼。

问题诊断：

"不会呀，我觉得挺好的"和"这个很有特色呀，怎么会不好看呢"纯属衣橱顾问自己"找打"的错误应对，这两种说法缺乏充分的说服力，并且容易导致衣橱顾问与陪伴者产生对立情绪，不利于营造良好的销售氛围。"这是我们当季的重点搭配"则属于牛头不对马嘴。"甭管别人怎么说，您自己觉得怎么样"容易招致陪伴者反感，并且顾客肯定是站在陪伴者一边，就算是为了给朋友面子，销售过程也必将就此终止。

衣橱顾问策略：

其实，关联人既可以成为我们成功的敌人，也可以成为我们成功销售的帮手，关键看衣橱顾问如何运用关联者的力量。只要从以下方面入手，就可以发挥关联人的积极作用，并尽量减少其对销售过程的消极影响。

第一，不要忽视关联人。店面销售人员要明白，关联人也许不具有购买决定权，但具有极强的购买否决权，对顾客影响非常大。所以顾客一进店，你要首先判断谁是第一关联人，并且对关联人与顾客要一视同仁地热情对待，不要出现眼中只有顾客而将关联人晾在一边的情况。这里有几个技巧可以善加运用：在销售过程中通过目光的转移，让关联人感受到尊重与重视；适当征询关联人的看法与建议；赞美顾客的关联人；通过关联人去赞美顾客。

这些方法都能很好地让关联人感受到你的关心、尊重与重视，一旦衣橱顾问在销售前期处理好与关联人的关系，就为销售后期避免关联人的消极影响打了一剂很强的预防针。

第二，关联人与顾客相互施压。有的时候关联人可能会为朋友推荐衣服。当顾客穿上衣服感觉满意并且你认为确实也不错的时候，你就可以这样说："这位小姐，您的朋友对您真是了解，她给您推荐的这款衣服穿在您的身上非常时尚与个性。"这句话会给顾客压力，因为她不大好直接说衣服难看，或多或少要给朋友一个面子，何况她本身也很喜欢这款衣服。如果是顾客自己选的衣服，顾客表现得很喜欢，此时你也可以对关联人说："这位先生，您的女朋友应该很喜欢这件衣服。"因为这件衣服顾客确实很喜欢,加上你前期与关联人的关系处理得也不错,此时关联人直接说衣服难看的概率就会降低。因为这样等于是说顾客没有眼光和欣赏水平,会让顾客很没面子,所以也会给他造成一定的心理压力。

第三,征询关联人的建议。最愚蠢的衣橱顾问就是将自己与关联人的关系搞得非常对立,这无助于问题的解决及销售的推进。如果销售中确实出现关联人的消极行为,为了增加销售的成功率,衣橱顾问可以采用将关联人拉为合伙人的办法,共同为顾客推荐衣服。

语言模板:

衣橱顾问:"这位小姐,您对您的朋友真是用心,能有您这样的朋友真好!请教一下,您觉得什么样的款式比较适合您的朋友呢。我们可以一起来交换看法,然后一起帮您的朋友找一件最适合她的衣服,好吗?"

衣橱顾问:"您对您的朋友真是用心,能有您这样的朋友真好!请问这位小姐,您觉得什么地方让您感觉不好看呢?您可以告诉我,这样,我们可以一起来给您的朋友提建议,帮助您的朋友找到一件更适合她的衣服。"

衣橱顾问:"您对您的朋友真是细心,难怪会跟她一起来逛街呢。可不可以请教一下,您觉得什么样的款式比较适合您的朋友呢?这样我们也可以多参考一下。"

技能训练 6:沟通技巧

学习小组以选定的研究企业为对象,列出与客户沟通中出现过的障碍问题,进行问题诊断,提出解决的策略方法。

1.4 实战演练

(1)操作步骤

第一步:客户服务体验与分析

方式1:以客户身份到商业经营场所去了解情况,真实感受客户服务(每个人做一份),如表1-6所示。

表1-6 客户服务体验与分析

企业名称:

	当时情形	你的感受	如果客户服务人员换作你,你会怎样做?
你进了店之后,隔多久才有客户服务人员接触你?			
客户服务人员如何和你打招呼,他们说了什么?			
客户服务人员有没有试图与你谈话?如果有,是用什么方法?			

续表

企业名称：

	当时情形	你的感受	如果客户服务人员换作你，你会怎样做？
客户服务人员有没有说什么赞美你很懂行的话，让你觉得自己是专家？如果有，是什么？			
客户服务人员有没有说什么令你觉得相信他了解你的需要？如果有，是什么？			
客户服务人员的态度是否令你觉得舒适？为什么？			

方式2：请回想近6个月中你所受到的最佳及最差的客户服务，各举一例。回忆一下当时发生了什么；对方说了什么或做了什么，用什么样的语调，以及采取了哪些积极的或消极的行动，并将相应的内容填入表1-7。

表1-7 最佳及最差客户服务体验

企业名称：

体验内容与感受	最佳客户服务体验	最差客户服务体验
他们隔多久才接待你？（马上；店员结束聊天之后；当队列向前移动时……）		
他们如何招呼你？（直呼其名；热情似火；温文尔雅；盛气凌人；漠不关心……）		
接待你的人视你为哪种人？（一个尊贵的客户；可以向其推销任何东西的人；讨厌的人……）		
所提供的服务是否达到了你的期望？（是，远远超出了我的期望；不，我感到很失望；还行……）		
你对所受到的服务有何感受？（满意的；受尊重的；恼火的；失望的；无能为力的；快乐的；生气的……）		
这一感受是否会影响你与该企业以后的交往？（会把感受告诉他人；还会去……）		
分析结论		

方式3：尝试记录某次网购的经历，包括与客服人员在整个购物流程中的沟通过程，分析该客服人员在哪些方面做得好或哪些方面需要进行改善。（完成记录表）

第二步：小组（客服团队）分享、讨论完成：分享之后每小组选出2个案例（1个最佳客户服务体验案例、1个最差客户服务体验案例）；讨论并完成PPT（案例陈述、小组评价值得学习的地方、不好的地方如何改进、小组总结）。

第三步:课堂解析、全班分享、小组(客服团队)互评。

(2) 注意事项

小组(客服团队):注意主讲人与角色分工。

小组(客服团队)讨论时重点要放在问题诊断、应对策略上,并拿出正确的、能让客户满意的具体方案。

(3) 效果评价

根据学生上课出勤、课堂讨论发言、作业完成情况等进行评定。首先由各客服团队主管对团队内各成员的任务完成情况进行成绩评定(优秀、良好、中等、及格、不及格),如表1-8所示,然后由指导老师对各团队提交的成果报告PPT及讲解情况进行点评,如表1-9所示。最后综合评出各客服团队的技能实战成绩,并按照以下公式进行加权计算,给出团队个人最终成绩。

个人最终成绩＝客服主管评定成绩×30％＋指导老师评定成绩×70％

表1-8 客服主管评定组内成员成绩表

项目小组成员姓名	小组成员成绩					备注
	优秀 (90分以上)	良好 (80～90分)	中等 (70～80分)	及格 (60～70分)	不及格 (60分以下)	

表1-9 指导老师评定成绩表

评价指标	分值	评分	备注
客户服务体验与分析表	20分		
案例分析PPT	20分		
案例讲解	40分		
问题解答(小组或老师提问)	20分		
总体评价	100分		

1.5 分享与反思(分享典型范例和学习反思)

 分享｜5个赞赏

以纯是东莞市以纯集团有限公司旗下的时尚休闲服装品牌。以其紧贴时尚、角逐设计,短短几年时间迅速成为国内外时尚休闲服饰知名品牌之一。以纯集团位于中国时装之都——广东虎门。公司成立于1997年,集设计、采购、生产、营销及服务一体,为顾客呈奉物超所值的优质时尚服饰。时至今日,以纯已聘用超过30 000名员工,分享同一信念,在中国及世界各地超过5 000家专卖店。公司在国内获颁"中国名牌"及"中国驰名商标"的荣誉。

公司理念:公司的宗旨是为顾客呈奉物超所值的优质时尚服装。致力于通过提供平价、优质的时尚服饰,以引领热爱时尚热爱分享的人们的穿衣文化和生活方式。员工上下一心,为同一目标进发,成为顾客首选的服装品牌,并成为国际领先的时尚服饰零售品牌,致力迈向全球,在国际品牌上占一席位。

企业信条:
- 诚信:做人做事必须诚实,敢于承担责任。
- 人才:人才是我们最宝贵的资源。
- 客户:以客为先,让客人开心满意是我们的服务承诺。
- 简单:将复杂的事情简单化,提高工作效率。
- 进步:不断追求新知识,敢于创新。
- 使命:通过提供平价、优质的时尚服饰,以引领热爱时尚热爱分享的人们的穿衣文化和生活方式。
- 愿景:成为国际领先的时尚服饰零售品牌!
- 使命:服务,为顾客提供时尚服装产品,成就时尚传奇!

以纯文化:

业绩就是尊严:目标才能生产业绩,业绩才能让我进步,进步才能走向成功。

打造精锐团队:提前计划、精准施策、能征善战、产值有效。

- 员工规

员工规	企业训	首感恩	要谨信	学无涯	修个人
企如家	显温馨	待同事	如手足	有困难	互相助
有本领	多传授	多付出	方进步	以纯业	百年梦
齐努力	早实现	忠于企	造未来	员工规	时警醒

- 修养篇

走从容	站标准	坐端正	声和谐	讲形象	仪态端
讲礼貌	多问好	讲状态	多激情	言与行	守诚信
多敬畏	敬父母	敬国家	敬企业	敬品牌	敬市场
敬客户	敬领导	敬团队	敬同事	多沟通	促和谐

- 成长篇

升业绩	懂货品	早上货	上准货	抓陈列	视营销
重推广	促增长	选人才	促发展	展系列	择优址
为一线	供保障	精细算	保利润	数据明	做指南
勤检查	找原因	多总结	多思考	心所至	事能成

- 团队篇

| 领导呼 | 速回应 | 领导命 | 即执行 | 领导教 | 虚心听 |

领导训	须自省	鱼骨法	挖潜能	重团队	共协作
三欣会	常赞美	建四化	造团队	正能量	齐传递
同事间	互配合	多包容	共支撑	心连心	传真情

- 客户篇

迎客来	站列位	常弯腰	微笑迎	诚探询	顾客需
及应求	准应需	量客身	推产品	多搭配	供客选
试衣时	要指引	买单时	温馨列	送客时	需恭送
服务好	是本职	待客户	胜家人	促业绩	倍倍增

 学习反思 | 5 个赞赏

首先将团队与个人学习目标进行逐一对比,以清单列表或思维导图,分解出已完成和未完成两部分;然后用 3~5 个关键词描述自己团队在完成本项工作任务中未能解决的问题与所遇障碍;最后对照最佳客服团队,归纳出自己团队未完成部分的主要原因和对应责任,提交反思报告。

问题与障碍:

技能自我测试 | 5 个赞赏

一、判断题(每题 2 分,共 30 分)

1. 客户服务就是为客户创造价值的。   (   )
2. 服务的价值,往往不取决于服务本身,而取决于客户的需要。   (   )
3. 在经济社会持续发展的大背景下,企业以"客户"而不是"产品"为中心,将是大势所趋。
                                                                            (   )
4. 服务是指为他人做事,并使他人从中受益的一种无偿的活动。   (   )
5. 对大多数服务而言,有形性、差异性、同步性、易失性,是服务所具有的四个基本特征。
                                                                            (   )
6. 客户一定是产品或服务的最终接受者。   (   )

7. 根据客户的经济价值可将客户分为四类:关键客户、潜力客户、一般客户和临时客户。
（   ）
8. 对客户进行分类,实施差异化服务,就应对一般客户、临时客户降低服务质量。（   ）
9. 按服务的时序分类,客户服务可分为:售前服务、售中服务和售后服务。（   ）
10. 客户服务是指企业为客户提供的无偿的技术和智力上的帮助。（   ）
11. 今天的网络世界,是"服务"而不再是"产品"才是企业取得核心竞争优势的关键。（   ）
12. 要做好客户服务工作,对产品或服务知识的分析与了解,必须放在优先考虑的位置。
（   ）
13. 售前服务成败的关键在于能否针对具体新老客户的个性化需求,帮助其选购称心如意的产品或服务。（   ）
14. 售后服务的内容包括:产品安装调试、定期维护、故障检修、升级服务等。（   ）
15. 倾听时,即使客户偏离主题,或者不能理解他们所说的内容,也不要打断客户的谈话。
（   ）

二、选择题（每小题 2 分,共 30 分）

1. 服务的价值,取决于（   ）。
   A. 服务本身   B. 客户需要
   C. 商品性价比   D. 客户的感觉
2. 客服工作的首要目标,是提高（   ）的满意度和忠诚度。
   A. 潜在客户   B. 一般客户
   C. 临时客户   D. 关键客户
3. 某公司采用客户中心型的经营理念,关于该公司的一项正确陈述是,该公司（   ）。
   A. 设计其认为客户需要的产品,然后努力说服客户购买这些产品
   B. 愿意迎合其客户,而毫不顾及业务现实
   C. 先探究客户的需求,然后设计满足这些需求的产品和服务
   D. 向其客户提供高质量的产品,依赖产品的质量作为公司成功的关键
4. 从事客户服务的人应该具备的品性包括（   ）。
   A. 积极态度   B. 灵活性和足智多谋
   C. 较低的自尊心   D. 技术能力
5. 优质客户服务的构成要素包括（   ）。
   A. 客服人员良好的专业素质和技能   B. 品质优良的产品或服务
   C. 富于创意的客户关怀   D. 勇于承担责任的职业态度
6. 网络客服的独特价值在于（   ）。
   A. 塑造店铺形象   B. 提高成交率
   C. 提高客户回头率   D. 更好地服务客户
7. 金牌客服三要素包括（   ）。
   A. 服务意识   B. 团队意识
   C. 销售意识   D. 品牌意识
8. 根据客户的个性特点进行分类,客户可分为（   ）。
   A. 严格要求型客户   B. 和蔼可亲型客户
   C. 理智型客户   D. 遵从型客户

9. 常见的售前服务包括( )。
   A. 广告宣传　　　　　　　　　　B. 销售环境布置
   C. 提供多种便利　　　　　　　　D. 公关活动与公益服务
10. 销售过程中的服务方式及内容包括( )。
    A. 向客户传授知识　　　　　　　B. 提供代办服务
    C. 建立客户档案　　　　　　　　D. 操作示范表演
11. 作为一个企业管理者,怎样才能树立正确的客户服务理念( )。
    A. 以客户的需求为导向　　　　　B. 以市场为导向
    C. 为客户创造价值　　　　　　　D. 为企业创造价值
12. 明确客户期望的方法主要有( )。
    A. 设想　　　　　　　　　　　　B. 倾听
    C. 提问　　　　　　　　　　　　D. 复述
13. 一次良好的沟通离不开以下因素( )。
    A. 选择合适的沟通方式　　　　　B. 考虑客户的知识水平
    C. 保持积极的沟通心态　　　　　D. 掌握良好的沟通技巧
14. ( )是指有声音但没有具体意义的辅助语言(如说话者的音质、音调、语速及停顿和叹词)的应用,即所谓的"抑扬顿挫"。
    A. 环境语言沟通　　　　　　　　B. 身体语言沟通
    C. 语言沟通　　　　　　　　　　D. 副语言沟通
15. 客户服务相叠着三种不同层次的服务,其中客户在购买企业产品之前假定自己必须获得的服务称为( )。
    A. 延伸服务　　　　　　　　　　B. 反映服务
    C. 意外服务　　　　　　　　　　D. 基本服务

三、操作题(每小题20分,共40分)

1. 客户说:"你们衣服刚上市时都说不打折,但后期却打得一个比一个低"?
常见回答:
"您别在意,您的档次不一样。"
"衣服就这样,当季货几乎都不打折。"
"这个公司说了算,我们也没有办法。"

2. 客户说:"我每年都买你们那么多衣服,应该给我一个特别折扣。"
常见回答:
"我也想呀,可是公司的规定就是这样子的。"
"就因为是老顾客,所以已经给您很低的折扣啦。"
"有顾客买比您还多,我们还是这个折扣。"
"不是你买多少的问题,公司政策就是这样。"

请分析这些回答会给客户什么样的感受?如果你是销售顾问,你会怎么与客户愉悦沟通,成功实现销售。

1.6 合页式笔记与新技能｜5个赞赏

学生合页式笔记/评论/体会

完成合页式笔记/评论后，对其等级评价： ＋赞 ☆☆☆☆☆   分享/转发 ☆☆☆☆☆

教师实时补充合页式新技能

学习合页式新技能后，对其等级评价： ＋赞 ☆☆☆☆☆   分享/转发 ☆☆☆☆☆

1.7 技能拓展｜5个赞赏

1. 阅读材料：

材料1　某通信技术公司客户服务部经理职务说明书

职务名称	客户服务部经理	职务编号	
直属上级	总经理	所属部门	客户服务部
岗位目的	为了实现有效的客户关系管理并提高客户满意度，通过技术手段并与公司其他部门配合，建立完善的服务体系，为用户提供优质的服务		

工作内容:
　　(1) 监控受理服务人员的在线投诉处理质量,协助员工处理客户投诉的疑难问题;
　　(2) 负责上门处理重点问题客户的投诉,控制投诉率在较低的范围内,辅助公司进行客户满意度的提升;
　　(3) 负责客户端技术设备安装、维修、维护工作质量控制与提升;
　　(4) 负责对公司中小客户的维护与管理工作,组织中小客户流量监测,审核每周和每月的客户流量信息统计表并制定每周和每月的客户流量分析报表;
　　(5) 负责将服务信息数据报表(业务变更、投诉分析、工程师实施服务以及客户服务工作分析报表)定期提交总经理并送相关部门;
　　(6) 制定、完善和实施客户服务部的服务制度,包括服务的策略、方式、手段等;
　　(7) 协调相关业务部门的合作与支持,控制相关服务质量;
　　(8) 完成每天、每周和每月的工作计划和工作总结,每周召集一次例会;
　　(9) 上级领导交办的其他工作任务。
权限:
　　(1) 对客户服务部服务制度的制定权;
　　(2) 对下属员工的指导权、考核权;
　　(3) 部门内人员岗位调整的建议权;
　　(4) 客户服务部预算范围内费用的支配权。

所受上级的指导:在业务上接受总经理的指导
同级沟通:与各部门经理进行业务协调
所予下级的指导:对本部门员工工作进行指导

岗位资格要求:
　　教育背景:营销、服务等相关专业大学本科学历。
　　经验:3年以上营销或服务管理经验。
　　岗前培训:进行公司产品特点、管理技能的培训。

岗位技能要求:
　　专业知识:具有丰富的营销、服务或通信专业知识,熟练使用Office软件。
　　素质与能力:有良好的计划、组织、控制和协调能力,有较好的口才,工作认真负责、细致、有耐心,具有良好的沟通能力和理解能力以及解决问题的能力。

材料2　某公司售前客服岗位职责说明书

基本情况	职位名称	售前客服	职位编号	
	所属部门	客服部	直接上级	客服主管
	薪酬级别		直接下属人数	
	直接下属职位名称及人数			
	职位设置目的			
工作内容	(1) 负责在线客户销售咨询、信息查询及疑难问题的解答; (2) 执行呼入400个电话业务的处理; (3) 协助客户进行订单登记; (4) 负责对客户传递的意见进行记录、分类并整理,对客户提出的相关意见给予答复,同时将相关意见反映给直属上级。			
工作职责	(1) 跟进并维护客户,并做相应的信息反馈; (2) 商品及店铺问题信息反馈; (3) 客户服务制度完善。			

工作关系	内部工作关系	汇报	及时向部门主管汇报情况		
		督导	督促审单人员订单修改,了解客户退换货情况,以及仓库发货		
		协调	各部门协调		
	外部工作关系	及时与物流及仓库沟通,了解物流进度,以及退换货进度			
任职资格	学历	大专及以上	专业	不限	
	年龄	22岁以上	性别	不限	
	工作经验	电子商务公司客服工作半年以上			
	工作技能	(1)熟悉客户服务体制流程; (2)具备一定的销售能力; (3)熟悉并了解淘宝网的规章制度; (4)打字速度:50字/分钟以上,熟悉淘宝基本操作,反应敏捷; (5)有较强的协调沟通能力、人际交往能力,以及敏锐的洞察力; (6)较强的观察力和应变能力,良好的判断力; (7)服务态度贴心、细心、耐心。			
	职前培训	(1)产品知识,业务流程等方面的培训; (2)企业内部管理制度的培训。			
	其他要求	(1)能适应出差; (2)高度的工作热情,强烈的进取心,乐观豁达。			

2. 以选定的研究企业为对象,进行企业服务人员岗位职责说明书分析。(有:学习并继续完善;无:设计岗位职责说明书)

1.8 下一个工作任务|5个赞赏

预习"项目任务2 学会客户技能操作工具/软件",使用雨课堂/腾讯课堂/钉钉等在线学习平台,预习老师推送的技能知识点学习资料,与自己所在的客服团队成员交流探讨如何开展新的客服技能提升任务。

以下的二维码和邀请码是雨课堂开课老师课前推送的二维码和邀请码,是进行智能考勤的有效路径。二维码和邀请码的有效时间为10分钟,本次分享的二维码只是图例和模板,实际应用中,老师可实时生成新的二维码和邀请码。

邀请码:PW4PJB

项目任务 2　学会客服技能操作软件

2.1　客服工作任务单

任务背景描述：

随着经济全球化的发展，市场竞争越来越激烈，要想在形形色色的企业和分门别类的服务中占据一席之位，就必须通过客服来提高服务质量、提高客户满意度，提升企业核心竞争力。在千人千面的移动互联网时代，谁来满足顾客消费升级的个性化需求呢？毫无疑问，企业的客服是不二之选。

目前企业客服有人工客服和智能客服，"人机"互动的智能客服，因"走形"不"走心"，故缺少人性的温度。如"等待，请按 1"、"xxx，请按 2"、"yyy，请按 3"和"请输入 aaa 后按 bb"的操作，很难令客户满意，还让客户更烦心。"走心"要存之于心，发乎于情，践之于行，从里至外想客户之所想，急客户之所急。不走心就不会入心，也不会暖心、动心。只有走心才会产生有温度的服务，才能让客户感到真切、真诚、真情。智能客服的"人机应答"失去人心交流，失去捕捉客户的心理，也就无法得知客户所想，无法猜客户所问问。人工客服能想客户所想、急客户所急，能用"走心"的态度贴合客户需求，提供"即问即答"有温度的个性化服务，让企业和客户"默契互动"，给客户暖心的服务体验。

当企业客服因自身业务能力不强，对技能操作工具不熟等，便会出现客户反映的问题无法得到解决，或客户无法在最需要时得到及时帮助，这时很容易被顾客抱怨为"甩锅客服""让人深恶痛绝的客服"。据数据显示，75%的消费者因对客服不满意而放弃购买行为，43%的消费者会因对客服不满意而不推荐他人购买。为了促成交易，提高顾客的满意度和忠诚度，作为企业客服，除了需要了解客服基础知识外，还需要掌握客服技能操作工具——千牛、Photoshop、CRM 等软件。

任务要求：

1. 使用千牛卖家软件管理一个网店：设置个性签名、更换皮肤颜色、添加 5 个好友、批量修改商品的标题、价格、库存。

2. 运用 Photoshop 裁剪商品图片，点击"亮度/对比度""色阶""曲线"命令调整商品图片的亮度、对比度、曝光度、色调及阴影。

3. 了解 CRM 软件的类型、特点及基本功能，体验 CRM 软件的基本操作。

 任务解析｜5 个赞赏

1. 教师分析任务需求

（1）确定的客服团队；

（2）客服基础知识及经验；

（3）客服工具软件操作技能。

2. 教师提出任务要求

学习者自由组合为 4～6 人的客服团队，运用搜索引擎上网收集资料，了解客服工具——千牛、Photoshop、CRM 等软件的基本功能。

选择某一行业或某一产业，访问排名前 10 的企业网站/网店，观察该网站/网店首页中商品主图和商品详情页尺寸、有关畅销商品标题和价格、客服二级页面的功能界面、商品图片亮度及色调等处理效果。

在线注册一个淘宝店/微店/跨境店/线下实体店，效仿排名前 10 企业官方网站/网店设计效果，使用客服沟通工具——千牛卖家版管理淘宝店铺，运用 Photoshop 裁剪微店/跨境店/线下实体店海报图并调整图片效果，体验 CRM 软件的基本操作。

3. 客服团队对任务单中问题的理解

4. 根据团队表现对其进行等级评价：　　十赞　　☆☆☆☆☆　　分享/转发　　☆☆☆☆☆

5. 教师对任务单中问题的理解

客服技能操作工具能为企业的客户实现多渠道对话接入,统一对话窗口,统一客服管理界面。客服工具软件不仅能为企业提供智能化的全渠道部署,还能统一客服管理系统,为新零售、新制造、新金融、新技术、新能源的营销做全方位的高效连接。客服与顾客的沟通工具——卖家版千牛软件,提高企业客服促成交易的成交率,还可以提高企业客户服务水平。商品图片处理工具——Photoshop 和客户关系管理工具 CRM 软件,不仅可以帮助客服为企业客户提供更好的视觉体验,还可以帮助企业客服提高顾客满意度和忠诚度。本项目任务的客服技能操作工具是按照胜任企业客服岗位的技能需求进行任务分解。

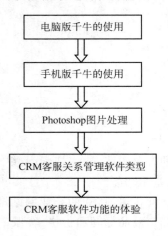

 拟定学习目标 | 5 个赞赏

1. 课程学习目标

通过客服技能操作工具的学习,掌握客服与顾客的沟通工具卖家版千牛软件的自动回复、快捷回复、个性签名的设置方法。学会 Photoshop 软件对商品图片裁剪和商品图片亮度/对比度调整的技能操作;体验客户关系管理 CRM 软件的新建用户、用户权限设置及部门设置、客户分级管理、客户信息统计、保存和查询客户资料等功能操作要领。

2. 个人学习目标

3. 根据客服团队的表现对其进行等级评价:十赞　　☆☆☆☆☆　　分享/转发　　☆☆☆☆☆

编制团队工作(学习)计划 | 5个赞赏

月 日—月 日，年						
27 周日	**28** 周一	**29** 周二	**30** 周三	**31** 周四	**1** 周五	**2** 周六

2.2 破冰游戏

游戏名称：九点连线。

游戏目的：了解人们在思考时候是怎样受到束缚的；懂得"任何问题不是不可能解决、只是暂时没有找到办法"；懂得变通、创新思维。

游戏时间：15～30分钟。

材料及场地：投影仪或者白板、活动挂图，室内。

初级版的游戏步骤：

(1) 培训师把投影仪(活动挂图)打开，看到一个图形(九个点分布在三行，每行三个点，排成一个正方块状)，请他们照原样把这九个点画在纸上。

(2) 要求他们用四条直线一笔将这九个点连起来，线与线之间不能断开(笔不得离开纸面，一笔画好，不要描)，给他们2分钟的时间，让他们试着独立画一下，不要和其他人商量(有些学员可能在以前做过，培训师请他们不要告诉其他学员)。

(3) 时间到，培训师可以询问有多少人成功做出了这道题，并请1位以上的学员上台，到白板上画出正确答案，如果没有人做出来，培训师可以用幻灯片给出正确答案，并引导学员开始讨论。

升级版的游戏步骤：

(1) 如果大多数人都能做出初级版的答案或时间允许的话，培训师说：如何只用3条直线将同样这九个点一笔连起来。

(2) 完成以后，最后问：如何用一条直线将这九点一笔连起来。

（每次提出问题以后，都请 1 位以上的学员上台来画出自己的答案，培训师根据情况进行讲解）

游戏尾声的创新思维：探讨解决方法时遇到了哪些障碍？突破障碍的关键是什么？为什么没想到？

（1）九点组成了一个有框框的平面，这些框框表示什么？（可能答案/引导方向：习惯的思维模式，我们会在头脑中画一个正方形，四条线围成一个方框，中间的那个点却连不上等），对一个事物或一个问题的习惯看法，积累的生活经验，对市场环境的无意识趋同等。

（2）我们每个人周围都有好多框框，这些框框是怎样形成的？（可能答案/引导方向：经验、资历、生活、环境等）如何跳出我们自己或他人为我们画的框框？（解题关键）。

（3）两个点表示什么？（可能答案/引导方向：表示可用的资源、尚未拥有的知识、接纳他人的建议、借鉴同行的经验、敢于尝试的勇气、尝试改变的思维等）。

2.3 技能知识学习

客服是企业塑造品牌形象、提高营业额、挖掘潜在顾客必不可少的重要角色，同时也是线上线下企业经营岗位中，唯一能够跟客户直接沟通的关键岗位。企业通过客服融合产品的情感沟通，通过客服给客户带来更舒服的沟通与购物体验，不仅帮助线上线下企业提高成交率，还能提升企业品牌口碑，促成顾客长期重复购买。若企业要发挥客服其自身的职能优势效应，企业客服应学会沟通工具——千牛卖家版、商品图片处理工具——Photoshop、客服关系管理工具——CRM 软件的使用方法。

客服沟通工具千牛的使用（电脑版和手机版）

1. 电脑版千牛的使用

千牛是客服与买家之间的第一交流工具，其使用界面以全新便捷的功能和面貌服务于卖家，让卖家更准确更快速地回答买家疑问，从而提高转化率，促成交易成功。千牛沟通工具有电脑版和手机版两个版本，功能基本一致，电脑版本的使用方法如下。

（1）下载与安装

现在网上开店的商家越来越多，在线企业客服的需求量越来越大，在线聊天和在线催款工具——千牛的使用对客服至关重要。下面将详细介绍"千牛"的下载和安装方法，其具体操作步骤如下。

步骤 1 打开浏览器，在百度搜索引擎的搜索栏中输入"千牛"，如图 2-1 所示，然后按下 Enter 键。

步骤 2 在打开的搜索结果界面中，显示电脑客户端下载和手机客户端下载，单击"电脑客户端下载"按钮，如图 2-2 所示。

步骤 3 单击电脑客户端下载后，进入千牛电脑客户端下载页面，单击"Windows 版"按钮，如图 2-3 所示。

步骤 4 在弹出"新建下载任务"对话框中，单击"浏览"按钮，选择千牛文件下载的保存路径，然后单击"下载"按钮，如图 2-4 所示。

项目任务 2　学会客服技能操作软件

图 2-1　搜索千牛聊天工具

图 2-2　电脑客户端下载界面

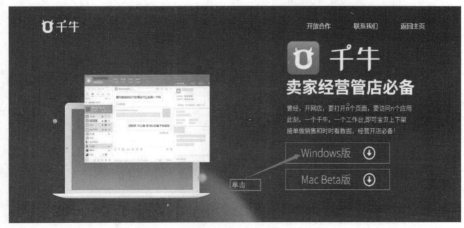

图 2-3　下载 Windows 版

图 2-4　开始下载安装程序

步骤 5　下载安装完成后，将自动打开"千牛—卖家工作台安装向导"对话框，单击"立即安装"按钮，如图 2-5 所示。

图 2-5　立即安装软件

步骤 6　千牛软件自动安装完成后，立即运行千牛工作平台，如图 2-6 所示。输入事先申请的淘宝账号和密码，单击"登录"按钮，千牛工作台即可开始工作。

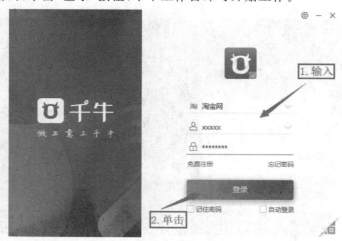

图 2-6　运行千牛工作台

(2) 千牛 Windows 版本功能模块

Windows 版千牛工作台主要由接待中心、消息中心、工作台和搜索 4 部分组成，如图 2-7 所示。下面介绍"接待中心"的常用功能。

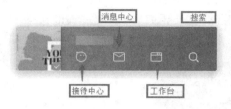

图 2-7 桌面工具条

① 接待中心：单击工具条中的"接待中心"按钮，就可以打开图 2-8 中的聊天界面，客服通过该界面完成与客户的沟通工作。接待中心的操作界面由联系人窗格、信息窗格和聊天窗格三部分组成，如图 2-8 所示。

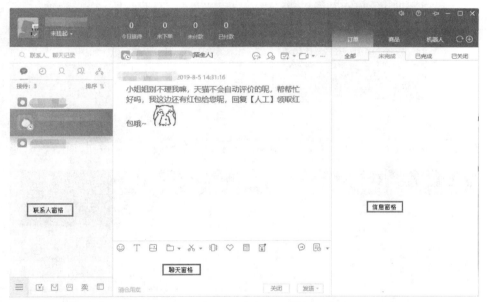

图 2-8 接待中心操作界面

② 联系人窗格：该窗格上方一排按钮从左至右依次为"联系中"按钮 、"最近联系"按钮 、"我的好友"按钮 、"我的群"按钮 、"我的团队"按钮 ，这些按钮可以方便客服有针对性地找到联系人。找到联系人后，客服便可在右侧的"聊天窗格"中与顾客进行聊天了。

③ 聊天窗格：该窗格显示的是客服与顾客正在进行的聊天记录。窗格右上方一排按钮从左至右依次为"转发消息给团队成员"按钮 、"加为我的好友"按钮 、"新建任务"按钮 、"视频聊天"按钮 ，窗格下方一排按钮从左至右为"选择表情"按钮 、"设置字体"按钮 、"发送图片"按钮 、"发送文件"按钮 、"屏幕截图"按钮 、"发送震屏"按钮 、"提醒客户评价"按钮 、"计算器"按钮 、发红包按钮 、"快捷短语"按钮 、"查看消息记录" 。

（3）设置自动回复和快捷回复

大促销时期，各大在线企业的在线客户较多，在线客服无法第一时间一一回应所有在线客户，客服可以通过千牛沟通工具设置自动回复，提前设置好自动回复客户的内容，然后通过快捷回复方式进行智能服务客户。具体操作如下。

步骤1 打开千牛工作平台，登录界面后，输入正确的账号和密码，单击选中"记住密码"和"登录旺旺"选项框，然后单击"登录"按钮，如图2-9所示。

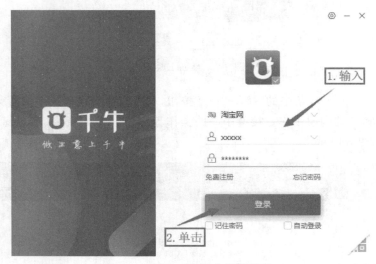

图2-9 千牛工作平台登录界面

步骤2 登录进入卖家工作台的首页，单击浮动窗口中的"接待中心"按钮，如图2-10所示。

图2-10 进入接待中心

步骤3 单击"接待中心"界面左下角的"更多"按钮，在打开的列表中选择"系统设置"选项，如图2-11所示。

图2-11 启用系统设置功能

步骤 4 单击"系统设置"对话框左侧列表中的"客服设置"按钮,然后选择左侧列表的"自动回复设置"选项,单击打开界面中"设置自动回复"选项卡,进行不同状态下的回复设置。单击选中"当天第一次收到买家消息时自动回复"复选框,然后单击右侧的"新增"按钮,如图 2-12 所示。

图 2-12　设置自动回复

步骤 5 打开"新增自动回复"对话框,输入需要回复的内容,然后单击"保存"按钮,如图 2-13 所示。

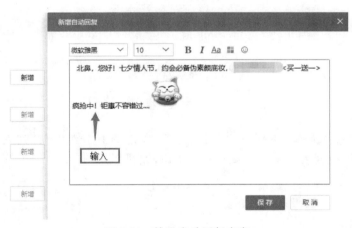

图 2-13　输入自动回复内容

步骤 6 在"系统设置"对话框,单击"确定"按钮,完成设置。

步骤 7 单击"接待中心"客户交流区中"快捷短语"按钮,右侧列表框会显示系统自带的快捷短语。根据客服的实际情况,还可以单击"新建"按钮,如图 2-14 所示。

步骤 8 打开"新增快捷短语"对话框,在文本框中输入所需的快捷短语的内容,如图 2-15 所示。

图 2-14 新建快捷短语

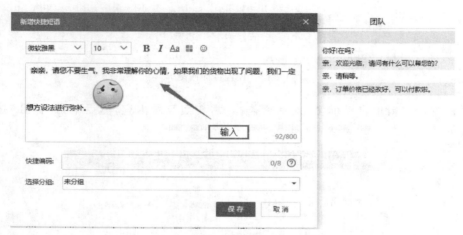

图 2-15 输入快捷语句

步骤 9 在"快捷编码"文本框中输入数字"2",单击"选择分组"下拉列表框右侧的"下拉"按钮□,在打开的下拉列表中单击"新增分组"按钮,如图 2-16 所示。

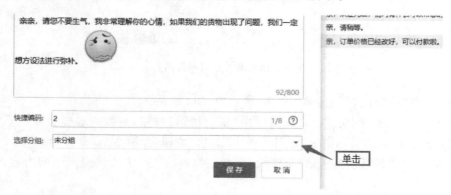

图 2-16 设置编码和创建分组

步骤10 在显示的文本框中输入新建分组的名称"常用话术",然后单击"添加"按钮,如图 2-17 所示。

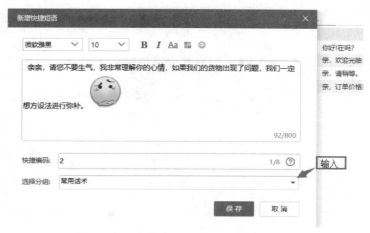

图 2-17 输入新建分组名称

步骤11 "选择分组"下拉列表框中将自动显示新建分组的名称,确认无误后,单击"保存"按钮,如图 2-18 所示。

图 2-18 保存分组内容

步骤12 将鼠标指针定位到"接待中心"客户交流区的聊天窗口中,然后输入符号"/2",聊天窗口将自动显示新创建的快捷短语,如图 2-19 所示。

图 2-19 输入快捷短语

步骤 13 按 Enter 键,快捷短语便自动添加到聊天窗口,然后单击聊天窗口中的"发送"按钮,便可将消息发送给客户,如图 2-20 所示。

图 2-20　发送快捷短语

(4) 设置个性签名

作为淘宝店的客服,需要通过个性签名来宣传自己,塑造店铺形象,下面是个性签名设置的具体操作步骤。

步骤 1　成功登录千牛后,单击浮动窗口中"接待中心"按钮,如图 2-21 所示。

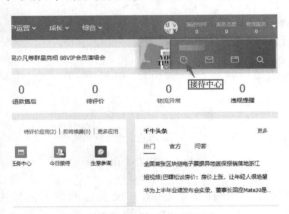

图 2-21　单击"接待中心"按钮

步骤 2　单击"接待中心"界面左下角"更多"按钮,在打开的列表中选择"系统设置"选项,如图 2-22 所示。

步骤 3　打开"系统设置"对话框,单击"个性设置"按钮,在展开的列表中单击"个性签名"按钮,打开"个性签名设置"界面,单击其中的"新增"按钮,如图 2-23 所示。

步骤 4　打开"新增个性签名"对话框,在"请输入内容"文本框中输入想要设置的签名内容,这里输入"关注店铺,领取无门槛优惠券!",然后单击"保存"按钮,如图 2-24 所示。

图 2-22 开启系统设置

图 2-23 添加个性签名

图 2-24 输入个性签名内容

步骤 5 此时,在"接待中心"左上角的头像右侧查看,便自动显示了新增的个性签名。

2. 手机版千牛的功能与使用

"千牛"手机版功能与计算机版的功能基本一致，只是界面展示略有所不同。首先，通过手机下载并安装千牛后，用申请的淘宝账号和密码进行登录。成功登录千牛后，进入手机版千牛首页，手机屏幕下方的按钮，从左至右分别是：**工作台、消息、用户运营、头条、我的**，如图 2-25 所示。

工作台：千牛手机版工作台，显示了店铺数据和插件信息，其中插件名称与计算机端同步。

消息：千牛手机版消息中心，如图 2-26 所示。可以接收各种系统消息，并可以与客户聊天，类似于千牛电脑版的"接待中心"。在这里，可以随时和顾客交流，进行收发消息、语音聊天、核对订单、推荐商品等操作。

图 2-25　手机版本千牛首页

图 2-26　消息界面

用户运营：卖家可以选择服务市场提供的各式各样的服务，如客户关系管理服务。

头条：显示最新、最热门的资讯，以及官方推出的各种活动等消息。

我的：相当于设置中心，在这里，可以单击进入各个界面，查看详细信息。

 图片编辑工具 Photoshop 软件的使用

在不谋面的网购平台上，客户看不到实物，实物图片就是客服线上促成交易的利器，只有突出产品卖点的图片才能激发顾客的购买欲望。原始拍摄的商品图片总会存在这种那种瑕疵，如商品图片暗淡无光、曝光过度等问题，此时就需要客服掌握商品图片编辑技能来对商品图片进行处理，以达到最佳视觉效果。下面介绍 Photoshop 处理图片的两种常用方法。

1. 商品图片的裁剪

在商品推广宣传中，需要在线发布商品，而线上平台会要求商家上传的图片有尺寸大小的要求,但客服企业员工拍摄的照片会出现不符合规定的尺寸要求。此时,作为商品发布的企业客服人员,需要借助 Photoshop 的裁剪工具来裁剪图片。利用 Photoshop 精确裁剪商品图片的具体操作如下。

步骤 1 启动 Photoshop,打开素材文件"商品 1.jpg",单击左侧工具箱中"裁剪工具"按钮 。菜单栏的下方将自动显示工具属性栏,此工具栏中有精确设置裁剪宽度、裁剪高度、分辨率、裁剪单位等参数的按钮,可以按照图 2-27 所示步骤设置来裁剪图片的尺寸大小。

图 2-27 设置图片的裁剪尺寸

步骤 2 将鼠标指针移至编辑区时,鼠标指针将变为裁剪形状,将鼠标指针移至目标位置上,按住鼠标左键不放的同时,拖动鼠标裁剪出指定尺寸的图片区域,然后按 Enter 键,如图 2-28 所示。

图 2-28 裁剪出指定尺寸的商品图片

步骤 3 按"Ctrl+S"组合键对修改后的图片进行保存设置。

2. 商品亮度/对比度的调整

当商品图片的拍摄因为场景布置、灯光环境等因素的影响而出现曝光不足、颜色暗淡等现象时,淘宝店/微店/跨境店/线下实体店的客服需要利用 Photoshop 软件对商品图片的亮度和对比度进行调整,使图片中的光影分布更加合理。客服可以通过 Photoshop 的"亮度/对比度""色阶""曲线""阴影/高光"命令来调整图片的亮度和对比度、曝光度、色调及阴影等,下面分别进行介绍。

(1)通过"亮度/对比度"调整

Photoshop 软件的"亮度/对比度"命令可对图片的明暗区域进行快速调节,使商品图片恢复明亮的色调,注意调整时不能太过偏离商品原本色彩。先在 Photoshop 中打开要编辑的商品图片,然后选择 Photoshop 的[图像]/[调整]/[亮度/对比度]命令,打开"亮度/对比度"对话框,设置"亮度"和"对比度"值。若数值为负值时表示减小,反之增加,然后单击"确定"按钮便可查看调整后的商品图片效果,如图 2-29 所示。

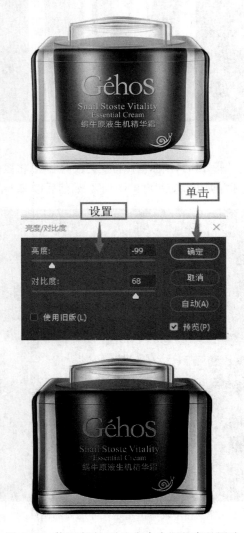

图 2-29　使用亮度/对比度命令调整商品图片

(2)通过"色阶"调整

色阶就是用直方图描述出的整张图片的明暗信息。利用色阶调整对比度的方法是将左边的黑色滑块▲向右移动,确定直方图开始的地方,将右边的白色滑块△向左移动,确定直方图结束的地方。先在 Photoshop 中打开要编辑的图片,然后选择[图像]/[调整]/[色阶]命令,打开"色阶"对话框,在"输入色阶"栏中输入不同的数值或拖动滑块来调整对应的颜色,以展示图像黑、白、灰三色阶的质感,最后单击"确定"按钮即可查看调整效果,如图 2-30 所示。

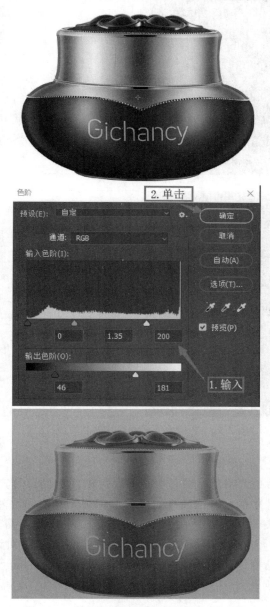

图 2-30　利用色阶调整图片的亮度/对比度

(3)通过"曲线"调整

与色阶调整相比,使用曲线可以通过关键控制点精准地调整色调范围。先在 Photoshop 软件中打开要编辑的图片,然后选择[图像]/[调整]/[曲线]命令,打开"曲线"对话框,通过拖动 RGB 通道的曲线即可快速完成调整；调整过程中还可以单击曲线添加控制点，拖动控制点便可控制曲线的弧度。使用曲线调整图片时，曲线的形状直接影响调整后的图片效果——向上曲线功能是提高照片的整体亮度、S 形曲线的功能是提高照片的对比度，如图 2-31 所示。

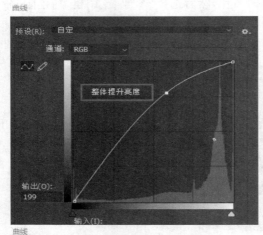

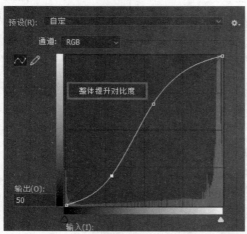

图 2-31　利用曲线调整图片的亮度/对比度

（4）通过"阴影/高光"命令调整

通过"阴影/高光"命令调整商品图片时，不仅可以使商品图片产生变亮或变暗的效果，还能通过增亮或变暗图片中的阴影或高光的像素色调来修复商品图片中过亮或过暗的区域，使画面的光影表现更加突出。可以先在 Photoshop 软件中打开要编辑的图片，然后选择［图像］/［调整］/［阴影/高光］命令，打开"阴影/高光"对话框，单击选中对话框左下角的"显示更多选项"复选框，在展开对话框的其他选项中按图 2-32 所示的参数进行设置，完成后单击"确定"按钮查看调整后的图片效果。

客服工具 CRM 软件的使用

1. CRM 软件类型

CRM 客户关系管理软件是通过对客户详细资料的深入分析，来提高客户满意程度，从而

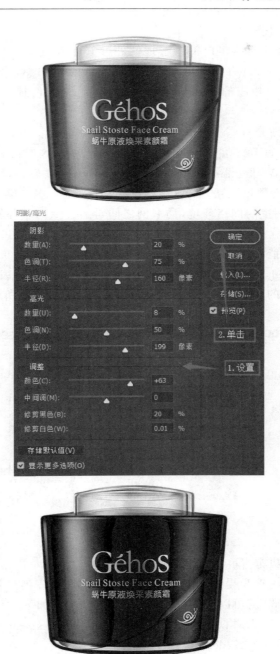

图 2-32 利用阴影/高光调整图片的亮度/对比度

提高企业核心竞争力的一套应用程序,具有**完善的销售管理、强大的客户管理、灵活的客服管理、准确的报表分析等特点**。CRM 客户关系管理软件具有不同的类型。

(1) 根据服务器来划分

根据服务器来划分,CRM 客户关系管理软件可分为产品型 CRM 和租用型 CRM。产品型 CRM 的服务器架设在企业内部,数据由企业客服部自己来保管。代表品牌有用友 Turbo CRM,微软 CRM 及知客 CRM 等。租用型 CRM 系统和服务器都由软件供应商提供,采取月付费或年付费方式。代表品牌有 Xtools CRM,八百客 CRM 及 Salesforce CRM。

(2) 根据产品功能划分

根据产品功能划分，CRM 客户关系管理软件可分为应用型 CRM 和分析型 CRM。应用型 CRM 功能比较简单，具有基础的 CRM 客户关系管理功能。分析型 CRM 可以帮助管理者分析重点，制定出相应的市场规划和战略决策，真正的抓住客户，抓住市场，抓住效益。

(3) 根据系统架构划分

根据系统架构划分，CRM 客户关系管理软件可分为 B/S 架构和 C/S 架构。B/S 结构(Browser/Server，浏览器/服务器模式)在服务器安装好 CRM 软件，客户通过浏览器(Browser)就可以同服务器进行数据交互。C/S 结构(Client/Server，客户端/服务器模式)一般建立在专用的网络上，小范围里的网络环境，局域网之间再通过专门服务器提供连接和数据交换服务。

2. XTools CRM 功能模块

XTools CRM 是基于云计算技术专门为国内中小企业设计和开发的，一套具有领先的管理思想和优秀的易用性的客户关系管理软件，其基本功能如图 2-33 所示。

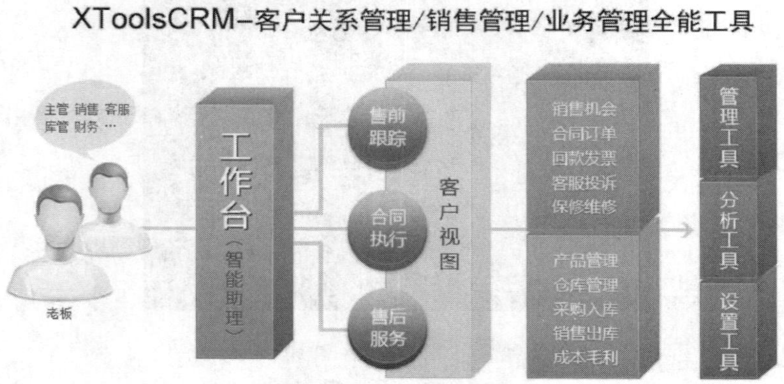

图 2-33 功能模块

(1) XTools CRM 功能演示界面

通过浏览器的方式为客户提供服务，用户不需要在客户端安装软件，只需要登录服务器，输入用户名企业名和密码，就可以直接在线使用。其演示界面如下。

步骤 1 登录 XToolsCRM 演示页面，网址为 http://crm.xtcrm.com/；用户名：boss。公司登录名：demoplus。密码：123456。

步骤 2 观察 XToolsCRM 的功能模块，进入 XToolsCRM 演示界面后，可以看到当前的用户为陈默，角色为老板，如图 2-34 所示。

图 2-34 登录用户及角色

XToolsCRM 的菜单栏包括：工作台、设置、全功能、统计图表、App 下载及教程、团队说、微信绑定，如图 2-35 所示。

项目任务2　学会客服技能操作软件

图 2-35　菜单栏

步骤3　用户登录系统后,首先进入工作台界面。工作台是一种智能工作助理,不管是对销售员还是管理层都是非常好的辅助工具。工作台集成了各种提醒和预警,辅助用户更加条理科学地分配时间,安排和推进工作,如图 2-36 所示。

图 2-36　工作台界面

工作台中又包括:快捷按钮、业务消息提醒、待办任务提醒、职能提醒、速建按钮、教程。

步骤4　客户界面。客户管理是销售工作中最重要的部分。单击【客户】菜单后进入集成化的客户管理视图界面。在客户基本信息表的详细界面,可以直接管理和该客户相关的各种数据,包括:联系人、联系方式、销售机会、合同、客户服务、投诉、行动历史、费用支出和记事本等,全面且完整,如图 2-37 所示。

客户菜单包括:全部客户、客户导入、客户合并、批量共享/转移、客户转移日志、客户重复日志及用户画像相似归类工具。

图 2-37 客户界面

步骤 5 联系人界面。联系人界面显示联系人的各种通信方式,对应的客户及联系人分类。在联系人界面可以新建、编辑、删除联系人,如图 2-38 所示。

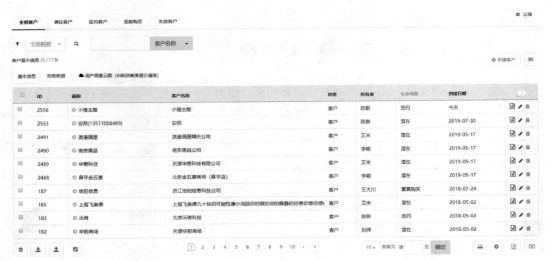

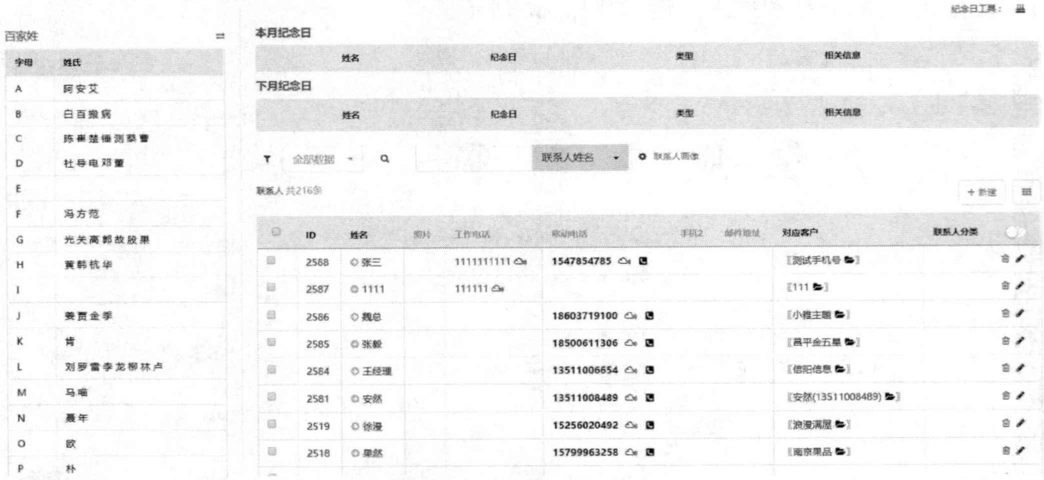

图 2-38 联系人界面

联系人菜单包括:联系人及纪念日。

步骤 6 任务/行动界面是任务和行动历史的集中管理界面。任务和行动的新建可以在工作台、客户视图、销售机会视图及项目视图等位置设置,也可在上述位置对任务和行动进行各种管理,如图 2-39 所示。

任务/行动相关又包括:待办任务/行动历史、日周月报。

步骤 7 合同订单界面显示客户合同订单情况,在合同订单界面可以对客户合同订单进行新建、视图查看、编辑及删除操作,如图 2-40 所示。

合同订单菜单下又包括:合同订单、店面销售单、交付计划/订单明细、交付记录/发货明细、发货单、非标定制类参数设置、租赁订单设置、套餐订单设置、订单退货、退货明细、京东淘宝订单导入及易订货订单导入。

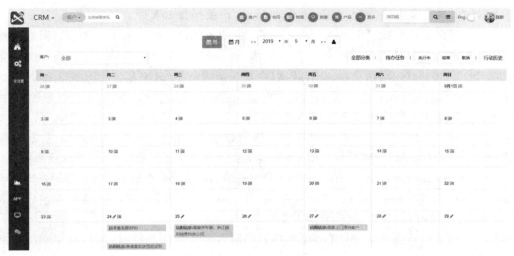

图 2-39　任务/行动界面

图 2-40　合同订单界面

步骤 8　客服界面。客服界面显示客户服务主题、对应客户、服务类型、服务方式、开始日期、执行人、花费时间及状态等信息。在客服界面可以对客户服务进行新建、编辑及删除操作，如图 2-41 所示。

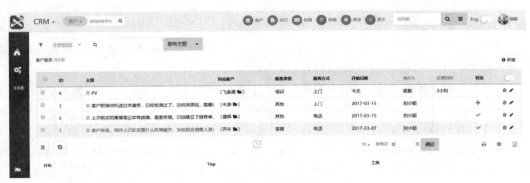

图 2-41　客服界面

客服菜单包括:客服控制台、客服服务、投诉、客户关怀及 QA 库。

步骤 9 各种工具集成。集成众多常用工具:统计工具:综合报表、统计图表、环比(连续趋势)同比(连续趋势);其他工具:发短信、群发短信、群发邮件、充值点消费日志、知识库;获客工具:集客、社交获客、网客、网站获客、获客线索、今日头条线索导入、虎客名片访客行为导入、虎客名片文本的 PC 编辑;团队工具:内部公告、销售目标、周月排名、行动计数器;个人设置的回收站。

(2) Xtools CRM 软件的客户管理功能体验

Xtools CRM 软件新建客户及客户导入操作的详细步骤。

步骤 1 登录 Xtools CRM 系统。用注册的老板账号及员工账号登录 Xtools CRM 系统。登录地址为 http://crm.xtcrm.com/。输入用户名、公司登录名及密码后选最快服务器登录系统。

步骤 2 进入客户列表视图。进入系统后,单击菜单【更多】【全部客户】进入客户列表视图,根据搜集到的客户信息选择【新建客户】。

步骤 3 新建企业客户。单击【新建客户】,出现客户基本信息栏目,按栏目要求填入客户信息,如图 2-42 所示。

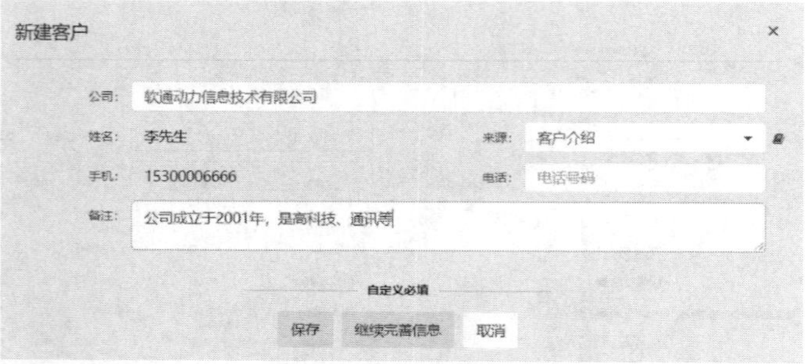

图 2-42 新建客户

客户简单基本信息填完以后,单击【保存】或【继续完善信息】按钮,单击【继续完善】按钮,在客户基本信息的详细页面,添加客户其他信息,添加完成后,单击【保存】按钮,如图 2-43 所示。每位客服需要添加 10 个企业客户信息。

步骤 4 新建联系人信息。新建联系人信息,打开的客户视图页面,单击【新建】【联系人】,填写相关信息后,单击【保存】按钮,如图 2-44 所示。

步骤 5 新建个人客户信息。单击【新建客户】,只填写姓名和手机,如图 2-45 所示。每位客服(学生)添加 5 个个人客户信息。

个人客户保存后,打开个人客户,单击【编辑】按钮继续完善个人客户信息,添加完成后,单击【保存】按钮,如图 2-46 所示。

步骤 6 客户导入操作。客户数据的批量导入功能可以同时导入客户数据和联系人数据。导入前要用 Excel 模板在本地整理好数据格式,保存文件。

单击菜单【更多】【客户导入】进入【客户导入】视图,单击【选择 excel 文件】将需要导入客户信息的文件选中,然后单击【上传】按钮即可,如图 2-47 所示。

步骤 7 客户视图查看。视图是 XTools CRM 的特点,它是一种集成化的数据界面,使用视图能提高操作效率,降低使用难度。新建客户信息添加完成或客户信息导入后,单击【客户列表】。在客户列表中,单击所要查看客户的简称或后面的【视图】,进入客户视图查看,如图 2-48 所示。

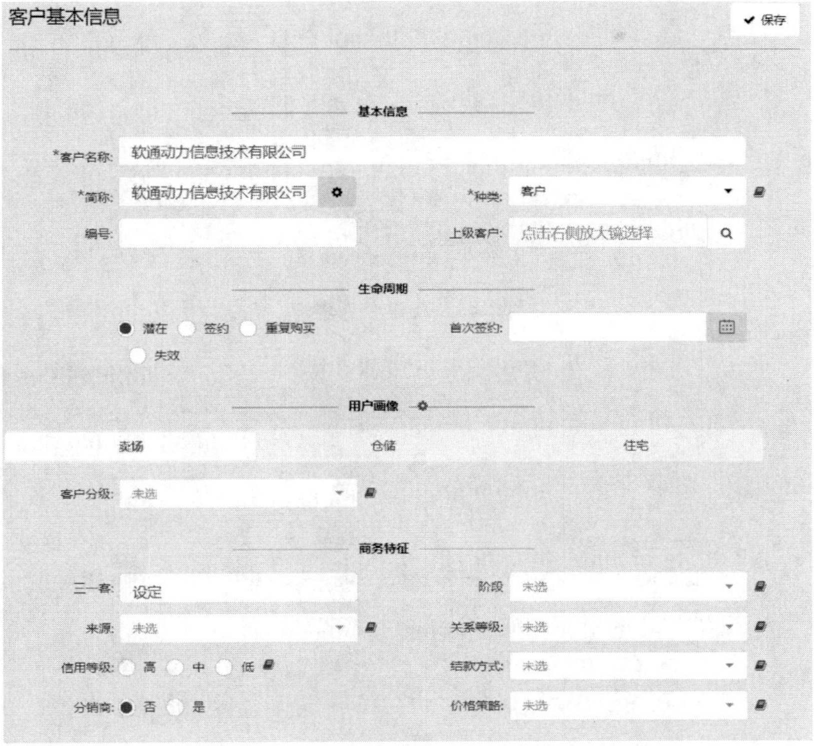

图 2-43　完善客户信息

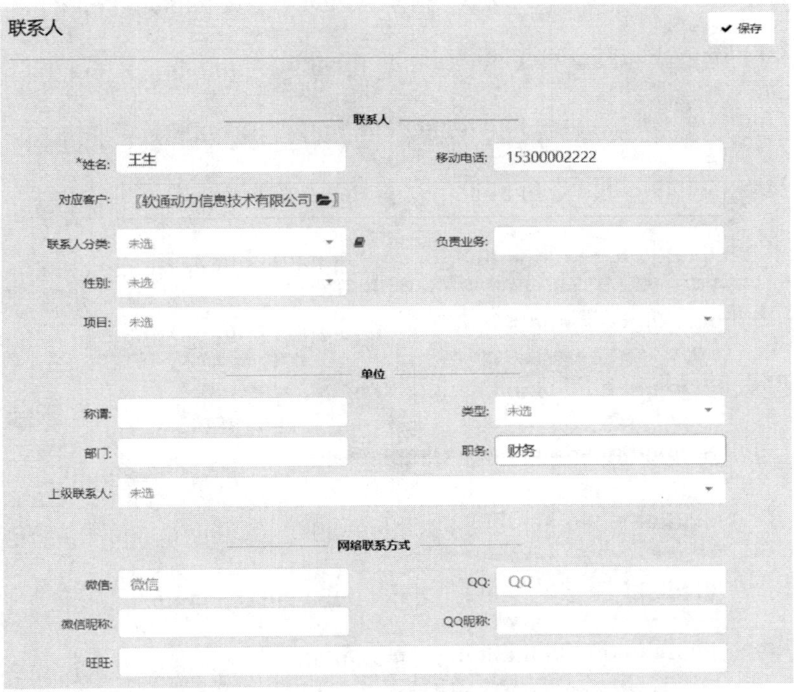

图 2-44　新建联系人信息

图 2-45　新建个人客户

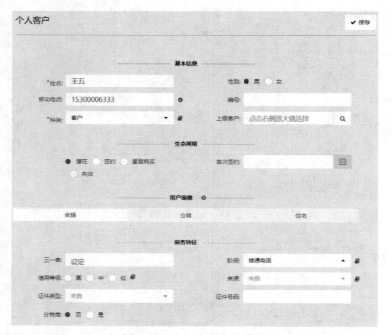

图 2-46　个人客户完善信息

图 2-47　导入客户操作

图 2-48 客户视图查看

步骤 8 联系人管理操作。当我们得知联系人姓名时,通过联系人姓名,即可精确查找到相同姓名联系人。进入【更多】【联系人】,在快速查询中填入要查询的联系人姓名,如图 2-49 所示。快速查询支持联系人姓和名的拼音字头,单击切换到高级查询,可查询联系人更多字段,包括联系人爱好、分类等。

图 2-49 联系人查找

步骤 9 【从联系人找客户】。在联系人列表中,可以快速找到该联系人所属的客户。进入【更多】【联系人】列表视图,找到该联系人的对应客户字段,单击客户名称后面的黄色文件夹,即可打开该客户的视图,如图 2-50 所示。

图 2-50　从联系人找客户

步骤 10　【纪念日管理】。可为联系人设置生日、结婚纪念日或其他与销售业务有关的纪念日，纪念日支持农历，且支持在联系人列表的本月和下月到期提醒，以供客户维护人员在纪念日到来之前及时给客户发短信或电话回访。进入【更多】【纪念日】，单击【新建】进入纪念日视图，单击【浏览选客户】，在客户列表中选中已有客户，为该客户设置纪念日，如图 2-51 所示。

图 2-51　设置纪念日

步骤 11　【群发手机短信】。群发手机短信功能可以给同事或客户群发短信，短信可以立即发送或选择定时发送。进入【更多】【群发短信】【通道方式】，选择要群发短信的对象，填写要发送的短信内容，选择短信通道，单击【群发】按钮即可将短信群发给同事或客户，如图 2-52 所示。

图 2-52　手机短信群发

步骤12 有时需要同时给几个联系人发送内容一样的短信息,如果这些联系人没有统计规律,不能通过联系人群组设置得出,则可在【联系人视图】中来操作实现。在【联系人视图】中,单击联系人手机号,即可以将短信发送给联系人,如图2-53所示。

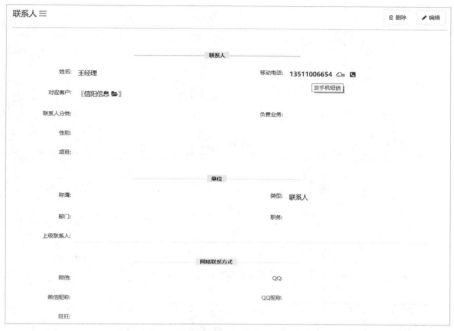

图2-53　将短信发给指定联系人

(3) Xtools CRM 客户信息统计体验

客户信息统计与分析是一种最为普遍、简单的分析方法。进行客户统计分析能使企业销售部门及时了解每个客户在企业总销售中所占比例,以及客户的分布情况,并从中发现客户服务中的问题,从而针对不同客户情况采取不同沟通策略。详细体验步骤如下。

步骤1 登录 Xtools CRM 系统:用注册的员工账号登录 Xtools CRM 系统。登录地址为 http://crm.xtcrm.com/。输入用户名、公司登录名及密码后选最快服务器登录系统。

步骤2 进入客户列表视图:进入系统后,单击菜单【更多】【全部客户】进入客户列表视图,下方为统计图区,如图2-54所示。

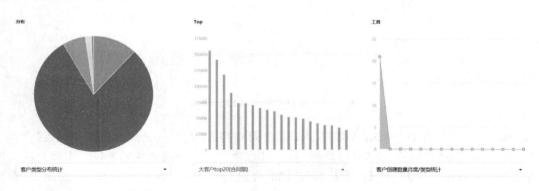

图2-54　统计图表

步骤 3 客户类型分布统计:单击【统计图表】【客户类型分布统计】,出现客户类型分布表和客户类型分布图,如图 2-55 和图 2-56 所示。在客户类型分布图表中可以查看客户类型数量及所占比例。

客户类型分布统计#01

	空	客户	供应商	合作伙伴	媒体	合计
类型	21	140	11	3	1	176

显示类型: 2D柱图 折线图

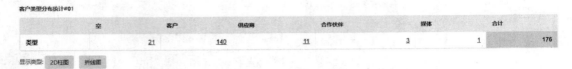

图 2-55 客户类型分布表

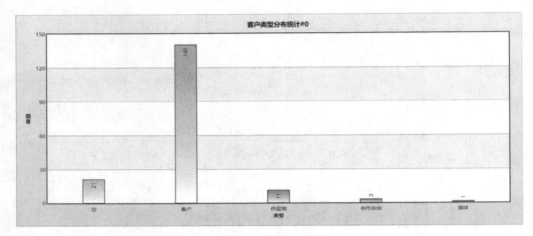

图 2-56 客户类型分布图

步骤 4 客户类型与阶段分布:单击【客户类型与阶段分布】,出现客户类型与阶段分布表和分布图,如图 2-57 和图 2-58 所示。在客户类型与阶段分布图表中可以查看不同类型客户所处的销售阶段。

客户类型与阶段分布#01

	空	客户	供应商	合作伙伴	媒体	合计
空	21	133	11	3	1	169
接通电话	0	4	0	0	0	4
寄送资料	0	1	0	0	0	1
实时沟通	0	1	0	0	0	1
阶段4	0	1	0	0	0	1
合计	21	140	11	3	1	176

显示类型: 2D柱图 折线图

图 2-57 客户类型与阶段分布表

步骤 5 大客户统计:单击【大客户 top20(合同额)】或【大客户 top50(合同额)】或【大客户 top20(回款额)】或【大客户 top50(回款额)】,可以查看大客户合同额或回款额。大客户按销售额或回款额进行排名,可以统计出前 20 名(50 名)合同额或回款额客户排名,如图 2-59 和图 2-60所示。

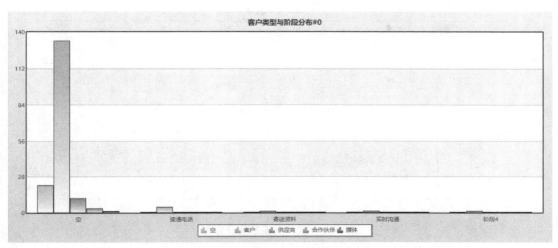

图 2-58 客户类型与阶段分布图

20大客户排行(合同额)		1	2	3	4	5	6	7	8	9	10
10		数码	新世纪	昌平中元大厦	冬青树	盛辉	丰源	视得	腾乐	五色光集团	网众
	合同额	154529.00	140115.00	117199.60	88704.00	72666.39	72486.00	69405.00	65197.00	62374.00	60000.00
20		飞奥德	光明维护	锤子(18604760764)	梦想星空影像	导航虎	正午阳光	极盛装备	荸荠	兆丰年	安安(+8613681576580)
	合同额	54428.10	50568.00	50000.00	48012.00	43859.20	40489.00	38060.00	37425.00	33894.00	30300.00

图 2-59 Top20 大客户排行表(合同额)

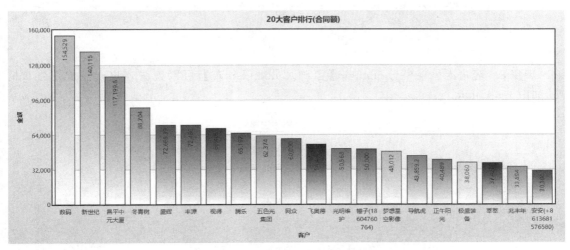

图 2-60 Top20 大客户排行图(合同额)

步骤 6 客户关系等级分布:单击【客户关系等级分布】,可以查看客户关系等级分布情况,如图 2-61 所示。

步骤 7 客户来源分布:单击【客户来源分布】,可以查看客户来源分布情况,如图 2-62 所示。

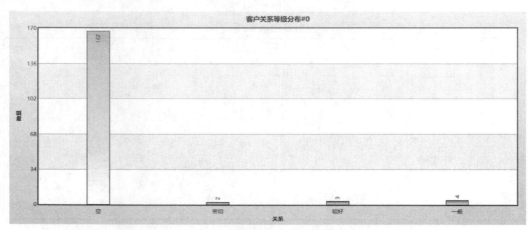

图 2-61　客户关系等级分布图

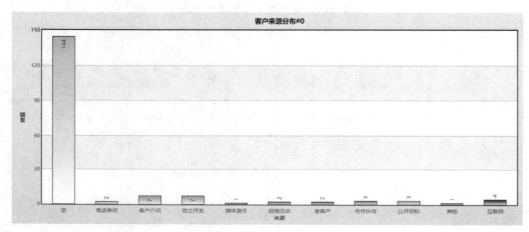

图 2-62　客户来源分布

步骤 8　客户人员规模分布：单击【客户人员规模分布】，可以查看客户人员规模分布情况，如图 2-63 所示。

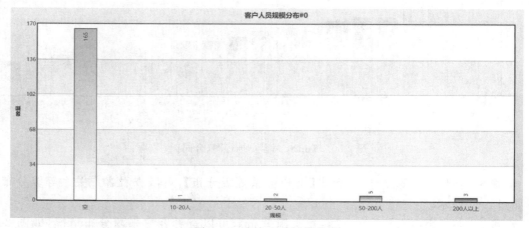

图 2-63　客户人员规模分布

步骤 9 客户行业分布：单击【客户行业分布】，可以查看客户行业分布情况，如图 2-64 所示。

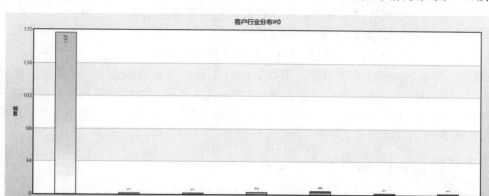

图 2-64　客户行业分布

步骤 10 客户阶段分布：单击【客户阶段分布】，可以查看客户阶段分布情况，如图 2-65 所示。

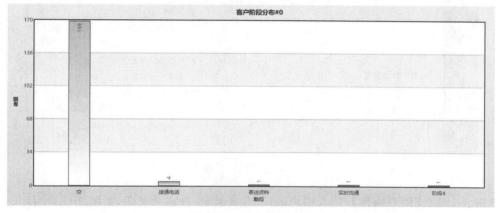

图 2-65　客户阶段分布

步骤 11 客户信用等级分布：单击【客户信用等级分布】，可以查看客户信用等级分布情况，如图 2-66 所示。

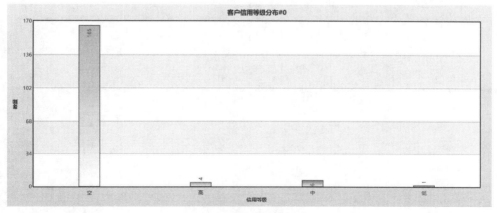

图 2-66　客户信用等级分布

除此以外,还可以查看客户国家分布、客户省份分布、客户城市分布、客户所有者分布、客户创建数量月度/类型统计以及客户日程任务行动历史等统计信息。

(4) XTOOLS CRM 客户分级管理体验

设置客户等级和对现有客户进行分级的详细体验步骤如下。

步骤 1 登录 Xtools CRM 系统。用注册的员工账号登录 Xtools CRM 系统。登录地址为 http://crm.xtcrm.com。输入用户名、公司登录名及密码后选最快服务器登录系统。

步骤 2 进入工作台视图。进入系统后,单击菜单【设置】【系统参数设置】进入系统参数设置视图,如图 2-67 所示。

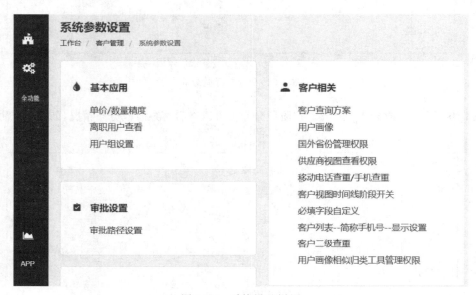

图 2-67　系统设置视图

步骤 3 单击【用户画像】,进入用户画像/业务特征 自定义视图,如图 2-68 所示。

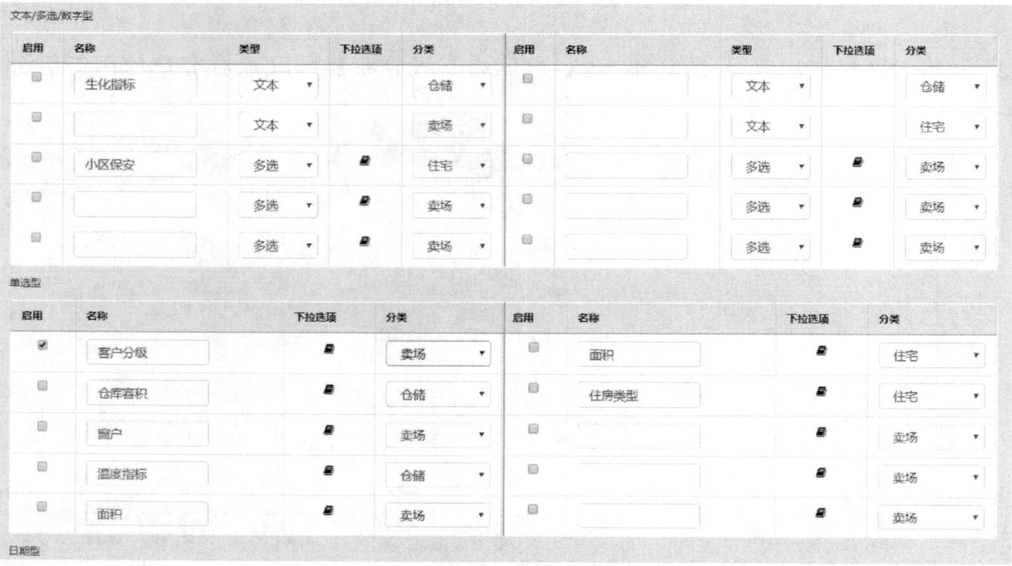

图 2-68　客户自定义扩展视图

步骤 4 在【单选型】中，在名称中填入"客户分级"，启用项打上钩。单击【下拉选项】下方的【数据字典设置】，录入数据类型配置：重要客户、次要客户、普通客户及小客户，单击【提交】按钮，如图 2-69 所示。

图 2-69 录入客户分级类别设置

步骤 5 对现有客户进行分级管理。在工作台视图中，单击【客户列表】，进入客户列表视图。在客户【财务数据】栏目下，查看客户合约金额，根据客户合约金额确定客户等级。

在客户【基本信息】栏目下，对现有客户进行分级设置。确定要设置等级的客户，单击【编辑】按钮，对客户等级进行设置，设置完毕，单击页面底部【保存】按钮，如图 2-70 所示。

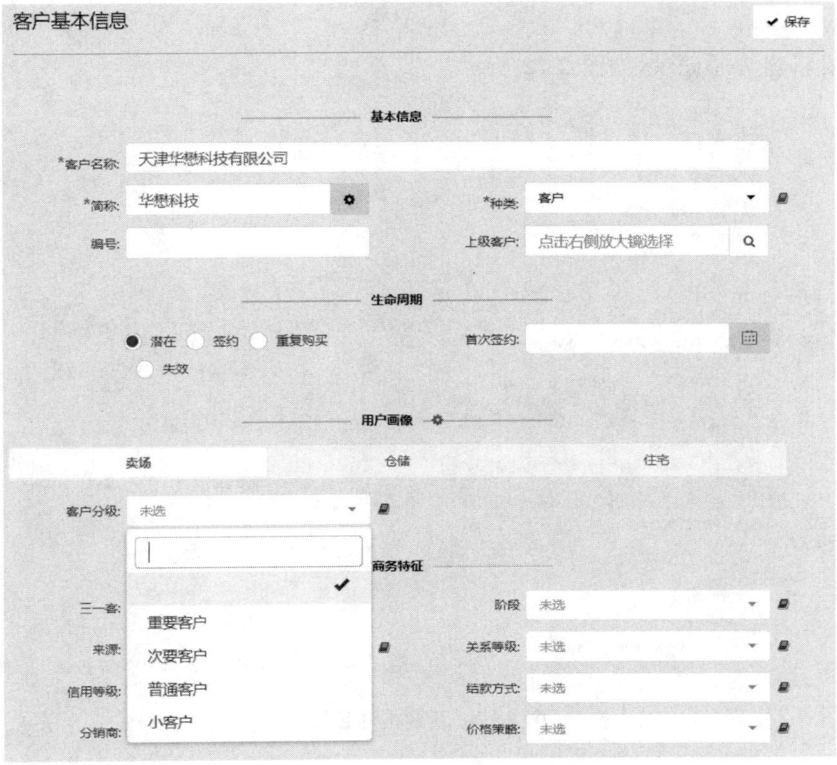

图 2-70 对客户等级进行设置

以此类推，根据合约金额对现有其他客户进行分级操作。

（5）XTOOLS CRM 新建客户体验

在客户视图、销售机会中可以直接新建与该客户的相关的沟通记录，也可以在工作台的速建中新建沟通记录。客户投诉可以直接在【投诉】中记录投诉内容，客户关怀管理可以在【客户关怀】新建实现。新建客户各环节详细体验步骤如下。

步骤 1 登录 XTools CRM 系统。用注册的客服（学生）账号登录 Xtools CRM 系统，登录地址为 http://crm.xtcrm.com，输入用户名、公司登录名及密码后选最快服务器登录系统。

步骤 2 新建客户沟通任务。进入【任务/行动】，单击待办任务/行动列表中的【新建】按钮，如图 2-71 所示。

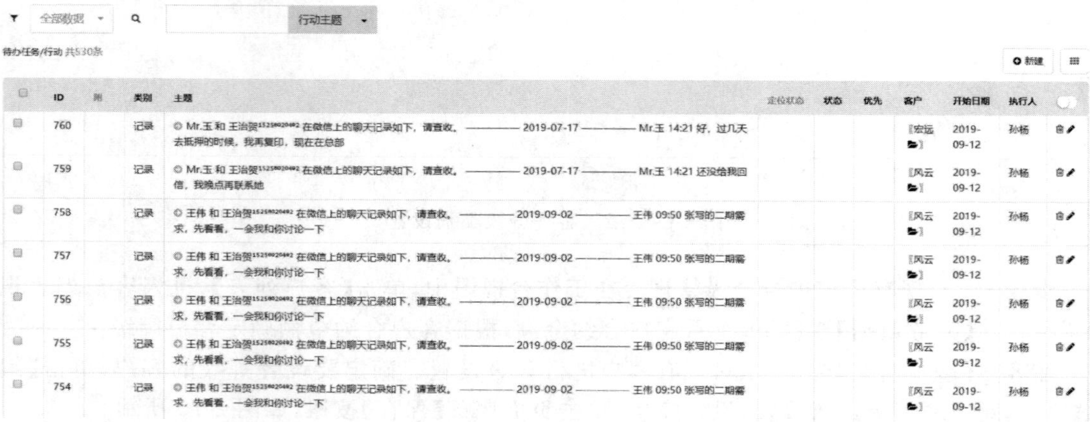

图 2-71　新建行动记录

根据需要新建沟通记录，如图 2-72 所示。

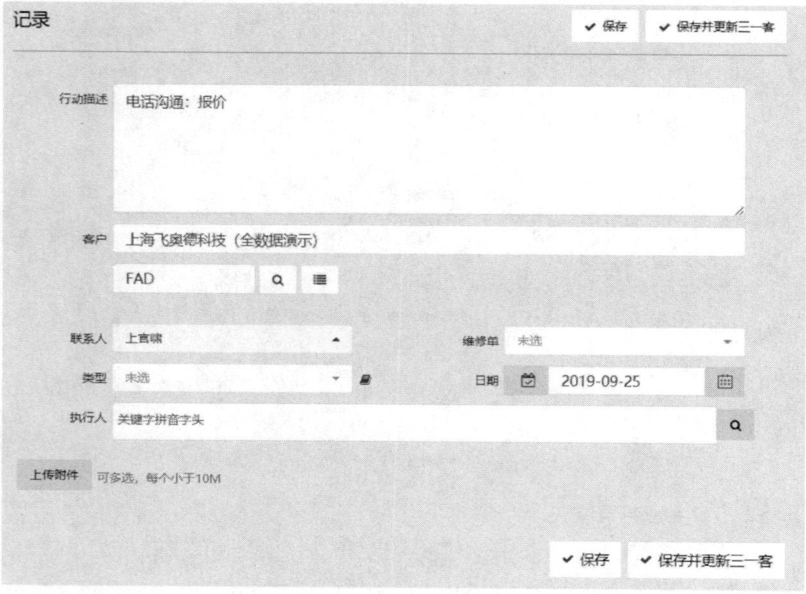

图 2-72　新建沟通记录

步骤 3 新建客户投诉任务。企业客服工作人员在【客户视图】内记录投诉，在【客服控制台】单击进入需要处理投诉的某【客户视图】，单击新建，投诉模块，如图 2-73 所示。

图 2-73　从客户视图新建投诉任务

创建投诉受理任务，如图 2-74 所示。

图 2-74　创建投诉受理任务

客服人员可以从【更多】【投诉】中新建或编辑投诉受理任务,如图 2-75 所示。

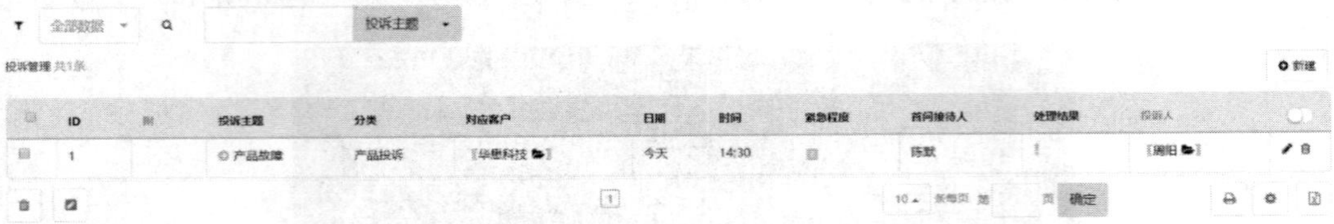

图 2-75 新建或编辑投诉受理任务

单击【新建】按钮,创建一个投诉受理任务,如图 2-76 所示。

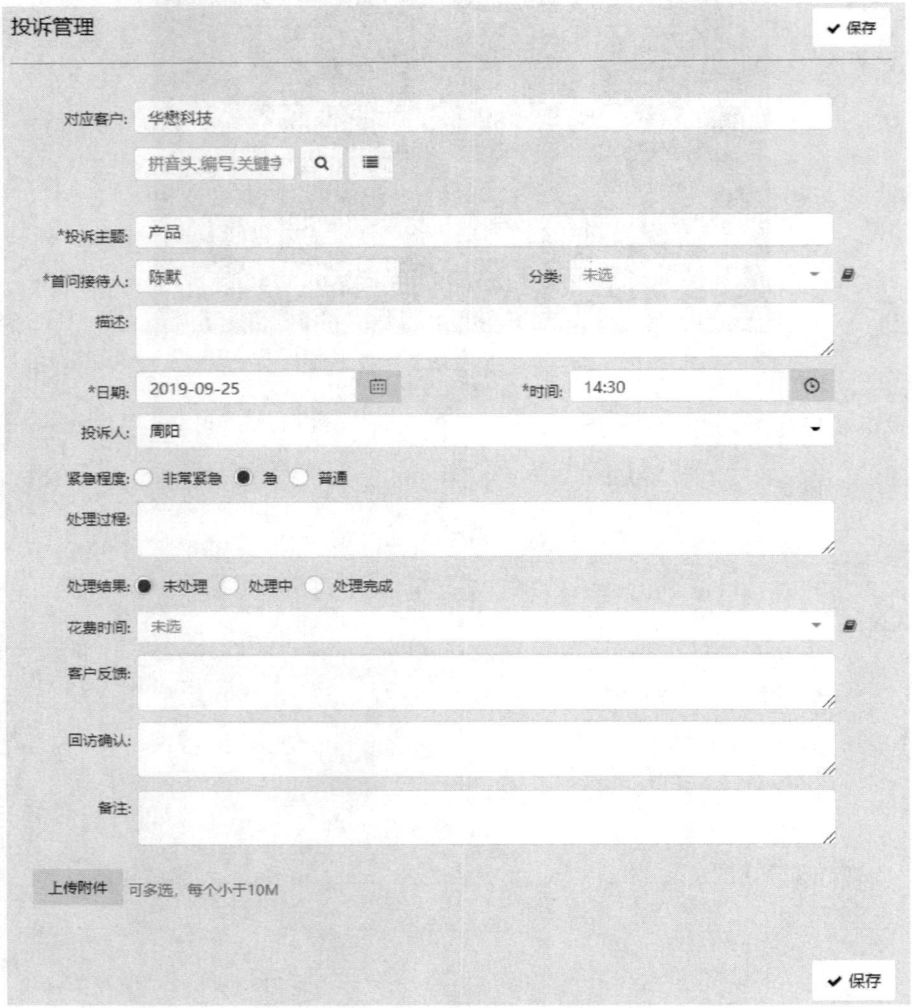

图 2-76 创建一个投诉受理任务

投诉处理完毕后,要填写客户反馈及回访确认。

步骤4 新建客户关怀任务。单击【更多】【客户关怀】,新建或编辑客户关怀任务,如图 2-77 所示。

单击【新建】按钮,创建一客户关怀任务,如图 2-78 所示。

图 2-77　新建或编辑客户关怀任务

图 2-78　创建客户关怀任务

2.4　实战演练

1. 操作步骤

第一步：指导老师下达企业客服工作任务单，介绍工作任务的背景及要求，强调"客服技能操作工具——千牛、Photoshop、CRM"等软件的实践操作对提高客服实效的重要作用，调动学生掌握客服软件操作技能的积极性，同时传授千牛卖家版管理淘宝店、Photoshop 裁剪微店/跨境店/线下实体店海报图和调整图片效果的技能操作步骤、CRM 软件版本及基本功能。

第二步：组建企业客服实战团队：将教学班的学生按每小组 4～6 人的标准划分成若干项目小组，每个小组指定或推选一名客服主管。

第三步：学生阅读技能知识点有关千牛、Photoshop、CRM 具体操作步骤，作为生产性企业客服提高实战技能的操作指南。

第四步：根据团队自身资源及兴趣特长，自主选择某一行业或某一产业，访问排名前 10 的企业官方网站/官方网店，观察该网站/网店首页中商品主图和商品详情页尺寸大小、畅销商品标题和价格的设定情况、客服二级页面的功能模块、商品图片亮度及色调等视觉效果。

第五步:团队注册一个淘宝店/微店/跨境店/线下实体店,借鉴排名前10企业官方网站/官方网店设计理念和视觉效果,设计团队自己的网店或实体店。

第六步:使用电脑板或手机版千牛工具设置团队店铺客服的自动回复、快捷回复和个性签名。

第七步:运用Photoshop裁剪团队真实的淘宝店/微店/跨境店/线下实体店海报图,点击Photoshop的"亮度/对比度""色阶""阴影/高光"命令,调整团队网店/实体店中海报图的亮度、对比度、曝光度、色调和阴影,以达到消费者的最佳视觉效果。

第八步:登录http://crm.xtcrm.com,了解XTOOLS CRM软件注册使用,输入指导老师分配给团队成员的账号和密码登录Xtools CRM系统,观察XTools CRM软件具有哪些功能,体验新建用户、用户权限设置及部门设置、记录和分析销售数据、客户分级管理、客户信息统计、保存和查询客户资料等功能。

第九步:集中安排各项目组向全班报告(PPT口头报告)。由各项目小组推荐发言人或组长代表本小组,借助PPT展示本团队成果,说明不足之处,接受其他团队的"质询",教师最后点评、总结,并由全班匿名投票,评选出优胜团队,给予表扬与奖励。

2. 注意事项

(1)教师注意要事先将教学班的学生按照自由组合或按寝室分成不同的客服团队,确定团队负责任人,以团队的形式共同完成客服工具的技能操作任务。

(2)注意使用千牛聊天工具时,要做到"四不"(不当面答应客户不当要求、不说客户坏话、不介入客户内部事务、不随意请餐及被请)和"四要"(要主动创意构思、要有工作责任心、有费用发生时要谨慎小心、要对同事报喜对主管报忧),注意发货时千万要输入正确的快递单号。

(3)注意裁减商品图片时遵循黄金比例原则,商品图片中要表现出的主体部分放在九宫格中的线条上,这样裁剪出来的照片在构图上会比较美观。企业客服有了完善的CRM客户资料,客服要注意适当运用CRM工具,要高度重视CRM客户资料的保密性。企业客服只有会用CRM工具,为客户服务时才能实现良好的服务效果。

3. 效果评价

根据学生上课出勤、课堂讨论发言、使用千牛电脑Windows版和手机版软件打理店铺、Photoshop裁剪及调整商品图片、CRM软件工具的技能操作情况等进行评定。首先由各客服团队主管对团队内各成员的客服工具软件操作情况进行成绩评定(优秀、良好、中等、及格、不及格),如表2-1所示,然后由指导老师对各团队提交的软件技能成果报告PPT进行点评,如表2-2所示。最后综合评出各客服团队的技能实战成绩,并按照以下公式进行加权计算,给出团队个人最终成绩。

个人最终成绩=客服主管评定成绩×30%+指导老师评定成绩×70%

表2-1 客服主管评定组内成员成绩表

项目小组成员姓名	小组成员成绩					备注
	优秀 (90分以上)	良好 (80~90分)	中等 (80~90分)	及格 (80~90分)	不及格 (60分以下)	

表 2-2 指导老师评定客服工具技能操作成果及口头报告 PPT 成绩表

评价指标	分值	评分	备注
客服技能操作软件的下载与安装	15 分		
千牛沟通软件自动回复、个性签名的设置情况	10 分		
Photoshop 对商品图片的剪裁	10 分		
Photoshop 对商品图片亮度的调整效果	15 分		
CRM 客户关系管理功能模块的体验成效	20 分		
团队成果 PPT 制作质量和口头汇报效果	39 分		
客服工具技能操作的总体评价	100 分		

2.5 分享与反思

 分享│5 个赞赏

范例 亿网互联携手华为,开创客户服务新模式

北京亿网科技互联有限公司(以下简称"亿网互联")的业务范围覆盖全国各地,专业从事计算机、通信、宽带网络领域的系统集成及通信网络安全硬件供应,并拥有优质的销售渠道和庞大的客户群体。

回忆起刚刚创立的时候,"亿网互联"CEO 徐艳芳深有感触:"作为一个科技公司,在发展过程中难免遇到挑战,特别是在业务扩大后需要对接更多更大的机构,是华为帮助亿网互联引入更多的资源,吸引了更多客户的关注,我们在与华为的合作交流中逐渐明确了自身定位。"

"亿网互联"的团队,一边学习华为的销售技巧,参与华为产品竞争力培训课程,一边结合华为虚拟团队的运作机制,落实下沉到行业和区县项目运作中,为更多的客户提供了服务机会,企业自身也收获颇多。

坚持合作共赢 开创客户服务新模式

2019 年,"亿网互联"正式成为华为北京数通金牌分销商,并凭借在数通安全、服务器存储、UC&C 以及传输设备等领域优秀的售后服务能力,成为华为企业业务核心的伙伴。同时,在双方的共同努力下,"亿网互联"成功收获百万级分销首单。

除首单佳绩之外,"亿网互联"还携手华为加速企业前行,致力为客户提供高质量的产品与服务。2019 年夏季,"亿网互联"推出了用户福利活动,用户订购数据通信产品若满足消费相应的门槛要求,即有机会获得华为的新品手机、手表和电脑等礼品。本次活动的开展,不仅为客户提供了贴心满意的服务,提升了客户消费价值,还充分体现出"亿网互联"对客户的尊重与关怀。

其实,"亿网互联"前进的每一个步伐,都以客户的需求和体验为中心,在合作中积极收集

亿网互联商业分销百万首单授旗留影

客户反馈并迅速响应需求,最终深得客户认同。在华为的助力下,"亿网互联"在客户服务中充分展现了"以客户为中心"的企业核心价值观。"亿网互联"的飞速发展离不开与华为的密切合作,双方秉持合作共赢的原则,为整个分销行业带来了积极的影响,也助力更多合作伙伴取得商业成功。

"顺应时代发展新潮流、实现资源价值最大化、让客户体验到满意的服务",是"亿网互联"的服务宗旨。未来亿网互联和华为高效的资源共享合作,双方将进一步优化合作关系,继续发挥自身优势,形成合力,让更多的客户体验到满意的服务,进而实现更大的突破。

——资料来源于大众网新闻的即时新闻

 学习反思 | 5个赞赏

  首先将团队与个人学习目标进行逐一对比,以清单列表或思维导图,分解出已完成和未完成两部分;然后用3~5个关键词描述自己团队在完成本项工作任务中未能解决的问题与所遇障碍;最后对照最佳客服团队,归纳出自己团队未完成部分的主要原因和对应责任,提交反思报告。

问题与障碍：

技能自我测试 | 5 个赞赏

一、填空题（每空 2 分，共 10 空，总共 20 分）

1. 在 Photoshop 中，取消当前选择区的快捷键是_____，对当前选择区进行羽化操作的快捷键是_____。

2. 在 Photoshop 中，如果想使用矩形工具/椭圆工具画出一个正方形或正圆形，那么需要按住_____键。

3. 在 Photoshop 中，使用渐变工具可创建丰富多彩的渐变颜色，如线性渐变，径向渐变，_____，_____，_____。

4. 在 Photoshop 中，创建新图像文件的快捷组合键是_____，打开文件的快捷组合键是_____。

5. 在 Photoshop 中，如要创建一个杂志印刷文件时，图像文件的色彩模式一般设置为_____模式，分辨率一般是_____像素/英寸以上。

二、选择题（每小题 3 分，共 10 小题，总共 30 分）

1. 关于千牛登录描述正确的是（　　）。
   A. 密码记住和登录旺旺不要勾选，每次都要修改密码
   B. 每次先用手机登录，再电脑端扫二维码登录
   C. 子账号的冒号不要错，要小写英文状态下输入
   D. 子账号的冒号不要错，要中文状态下输入

2. 千牛接待页面左侧买家 ID 号的绿色小勾号代表（　　）。
   A. 订单已付款，等待客服核对收件人地址、号码、产品信息等
   B. 订单已提交，未付款，等待催付核实信息
   C. 货物已发出，关注物流信息是否异常
   D. 订单未提交，客户有购买意向

3. 千牛接待页面左侧买家 ID 号的五角星标主要用在（　　）。
   A. 接待着急的顾客时，标起星标等有时间再来处理
   B. 接待有情绪的顾客，标起星标等其他的都处理完了再来处理

C. 顾客备注返差价等可标起星标，先处理着急客户后再来处理

D. 不着急顾客，反正不急的留着，等心情好了再来处理

4. 在千牛工具中，订单信息中延长收货时间有哪几个天数可选择（　　）。

A. 1天、3天、5天、7天 　　　　B. 3天、5天、7天、10天

C. 5天、7天、10天、15天 　　　D. 7天、12天、24天、30天

5. 在千牛聊天窗口中，左上角可显示该账号的挂起状态，以下哪种是正确的？（　　）

A. 当发现咨询人数太多，可挂起

B. 下班时，已经处理好当天的事情，可挂起并下线退出账号

C. 离开座位时，可随意挂起

D. 上班时提前五分钟上线，处理未处理的事情后，准时解除挂起，并做好接待的动作

6. 可以对图像的明暗度有调节作用的命令有（　　）。

A. 色相/饱和度和色调均化 　　　B. 曲线和色阶

C. 亮度/对比度和去色 　　　　　D. 色阶和阈值

7. 若需将当前图像的视图比例控制为100％显示，那么可以（　　）。

A. 双击工具面板中的缩放工具 　　B. 执行菜单命令〈图像〉/〈画布大小〉

C. 双击工具面板中的抓手工具 　　D. 执行菜单命令〈图像〉/〈图像大小〉

8. 菜单命令〈复制〉与〈合并复制〉的快捷组合键分别是（　　）。

A. CTRL＋C 与 SHIFT＋C 　　　B. CTRL＋V 与 CTRL＋SHIFT＋V

C. CTRL＋C 与 ALT＋C 　　　　D. CTRL＋C 与 CTRL＋SHIFT＋C

9. 在任意工具下，按住（　　）键，可以快速切换到抓手工具。

A. Enter 键　　B. Esc 建　　C. 空格键　　D. Delete 键

10. 可以存储分层文件的格式是下列的（　　）格式。

A. jpg 和 psd　　B. tif 和 psd　　C. tif 和 gif　　D. jpg 和 gif

三、**操作题**（第1题20分，第2、3题各15分，共50分）

1. 运用千牛接待中心，为本客服团队的店铺设置"自动回复、快捷回复和个性签名"；添加15～20名学生客户，5～10名左企业客户。

2. 运用 Photoshop 为姬存希商品图片换一个新的背景。

3. 登录 www.xtools.cn 网站，使用 XTOOLS CRM 软件注册，观察 XTools CRM 软件功能，完成新建企业客户、新建个人客户及客户导入操作。

参考答案

填空题

1. Ctrl+D,Ctrl+Alt+D 2. Shift 3. 角度渐变,对称渐变,菱形渐变 4. Ctrl+N,Ctrl+O 5. CMYK,300

选择题

1. C 2. A 3. C 4. B 5. B 6. B 7. A 8. D 9. C 10. B

2.6 合页式笔记与新技能|5个赞赏

学生合页式笔记/评论/体会
完成合页式笔记/评论后,对其等级评价: +赞 ☆☆☆☆☆   分享/转发 ☆☆☆☆

教师实时补充合页式新技能
学习合页式新技能后,对其等级评价: +赞 ☆☆☆☆☆   分享/转发 ☆☆☆

2.7 技能拓展|5个赞赏

1. 阅读:《Photoshop CC 实战从入门到精通》,人民邮电出版社,2017。
2. 客服团队成员使用客服工具——千牛、Photoshop、CRM 软件,管理成员自创的店铺,处理店铺海报图,设计出店铺 CRM 功能界面。

2.8 下一个工作任务|5个赞赏

预习"项目任务 3　建立客户服务关系",使用"雨课堂"预习老师推送的教学资料,与自己所在的客服团队成员交流探讨如何开展新的行动任务。

以下的二维码和邀请码是雨课堂开课老师课前推送的二维码和邀请码,是进行智能考勤的有效路径。二维码和邀请码的有效时间为 10 分钟,本次分享的二维码只是图例和模板,实际应用中,老师可实时生成新的二维码和邀请码。

项目任务 3 建立客户服务关系

3.1 客服工作任务单

任务背景描述：

随着经济全球化的发展，市场竞争越来越激烈，要想在形形色色的企业和分门别类的服务中占据一席之位，就必须通过客服来提高服务质量、提高客户满意度，提升企业核心竞争力。在千人千面的移动互联网时代，谁来满足顾客消费升级的个性化需求呢？毫无疑问，企业的客服是不二之选。

目前企业客服有人工客服和智能客服，"人机"互动的智能客服因"走形"不"走心"，故缺少人性的温度。如"等待，请按 1"，"xxx，请按 2"，"yyy，请按 3"和"请输入 aaa 后按 bb"的操作，很难令客户满意，还让客户更烦心。"走心"要存之于心，发乎于情，践之于行，从里至外想客户之所想，急客户之所急。不走心就不会入心，也不会暖心、动心。只有走心才会产生有温度的服务，才能让客户感到真切、真诚、真情。智能客服的"人机应答"失去人心交流，失去捕捉客户的心理，也就无法知客户所想，无法猜客户想问。人工客服能想客户所想，急客户所急，能用"走心"的态度贴合客户需求，提供"即问即答"有温度的个性化服务，让企业和客户"默契互动"，给客户暖心的服务体验。

当企业客服因自身业务能力不强，对技能操作工具不熟等，便会出现客户反映的问题无法得到解决，或客户无法在最需要时得到及时帮助，这时很容易被顾客抱怨为"甩锅客服""让人深恶痛绝的客服"。据数据显示，75%的消费者因对客服不满意而放弃购买行为，43%的消费者会因对客服不满意而不推荐他人购买。为了促成交易，提高顾客的满意度和忠诚度，作为企业客服，除了需要了解客服基础知识，掌握客服技能操作工具——千牛、Photoshop、CRM 等软件外，还需要学会寻找潜在目标客户、开发客户的方法技能。

任务要求：

1. 学习者自由组合为 4~6 人的客服团队。
2. 选择一个实体企业或在线注册一个淘宝店，分析我们该如何寻找潜在目标客户、成功开发目标客户。

任务解析 | 5 个赞赏

1. 教师分析任务需求
（1）确定的客服团队；
（2）客服基础知识及经验；
（3）客服工具软件操作技能；
（4）寻找潜在客户、开发客户的方法技能。

2. 教师提出任务要求
（1）分析你们的跟学研企业在客户开发中采用了哪些有效的方法和工具（举例说明）。
（2）尝试制定一份新客户开发计划。
（3）你作为公司业务员，在开发新客户的过程中，应注意哪些沟通技巧。
（4）尝试设计跟学研企业的客户信息资料表（或顾客卡）。
（5）简单举例谈谈你们企业对客户档案的分析和利用。

3. 客服团队对任务单中问题的理解

4. 根据团队表现对其进行等级评价：　　十赞　　☆☆☆☆☆　　分享/转发　　☆☆☆☆☆

5. 教师对任务单中问题的理解
　　随着市场竞争越来越激烈，企业越来越注重客户关系构建工作，客户开发已经成为企业客户服务与管理的典型工作内容。在竞争激烈的市场中，能否通过有效的方法获取客户资源往往是企业成败的关键，客户越来越明白如何满足自己的需要和维护自己的利益，客户是很难轻易获得与保持的，因此加强客户开发管理对企业的发展至关重要。而如何寻找客户群体，是构建客户关系的第一步。要确定目标客户，必须知道客户从何而来，才能详细地了解客户的信息，从而选择合适的客户进行开发。客户的真正需求越来越难以获得，而企业的资源也是有限的，因而企业越来越意识到了解客户需求、有针对性地开发目标客户的重要性。要想有效高效地开发客户，必须掌握客户开发的具体流程，制订客户开发的实施计划。本项目任务中建立客户服务关系是按照胜任企业客服岗位的技能需求进行的任务分解。

项目任务3　建立客户服务关系

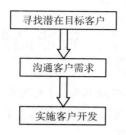

 拟定学习目标 | 5 个赞赏

1. 课程学习目标

通过建立客户服务关系的学习,懂得有计划、有组织地寻找和识别潜在顾客的方法和途径;领会与客户沟通的技巧,将它们融会贯通、灵活运用,并在实际运用中进一步理解,争取有所发展和创新;熟悉客户开发的流程,掌握各种客户开发的方法,能够灵活运用客户开发的具体流程和技巧,有效、高效地实施客户开发工作。

2. 个人学习目标

 编制团队工作(学习)计划 | 5 个赞赏

月　日— 月　日, 　年

27	28	29	30	31	1	2
周日	周一	周二	周三	周四	周五	周六

3.2 破冰游戏

游戏名称:寻人游戏

游戏目的:用有效高效的方法在规定时间内与更多的人认识(准确识别潜在目标客户),增进学员之间的相互了解,活跃课堂气氛。

游戏时间:该活动持续 15 分钟左右。

材料及场地:工作表、室内。

游戏步骤:

(1) 把寻人游戏工作表发给每一位学员

和你穿一样颜色裤子的	喜欢打篮球的	双眼皮的
三月份生日的	家有小女孩的	戴眼镜的
穿白色袜子的	爱笑的	穿衬衫的
还没有结婚的	喜欢旅游的	和你同月出生的
喜欢踢足球的	身高 170 cm 以上的	戴手表的
不是本地的	有驾照的	早餐喝牛奶的
会游泳的	有部队经历的	喜欢吃辣椒的

(2) 让每位学员以最快的速度找到与表格中相匹配的人并在表格中签名,每人只能签一个格子。

(3) 最先获得全部签名或者在规定时间内签名最多者为胜利者。

游戏尾声的互动任务:

(1) 采访胜利者是怎么找得又快又准的?(快速寻找目标客户)

(2) 总结同学们都用了些什么有效的方法?该如何与别人沟通?

学习者对破冰游戏体会/评论

破冰游戏学习结束后,对其等级评价: ＋赞 ☆☆☆☆☆　　　分享/转发 ☆☆☆☆☆

3.3 技能知识学习

 寻找潜在目标客户

　　如果不知道潜在客户在哪里,公司向谁去销售产品呢?为谁服务呢?因此,寻找潜在客户是客户服务与管理的首要工作,在确定公司产品的市场区域后,就必须要找到潜在客户在哪里并同其取得联系。事实上销售人员的大部分时间都该着眼于寻找潜在客户,并将其形成一种职业习惯,比如你将产品销售给一个客户之后,你问上一句"您的朋友也许需要这件产品,您能帮忙联系或者推荐一下吗?",你打算把你的产品或者服务销售给谁,谁有可能购买您的产品,谁就是你的潜在客户,它具备以下两个要素。

　　(1)用得着。能从购买的商品中获得利益或者需要这样的消费,不是所有的人都需要你的产品,他一定是一个具有一定特性的群体。如小型交换机的用户对象是集团、社团、企业等组织,有谁会去买个交换机放在家里呢?

　　(2)买得起。对于一个想要又掏不出钱的潜在客户,你再多的努力也不可能成交。即便是保险业,人人都希望买保险,但保险销售人员却在从事着最辛苦的寻找潜在客户的工作,购买保险的群体必定具有一个共同的特征,你把保险售给一个维持最低生活标准的家庭,按理说他们太需要保险,但无论你的技巧有多高明,你的结局一般是否定的,就算有成功的例子,也不足以说明问题。

　　寻求潜在客户是一项艰巨的工作,特别是刚刚开始从事这个行业的时候,你的资源只是你对产品的了解而已,你会通过很多种方法来寻找潜在客户,而且你花在这上面的时间也非常多。在延续企业生命上,开发新客户,对于企业在营运、财力、管理、品质上有莫大的影响。客户足以影响企业的营运,为求新客户的持续加入,企业必须努力经营,才能获得客户的信赖。根据统计,在市场竞争法则下,厂商每年至少丧失若干旧客户,但每年至少还会开发新客户,两者平衡下,其实变化不大;若不采取计划性的拓展,则将来对客户的经营,势必十分吃力。专业者确定把自己的时间投资在有购买意愿的客户上,而不是花大量时间却选错人,在说"不"的客户上浪费口舌。寻找准客户在所有的销售行业中都是非常重要的一件事。那么,怎么才能确定,哪些是准客户呢?在寻找潜在客户的过程中,可以参考以下"MAN"原则。

　　(1) M:MONEY,代表"金钱"。所选择的对象必须有一定的购买能力。这里指的是你的准客户必须要有能够购买你的产品的基本支付能力。如果你发现,一名客户非常需要你的产品,而你也费了九牛二虎之力劝说他购买,但是,最后才发现,客户根本就没有能力去购买,那么,一切工夫不也是白费吗?保健品销售员也决不会向一日三餐都没有保证的人推销保健品。这都是在考虑客户支付能力的问题。对客户支付能力的考察内容包括地区经济水平、居民收入情况、企业财务状况等。了解城乡居民的收入情况,往往比较困难,因为多数人不愿意让外人知道自己的积蓄,银行又要为储户保密,销售员除侧面了解外,可以根据地区经济水平和居民职业进行分析判断。对企业财务状况了解要容易一些,可根据企业规模、生产条件、经营状况等进行评估等。支付能力还包括信用状况。对基本客户信用状况的了解,可以通过银行,也可以进行市场调查,或通过相关咨询机构了解。对单价高、批量大的产品,在期货交易和赊购时,对客户的信用一定要慎重了解。

(2) A：AUTHORITY，代表购买"决定权"。该对象对购买行为有决定、建议或反对的权力。你找到的准客户必须要有决策权。如果他有钱，也有需求，但是，他根本没有权利做出购买的决定，无论花多大的工夫都是白费劲。在成功的销售过程中，能否准确掌握真正的购买决策人是销售的关键。有的时候，和你洽谈的对手如果无权做出购买决定，而且这些无决策权的人又极不愿意承认这一事实，那么只会浪费你的时间和精力。他们认为承认自己无权有损于自己的声誉。他们表面上往往显得很欣赏你的产品，但实际上他不可能与你达成交易。如果洽谈了很长一段时间，或者你已经对他进行了几次拜访，但还是没有达成交易，那就说明你一直在与一个不能做出最终决策的人物打交道。

(3) N：NEED，代表"需求"。该对象有对产品、服务方面的需求。为什么人们会买你的产品？你的产品究竟能满足什么特殊的需求？首先，一位优良的准客户一定会对你的产品或服务有迫切的需求。这种需求越是紧急或迫切，客户对于价格的敏感度或购买细节的要求就会越低。你若能够找到越多对你产品有这样迫切需求的准客户，你产品就会卖得更快更多。

潜在客户应该具备以上特征，但在实际操作中，会碰到以下状况，应根据具体状况采取具体对策。

购买能力	购买决定权	需求
M(有)	A(有)	N(大)
m(无)	a（无）	n(无)

其中：

M＋A＋N：是有望客户，理想的销售对象。

M＋A＋n：可以接触，配上熟练的销售技术，有成功的希望。

M＋a＋N：可以接触，并设法找到具有 A 的人(有决定权的人)。

m＋A＋N：可以接触，需调查其业务状况、信用条件等给予融资。

m＋a＋N：可以接触，应长期观察、培养，使之具备另一条件。

m＋A＋n：可以接触，应长期观察、培养，使之具备另一条件。

M＋a＋n：可以接触，应长期观察、培养，使之具备另一条件。

m＋a＋n：非客户，停止接触。

由此可见，潜在客户有时欠缺了某一条件(如购买力、需求或购买决定权)的情况下，仍然可以开发，只要运用适当的策略，便能使其成为企业的新客户。

一、寻找潜在客户的原则

如何寻找客户群体，是构建客户关系的第一步。寻找潜在客户的原则一般应遵循"先里后外，由近及远"的原则来开展。

1. 先里后外

先里后外，即信息的收集和利用应遵循由内部资料检索到外部资料调研的原则进行。

首先是内部资料检索，这是寻找潜在客户的首要步骤，也是最直接、最有效的步骤。通过内部检索能减少资料搜寻的盲目性，确保寻找客户的准确性和针对性，为顺利开展业务起到增强信心、提高效能的作用。内部资料检索主要通过以下几个方面来进行，如表3-1所示。

表 3-1　内部资料检索项目及其作用

内部资料检索项目	项目作用
职工查询表	发放职工查询表,通过职员的人际关系更好地了解市场和客户的情况,利用这些人际关系做出更好的企业业绩,并视其效果予以奖励,既可以有效地激发员工的潜能,又能提高员工的积极性,还可以增强员工的主人翁意识
客户名册	客户是企业的有机组成部分,没有客户也就没有企业,特别是现有客户,他们往往使用过企业的产品并对其留下了较好的印象,一般都比较愿意介绍新客户来与他们共同使用企业的产品;而新客户又有较强的从众心理,乐意接受"过来人"推介的产品。因而,从客户名册中寻找客户是进行客户群体识别的重要步骤
财务部门	与本企业有财务往来的企业,一般与本企业有着非常密切的关系,他们也愿意为企业的销售业务提供各种信息,所以通过财务部门来寻找客户是必不可少的步骤
服务部门	服务部门是企业的窗口,透过他们,客户可以看到企业的情况,尤其是服务人员的言行对客户有着非常大的影响,因为一般客户往往是非专业购买,他们视服务人员为权威和行家,对他们言听计从,故从服务部门寻找客户可以事半功倍

其次是外部信息资料调研。开拓市场如果只进行内部资料的检索而缺乏外部资料调研的话,就犹如"井底之蛙",所以外部资料的调研也是寻找客户的重要步骤。外部资料调研主要包括产品调研、客户调研、价格调研、竞争对手调研、环境调研等内容,其中主要是客户调研。

2. 由近及远

由近及远,即在寻找潜在客户时,应先充分利用自己的人际关系,根据关系由近及远,先易后难地进行。首先要在自己的朋友圈里发掘销售机会,利用自己现有的客户帮忙推荐新客户,继而利用所有的人际关系寻找新客户。

业界有个"三英尺范围"规则。"三英尺范围"规则是指"凡是走进你周围三英尺范围的人,都是值得你与之谈论你的产品、服务以及生意的人。"

二、寻找潜在客户的方法

1. 资料搜寻法

所谓资料搜寻法,即通过内部资料和外部资料的收集,然后找寻企业的目标客户。比如可通过内部的通讯录、工商企业名录、电话簿、工商企业地图册、统计资料、专业报纸等资料的阅读与搜寻来寻找企业的潜在客户。

2. 关系链条法

所谓关系链条法,即我们在寻找潜在客户时,应先了解自己的关系链,进行"你是谁？你认识谁？谁是你的客户？谁又能帮你找到客户？"等一系列思考,进而找到企业的目标客户。

3. 中心开花法

所谓中心开花法,又称名人介绍法、中心人物法、中心辐射法,即客户开发人员在某一特定的开发范围内,取得一些具有影响力的中心人物的信任,然后在这些中心人物的影响和协助下,把该范围内的个人或组织发展成为客户开发人员的目标顾客的方法。

4. 网络推广法

所谓网络推广法,即借助于互联网的平台,借助于网络推广手段,吸引潜在客户,搜寻目标客户的方法。

5. 会议营销法

所谓会议营销法,即通过相关产品介绍会议,将有一定想法的客户邀请过来,然后进行产品或服务的详细介绍,从而获得目标客户的方法。

 阅读材料：

乔·吉拉德与 250 法则

乔·吉拉德是美国历史上著名的汽车推销员。有一天,刚刚任职不久的他去殡仪馆,哀悼朋友去世的母亲。他拿着殡仪馆分发的弥撒卡,突然想到了一个问题:怎么知道要印多少张卡片？吉拉德向做弥撒的主持人打听,主持人告诉他,是根据签名簿上的人数算出来的,来这里祭奠一位死者的平均人数大约是 250 人。

又有一天,吉拉德和太太去参加一位朋友家人的婚礼,婚礼是在一个礼堂举行的。碰到礼堂的主人时,吉拉德又向他打听每次婚礼有多少客人,那人告诉他:"新娘方面大概有 250 人,新郎方面大概也有 250 人。"

这一连串的 250 人,让吉拉德总结出"社交圈 250 人法则",即认为每一个人都有许许多多的熟人、朋友,经常往来的约是 250 人。于是,他联想到他的客户,能把产品卖给一位客户,就意味着能再卖给 250 位客户,但关键是让他将亲朋好友介绍给自己。

三、寻找潜在客户的途径

1. 利用关系链

利用自己的人际关系寻找客户。

2. 利用有影响的人或组织

利用群体当中有影响力的人或组织作为中间代理人,让其协助客户开发人员寻找目标客户。

3. 强强联合

企业的业务人员与其他企业的业务人员合作,共享客户,从而寻找目标客户的一种重要途径。

4. 广告

许多大公司利用广告帮助销售人员发展潜在客户,而网络广告更是一种趋势。

5. 直接邮寄信件

通过直接邮寄信件寻找潜在客户,是一种很有效的方法。潜在客户收到一封信,并被告知,如果他们对产品或服务感兴趣,便可以回信。虽然回信的概率很低,但这种做法仍然是有价值的。即使 100 封中只能做成一两笔生意,这种做法仍是很有利的,特别是那些昂贵的商品或服务。

6. 上门推销

这是一种最为传统的方法,直接联系客户,一家一家联系,上门拜访。

7. 电话推销

电话推销,是指企业通过电话的渠道,向目标客户群的客户进行电话沟通,从而询问购买意向的一种方法。

8. 商业博览会

随着商业交流机会的增加,商业博览会的举办频次也在逐步增加,通过商业博览会发现潜在客户也成为企业寻找目标客户的一种途径。

9. 讨论会

通过举办会议来吸引企业或相关有影响力的人参加,从而发现潜在客户,也是现在企业寻找潜在客户的一种重要途径。

寻找顾客的方法和技巧,均具有很强的适用性,但是在具体使用时又因为产品、企业、人员的不同而有所差异。在运用时,要根据具体的情况适当做一下调整。除此之外,还有很多好的方法去发现潜在顾客,如促销活动、技术支持、售后服务等,这些活动对顾客的观察、了解都很有帮助,也是寻找准顾客的常用方法。营销人员应熟悉各种寻找方法,将它们融会贯通、灵活运用,并在实际运用中进一步理解,争取有所发展和创新。

 阅读材料:

如何寻找红酒团购客户,目标客户从何而来

我们将如何去寻找红酒团购客户呢?在开发红酒团购客户之前,从何处去了解所要开发的目标客户及这些潜在目标客户的基本资料呢?目标客户又从何而来呢?

一到节假日很多公司负责团购业务的人员,总是漫无目的地拜访当地所有的工商企业、行政事业单位,寻找红酒团购客户,浪费了宝贵的时间、金钱和精力,却不知道"我们的客户集中在哪里",并根据自己公司红酒的价格定位、市场情况及经验,划定一个大概的客户范围,在此范围内寻找客户。下面介绍从事红酒团购渠道开发的经验,供大家参考。

1. 大单团购——政府内部通讯录

每个地方政府都有自己的内部通讯录,上面记载了各个部门的负责人姓名、职务、单位、电话(甚至住宅电话)。一般来说,这样的通讯录,政府部门会一到两年更新一次。我们要找到最新的版本,才能准确地找到目标。

2. 资料查寻——搜集重点对象

业务员通过查阅各种资料寻找新客户,包括工商企业名录、电话簿、工商企业地图册、统计资料、专业书报、杂志、各种社团组织名册等。例如,某家企业要求销售人员把经常在当地报纸、电视、广播及街头广告载体上露面的企业,作为搜集信息的重点对象。不过,在使用资料查寻时需要注意以下问题:一是对资料的来源与资料的提供者进行分析,以确认资料与信息的可靠性;二是注意资料可能因为时间关系而出现的错漏等问题。

3. 商会云集——同乡会上得生意

城市居民来自四面八方,有时为了生存的需要,来自同一个地方的人喜欢组织自己的同乡会、同学会、战友会;而做生意的不同行业或不同区域也有自己的商会(如温州商会、台商协会、江西同乡会等),找到会长并结识他自然就能拿到名单。

4. 进展览会——样品资料赶聚会

业务员在各种展览会、信息交流会、信息发布会、订货会、技术交流会等展会上,能开发许多新客户。要经常询问国际展览中心、展览馆、农展馆等大型展览主办单位,经常主动联

系,搜集展会信息。一定不要满足于发发资料和名片,要尽可能地深入了解情况。实践证明,展会上85%的资料都被扔进了垃圾桶。

5. 培训学习——课程结识潜在客户

优秀的业务员不仅善于利用现有关系,更善于建立新关系。例如,某单位有位经销商通过加入企业家协会,到干部培训中心拜访学员,参加高层次的培训课程等,结识了一个又一个的潜在客户。

6. 亲戚朋友——生意场上好帮手

中国香港企业界流传一句销售格言:"亲戚朋友是生意的扶手棍。"查阅电话号码和利用私人关系,是业务员开发新客户的基本方法。成功的业务人员是爱动脑筋、富有创意的人,他们善于采用独到的方法开发新客户。业务人员每天在外面跑,随着所结识人数的增加,就会有人主动介绍另外一些人来跟我们认识,这也是机会。

7. 留意身边——注意每一个机会

《红楼梦》的作者曹雪芹说过:"世事洞察皆学问,人情练达即文章。"这说明若要做一名优秀的业务员,无论是在看报纸,或是与别人闲谈、与别人吃饭,都要留意他人所说的每一句话,因为他人不经意说的一句话,都可能让我们有所收获,发现目标。

8. 连锁介绍——通向大客户的渠道

让现有客户帮助你介绍新客户,被誉为销售人员的黄金法则。优秀业务员有1/3以上的新客户是现有客户推荐的。尤其是团购决策者在行业内都有与其职位类似的朋友,他们能为业务员推荐一大批新客户。

要想让现有客户给你推荐新客户,关键的是业务人员要让现有客户满意,树立自己的个人品牌形象,这样,客户才会乐意为你推荐新客户。我认识一位优秀的业务员,他设计了一张卡片,上栏是姓名、地址、电话,下面列了五行。业务谈完后,他会拿出卡片请客户把自己认识的人中会有团购需求的人的姓名及联系方式填上去。运用连锁介绍法,业务员能找到行业中有影响力的权威客户,利用他们能找到大量的黄金客户。

9. 结缘同道——广交销售伙伴

业务员平时在外面会接触很多人,其中包括像我们一样的销售人员。其他企业派出来的训练有素的销售人员,熟悉消费者的特性。只要他们不是我们的竞争对手,他们一般都会和我们结交。即便是竞争对手,大家也可以成为朋友。和他们搞好关系,我们也许会收获很多经验。在对方拜访客户时他会记着我们,我们有适合他们的客户我们也一定会记着他。这样,我们不仅有了额外的业绩,还有了一个非常得力的商业伙伴。

10. 强强联合——共创辉煌的业绩

在"五一""十一"这样大型的销售节日,很多企业均在不断地搞促销,送赠品、礼品。作为互补性产品我们也可以与其他做团购的企业合作,共享客户。例如,碟机企业经常与酒厂、饮料企业合作,花生油生产企业经常与做团购的肉制品、日化等企业合作,互相利用对方的客户扩大销量,此类合作的礼品团购销量非常大。

11. 挖掘平台——联系相关对公团购部门

现在很多超市、卖场均有对公团购部门,我们可以说服现有的经销商或终端商(如大型卖场),利用其良好的社会资源平台,为我们提供有团购机会的客户群,从而增加超市、卖场及我们企业的团购量。

12. 客户档案——团购的最佳宝典

只要我们平时留意一下我们在商场、卖场的产品客户记录，特别是那些购买高档产品或购买量大的客户，就会发现，很多时候均是同一位客户或同一单位的客户。优秀的业务员会把这些客户档案作为团购的最佳宝典，分类归档保存；有空就给客户发一些祝福的短消息或打个问候电话，同时提醒并告诉老客户，现在公司有什么新产品或此时正在搞什么优惠活动；在元旦或客户生日时送上生日贺卡来维护良好的客户关系。

13. 优化资源——寻找团购经纪人

社会上有一批团购经纪人，他们拥有良好的关系资源，在"春节""五一""中秋节"等节日单位发放福利前都要向礼品商人寻找货源，转手销售，提取佣金。有的业务员则积极地把客户的亲朋好友发展成团购经纪人。

14. 广告开发——分类信息见效果

某年"国庆节""中秋节"期间，某企业在报纸广告上连续打出"红酒礼品30%提成，诚聘团购代表"的简短分类信息，成功招来了一批客户。

15. 厂庆店庆策划特殊纪念日

中山市一位葡萄酒经销商搜集了当地重要企业的开业纪念日。在纪念日到来之前该经销商则主动与公司的采购部门联系，甚至帮助客户策划庆典活动，其中当然包括庆典餐桌上的葡萄酒菜单。这样，每年这位经销商都可以从当地的重要企业那里获得不低于500万元的团购红酒订单。

16. 随时查询——登录团购类网站

现在有不少礼品团购网站。把你的产品信息发布到网上，也能吸引一些客户。另外，政府采购信息也会刊登在网上，上网就能查询到政府的采购需求信息。目前已经有几十万家公司在新浪和搜狐黄页上登录，查询起来很方便，只需要上网费和时间。因为在网络上登录需要交钱，所以都是比较活跃的公司，准确率很高，只是交易时注意不要碰上骗子公司。如果大家不确定这家公司是否真实可靠的，可以查询该公司的相关证书。

（资料来源：方玲玉.客户服务与管理——项目教程.电子工业出版社，2018）

技能训练1：

学习小组以选定的研究企业为对象，设计该企业的客户信息收集方案。

表3-2 客户信息收集方案

客户信息收集方法		客户信息收集实施方案
方法	具体途径	具体实施方案
任务总结	知识小结	团队收获

技能训练 2：

学习小组以选定的研究企业为对象，建立潜在客户名录。

表 3-3　潜在客户名录

填报人：　　　　　填报日期：　　年　　月　　日

区域	客户名称	详细地址	负责人	电话	业务类别	规模	有否拜访	备注

注：本表定期更新，并交由销售部内勤存档，对于重点潜在客户，必须进行至少一次拜访，并建立档案，以便为新客户开发提供背景资料。

沟通客户需求

随着客户竞争越来越激烈，企业越来越注意到满足客户需求是赢得客户的关键。而如何让客户满意呢？必须先了解客户需求。那该如何了解客户需求呢？很显然需要和客户进行有效的沟通才能获知。要达到有效的沟通，必须事先做好充分的准备。客户对于服务的感知，在很大程度上取决于他与企业直接或间接相遇的每一个"真实时刻"或"接触点"。不同的客户，其需求是不一样的。因此，应关注他们的不同需求，并为他们提供良好的个性化服务。

一、客户需求的基本类型

（1）一般而言，客户的需求有四种类型：信息需求、环境需求、情感需求、便利需求。

① 信息需求。这些信息主要是指有关产品或服务的质量、价格、品种等方面的信息，实际上是一种客户需要使用的帮助信息。为了满足客户的信息需求，业务人员应做好充分的准备，不断充实自己的专业知识。因为只有具备了丰富的专业知识，才有可能为客户提供满意的服务。

② 环境需求。作为业务人员，还应及时预测客户对服务环境的期望和要求。客户如果去银行取钱，在填写单据的时候，可能需要一份模板等；如果天气太热可能需要营业厅开着空调等，这些统称为环境需求。

环境需求可能还要包括其他的一些因素。例如，对于一些带小孩的客户，他的环境需求就会有所不同。他可能希望提供一个小孩玩耍的场所。现在很多大型商场，都提供托管儿童的区域，在托管区内还提供一些玩具。如果是电话服务，也同样有一些特殊的环境要求。例如，客户需要一个安静的环境,不要过于嘈杂。因而很多企业的座席都有很好的隔音装置,就是为了让客户清晰地听到服务代表所说的每句话,这就是电话服务中的环境需求。

③ 情感需求。这是指客户在感情上需要获得业务人员的理解和认同。这种情感需要因人而异、因时而异、因地而异,多姿多彩且变幻莫测,需要业务人员随机应变,灵活处理。

④ 便利需求。便利性是满足个人利益的一个重点。为客户购买及使用的产品和服务提供尽可能多的便利,是吸引消费者的重要策略。例如,汽车变速器自动变挡的便利性是吸引许多女性购车的重要原因,手机软件设计的简便性也是客户挑选的重点。便利性往往是打动消费者做出购买决策的关键因素。

(2) 根据需求结构,可以将客户需求划分为功能需求、形式需求、外延需求和价格需求四类。

① 功能需求。是指客户对产品的最基本的要求,其又可以分为三个方面:一是主导功能性需求,产品的主导功能又称为产品的核心功能,决定产品最基本的功能和效用;二是辅助功能需求,是指实现或展现产品主导功能的支持功能;三是兼容功能需求,是指除了产品的主导功能和辅助功能之外的特殊功能。

② 形式需求。是指客户对产品实现功能的技术支持、物质载体及表现形式的要求。客户对产品的形式需求又可以分为质量、品牌和载体三个层面:质量层面需求,是指客户对产品质量的核心要求,包括对产品的性能、可靠性、安全性和功能的实现程度等;品牌层面需求,是指客户在同类产品的众多品牌中对其"名牌"的需求;载体的层面需求,是指客户对产品的物质结构、表现形式和外观的要求。

③ 外延需求。是指客户对产品的功能需求和形式需求以外的附加需求的要求。主要包括三个方面:一是服务需求,是指客户在整个购买决策过程中对服务的要求;二是心理需求,是指客户在整个购买决策过程中对满足心理报酬的要求;三是文化需求,是指客户对产品文化进而对企业文化的要求。

④ 价格需求。是指客户将产品的质量与价值进行比较后对价格的要求。在分析客户的价格需求时,需要从质量与价格之比的两个方面进行。如图3-1所示,客户价值图是一种功能非常强大的工具,通过绘制客户价值图,企业可以清楚地了解自己及竞争对手的市场定位,有效地制定客户价值战略,为客户创造更大的感知价值,扩大企业销量。

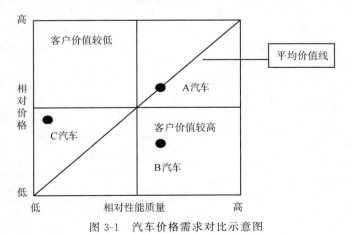

图 3-1 汽车价格需求对比示意图

（3）网店客户的基本需求

人们选择上网而不是到实体店去购物，最初可能是因为便宜、方便，然后才是安全、个性化的需求。当网上购物成为很多人的一种生活习惯方式之后，他们对网上店铺的需求也日益丰富。

客户光临网店，除了对某个（或某些）具体的商品有需求以外，还有一些其他的需求关键而又敏感，但常被我们忽视，实际上满足客户具体商品以外的那些需求往往并不需要付出更多的成本，却在促成商品交易上发挥着巨大的作用。这类需求主要表现在以下一些方面：

- 安全及隐私的需求；
- 有序服务的需求；
- 及时服务的需求；
- 被识别或记住的需求；
- 受欢迎的需求；
- 感觉舒适的需求；
- 被理解的需求；
- 被帮助的需求；
- 受重视的需求；
- 被称赞的需求；
- 受尊重的需求；
- 被信任的需求。

 阅读材料：

在不同的需求状况下，客户服务与管理的任务也有所不同。

需求状况	主要解释	客户服务与管理对策
负需求	是指市场上的大部分人不喜欢某产品，甚至宁愿付出一定代价来躲避该产品	改变市场营销，分析产品不受欢迎的原因，研究新的促销方式，改变客户原有的印象和态度
无需求	是指客户对产品根本不感兴趣或无动于衷	刺激市场营销，想方设法把产品的功效、价值和客户的自然需求与兴趣结合起来
潜伏需求	是指许多消费者都有需求，但现有产品无法满足其强烈需求	开发市场营销，估测潜在市场规模，并开发产品和服务以有效满足客户的潜在需求
下降需求	是指某种产品当前的需求量呈现下降的趋势或在下降过程中	改变、重振市场营销，通过创造性的营销组合，扭转需求下降的局面
不规则需求	是指消费者对某种商品的需求因时间、地点等原因出现大幅波动	协调市场营销，即通过灵活的定价、促销和其他刺激方法来改变需求水平，使之平均化
充分需求	当公司的业务量达到满意程度时，所面临的就是充分需求	维持市场营销，面对消费者偏好的改变和竞争的加剧，设法维持现有的需求水平，同时，不断提高产品质量和服务水平，确保满意度
过量需求	是指需求的水平超过了商家的预测	削减市场营销，寻找暂时或永久地减少需求的办法，如通过提价、减少促销等方式来减少需求
有害需求	是指有害于社会的消费需求	反市场营销，利用宣传有害消费的危害、提价、减少购买机会或法令的方式来控制、减少或根除消费需求

阅读材料

在实际中,应该根据客户的需求,针对不同的客户类型开展客户服务及管理。

类型	主要解释	客户服务与管理对策
时尚型	前卫、标榜立异,喜欢标榜自己,追逐潮流,喜欢新款和亮丽的颜色,爱面子,喜欢与众不同,希望受到瞩目	介绍新款,强调与其别的产品的不同之处,多与客户交流服装潮流的看法,交流当季流行趋势,教其时尚搭配方法,表现冲动及狂热,对其表示赞赏,并鼓励其多试穿,穿出自己个性
融合型	善于沟通,开朗,比较健谈,喜欢受到重视及得到礼貌对待,喜欢与人交谈,分享自己的快乐,爱讲解,喜欢送礼物给别人	殷勤款待,多关心他,多了解对方的需求,记住对方的喜好,关注对方所关心的人和事,可以多加建议和意见,加快销售过程,多采用配搭式销售
主导型	有主见和支配欲,清楚知道自己的需要,喜欢自己做出决定,喜欢别人认同自己,愿意说不愿意听,不喜欢人追随,不喜欢导购员过分的推荐货品	在适当的时机才打招呼,以耐心的服务为主,迎合对方的观点,尊重对方,听从指示、快速服务,没有他的要求,不要轻易发表自己的见解,决不可催促客人做决定
分析型	细心、仔细、精打细算,要求物有所值,喜欢物美价廉,有时比较专业,了解服装,偏重质地做工,善于提问,要详细地了解货品的特性和用途,关注所付出的价钱,常讨价还价	详细解释货品的使用、保养、清洗方法,强调货品的物有所值,如耐穿等,保持耐心,拥有足够的专业知识,准确回答客户的问题,多细心聆听和分析客户的问题和说话内容,要有信心
犹豫型	没有主见,善变,常犹豫不决,喜欢导购的推荐和耐心周到的服务,做事喜欢从别人那里得到证实或认同,爱反复地问	表现出足够的热情和耐心,缩小范围,挑一些适合他的款,反复又坚定的推荐,投其同伴所好,拉同伴来支持自己的销售,自始至终要对自己和自己的商品充满信心,用自信而又富有感染力的语言帮他下定决心。对此类客户忌用语术:不一定、可能、好像、也许这样类似的词语,会导致犹豫型客户更加犹豫,并且没有安全感和信任感,要多学会用肯定、鼓舞的词语与其沟通

阅读材料

识别客户购买动机的类型

(1) 本能模式。人类为了维持和延续生命,有饥渴、冷暖、行止、作息等生理本能。这种由生理本能引起的动机称为本能模式。它具体表现形式有维持生命动机、保护生命动机、延续生命动机等。这种为满足生理需要购买动机推动下的购买行为,具有经常性、重复性和习惯性的特点。所购买的商品,大都是供求弹性较小的日用必需品。例如,消费者为了解除饥渴而购买食品饮料,是在维持生命动机驱使下进行的;为抵御寒冷而购买服装鞋帽,是在保护生命动机驱使下进行的;为实现知识化、专业化而购买书籍杂志,是在发展生命动机驱使下进行的。

(2) 心理模式。由人们的认识、情感、意志等心理过程引起的行为动机，称为心理模式。具体包括以下几种动机。

① 情绪动机。是由人的喜、怒、哀、欲、爱、恶、惧等情绪引起的动机。例如，为了增添家庭欢乐气氛而购买音响产品，为了过生日而购买蛋糕和蜡烛等。这类动机常常是被外界刺激信息所感染，所购商品并不是生活必需或急需，事先也没有计划或考虑。情绪动机推动下的购买行为，具有冲动性、即景性的特点。

② 情感动机。是道德感、群体感、美感等人类高级情感引起的动机。例如，爱美而购买化妆品，为交际而购买馈赠品等。这类动机推动下的购买行为，一般具有稳定性和深刻性的特点。

③ 理智动机。是建立在人们对商品的客观认识之上，经过比较分析而产生的动机。这类动机对欲购商品有计划性，经过深思熟虑，购前做过一些调查研究。例如，经过对质量、价格、保修期的比较分析，有的消费者在众多牌号的洗衣机中，决定购买海尔牌洗衣机。理智动机推动下的购买行为，具有客观性、计划性和控制性的特点。

④ 惠顾动机。是指基于情感与理智的经验，对特定的商店、品牌或商品，产生特殊的信任和偏好，使消费者重复地、习惯地前往购买的动机。如，有的消费者几十年一贯地使用某种牌子的牙膏；有的消费者总是到某几个商店去购物等。这类动机推动下的购买行为，具有经验性和重复性的特点。

(3) 社会模式。人们的动机和行为，不可避免地会受来自社会的影响。这种后天的由社会因素引起的行为动机称为社会模式或学习模式。社会模式的行为动机主要受社会文化、社会风俗、社会阶层和社会群体等因素的影响。社会模式是后天形成的动机，一般可分为基本的和高级的两类社会性心理动机。由社交、归属、自主等意念引起的购买动机，属于基本的社会性心理动机；由成就、威望、荣誉等意念引起的购买动机属于高级的社会性心理动机。

(4) 个体模式。个人因素是引起消费者不同的个体性购买动机的根源。这种由消费者个体素质引起的行为动机，称为个体模式。消费者个体素质包括性别、年龄、性格、气质、兴趣、爱好、能力、修养、文化等方面。个体模式比上述心理模式、社会模式更具有差异性，其购买行为具有稳固性和普遍性的特点。在许多情况下，个体模式与本能、心理、社交模式交织在一起，以个体模式为核心发生作用，促进购买行为。

二、了解客户的沟通风格

沟通不仅是一种技术，更是一门艺术。了解客户的沟通风格，可以帮助我们迅速调整自己的行为，选择合适的沟通方式，以客户乐于接受的方式进一步建立友好关系，挖掘详细信息，从而提供更加适应客户需求的服务。但是，每位客户都有其独特的个性特点，服务人员要避免给客户"贴标签"，将其归入特定的类型，要认识到在基本类型之上的一些独特个性。

不同的人应有不同的沟通方式和风格，对沟通风格进行分类的方法很多。下面从客户的果断性和情感性这两个维度对沟通风格进行分类。

(1) 果断性：指做事是否干脆利落，还是比较谨慎小心。

(2) 情感性：指比较关心他人情绪，还是比较我行我素。

上述两个要素组合在一起,便形成了 4 种不同的沟通风格类型,如表 3-4 所示。

表 3-4 沟通风格分类表

情感性	果断性	
	弱(谨慎小心)	强(干脆利落)
弱(我行我素)	分析型	结果型
强(关心他人情绪)	顺从型	表现型

不同的沟通风格,有不同的沟通特征。上述 4 种沟通风格的具体特征和需求,以及与其沟通的具体策略,如表 3-5 所示。

表 3-5 不同沟通风格行为特征表

行为风格	特征	需求	沟通策略要点
分析型	天生喜欢分析,情感深刻而沉稳,办事仔细而认真,面部表情少,说话时手势少,走路速度慢;观察力敏锐,考虑周密,办事有序,容易保持沉默,寡言少语;喜欢准确完美,喜欢条理,衣着讲究、正规;决策非常谨慎;阐述一个观点时,喜欢兜圈子	安全感,万无一失;严格甚至苛刻的纪律;喜欢较大的个人空间,害怕被人亲近	遵守时间,尽快进入主题,多听少说,不随便插话;不要过于亲热友好,减少眼神接触,避免身体接触;不要过于随便,公事公办,着装正规严肃,讲话要用专业术语;摆事实,并确保其正确性,信息全面而具体,多用数字;做好准备,考虑周全,语速放慢,条理清楚,严格照章办事,避免侵略性身体语言
结果型	有明确的目标和追求,精力充沛,身体语言丰富,动作和语言速度都较快;喜欢发号施令,当机立断,不能容忍错误;最讲究实际,喜欢冒险;冷静、独立而任性,以自我为中心;也能关心别人,但他们的感情是通过行动而不是语言表达出来的	直接、准确的回答;有事实依据的大量新想法;高效率,喜欢明显的结果	直接切入主题,不用寒暄,少说少问,用肯定自信的语言沟通;充分准备,实话实说,多谈结果,而且声音洪亮,加快语速;处理问题要及时,阐述观点要强而有力,但不要挑战客户的权威地位;给客户提供两三个方案供其选择;增强眼光接触的频率和强度,身体前倾
表现型	乐于表达感情,表情丰富而夸张,动作迅速,声音洪亮,话多;精神抖擞,充满激情,有创造力,理想化,重感情,乐观;凡事喜欢参与,愿意与人打交道,害怕孤独;追求乐趣,敢于冒险,喜欢幻想,衣着随意,乐于让别人开心;通常没有条理,时间不规律,轻浮、多变,精力容易分散	公众的认可和鼓励,热闹的环境;平等的关系,友好的气氛;表达自己的自由;有人帮助实现创意	声音洪亮、热情,微笑,充满活力,精力充沛;大胆创意,提出新的、独特的观点并描绘前景,着眼于全局观念,避免过小的细节;如果要写书面报告,请简单扼要,重点突出;夸张的身体语言,加强目光接触,表现积极的合作态度;让客户多说,并适时称赞,经常确认并重复客户的话
顺从型	善于保持人际关系,忠诚,关心别人,待人热心;耐心,说话和走路速度慢,具有较强的自制力;体态语言少,面部表情自然而不夸张;欢迎别人的反对意见,并善于将不同观点汇总后被各方面的人接受;害怕冒险;害怕得罪人,不愿意过多发表意见;衣着随意,喜欢闲聊,作息时间不规律	安全感及友好的关系;真诚的赞赏与肯定;传统的方式,规定好的程序	热情微笑,建立友好气氛,使之放松,减小压力感;放慢语速,以友好而非正式的方式,可以谈谈琐事;提供个人帮助,建立信任关系,显示谦虚的态度;决策时不要施加压力,不要过分催促;当对方不说话时要主动征求意见,对方说话慢时不要主动帮对方结束讲话;避免侵略性身体语言

阅读资料

网络客户的沟通类型

网络购物日渐普遍,网购人群也自有其特点。根据沟通风格不同,可以将网购客户分为以下 3 种类型。

(1) 友善大方型

特点:性格随和,网购显得比较随意,对待事物没有太高的要求,一般选好商品后咨询例行问题或者几乎没问题,就直接下单成交了。

对策:提供最好的服务,不能因为对方的宽容与理解而放松对自己的要求。这类客户最易发展成为忠实客户。

(2) 谨慎分析型

特点:情感细腻,有很强的逻辑思维能力,对于选购商品非常在行,经常是货比三家,讲道理,最不能接受不公平或不合理的待遇,如果自身利益受到危害,擅长用法律手段保护自己。

对策:真诚对待,公平公正地对待客户的需求,对问题应做出合理解释,尽量争取对方的理解。

(3) 自我独断型

特点:以自我为中心,缺乏同情心,有很强的决断能力,不善于理解别人,不会站在别人的立场想问题。对自己的付出要获取回报,不允许自己利益受到任何伤害,性格敏感多疑。

对策:以礼相待,让客户受到尊重,在不违反原则的情况下,尽可能满足对方需求,若有过失,对自己的过失真诚道歉。

技能训练 3:假如你是淘宝商城的一名客服,对于以下情况,你将如何处理?填写下表。

A. 打招呼	
顾客:在吗?	
客服回复:	
应注意事项:	
B. 介绍商品	
顾客:你好,我看中了一款衣服。但是不知道尺码是否合适我。我的身高 160 cm,体重 50 kg,穿什么尺码的合适呢?	
客服回复:	
应注意事项:	
C. 价格辩论	
顾客:你们的产品怎么那么贵啊?	
客服回复:	
应注意事项:	
D. 质量质疑	
顾客:你们的产品质量怎么样?	
客服回复:	
应注意事项:	

讨论分析:请访问淘宝商城,比较淘宝客服与你的沟通方式有哪些不同?

三、识别客户的需求

要让一个素不相识或相知不深的客户,在短短的数分钟内产生"这个人值得信赖""这个人销售的正是我想要的"的感觉,绝非三言两语就可以办到,业务人员必须倾注全力去了解客户真正的需求。而客户的需求又是不断发展和变化的。随着较低层次需求的满足,客户会追求更高层次的需求。客户的需求千差万别,业务人员应提前预测并准备相应的预案。

1. 了解客户需求的内涵

客户需求是客户开发及维护的核心,探寻客户需求是客户开发工作中最为重要的一环。业务人员应特别注意的是,在完全、清楚地识别及证实客户的明确需求之前,不要推荐企业的产品或服务。对客户有效需求的理解,包含以下几个关键要素。

(1) 要完全了解客户需求

要完全了解客户的需求,是指对客户的需求要有全面的理解,主要包括客户都有哪些需求,这些需求对客户最重要的是什么,它们的先后顺序是什么。

(2) 要清楚地识别客户的需求

这是指要非常清楚地了解客户表达的具体需求是什么,客户为什么会有这些需求。很多业务人员都知道客户的需求,如客户说:"我准备要小一点的笔记本电脑。"这是一个具体的需求,但他们对客户为什么要小一点的笔记本电脑却并不知道。所谓"清楚",就是要找到客户需求产生的原因,而这个原因其实就是真实的需求,是真正驱动客户采取措施的动因。找到了这个动因,将对引导客户做出决策很有帮助。

(3) 客户需求必须经客户自身证实

客户需求应经过客户的亲口证实,而不仅仅是业务人员自己个人的猜测或主观臆断。很多时候,业务人员会对客户的需求进行探测和判断,但这些主观臆断并不能代表客户的真实需求。业务人员要做的就是,帮助客户整理和发掘他们的需求,并经过其确认,从而明确其真实的、具体的需求。

(4) 客户的需求应该是明确的而非潜在的

明确的需求是指客户主动表达出来的要解决他们问题的愿望。这时,客户能将其要求或期望做出清楚的陈述,其主要用语有"我想""我希望""我要""我期望""我们对……很感兴趣"等。例如,"我们对服务器的实用性要求很高"等。这种情况下,引导出客户的购买意愿比较容易。但很多情况下,虽然客户产生了明确的需求,但并不代表客户清楚地知道他究竟需要什么。对有些客户而言,他们很清楚自己需要什么;而对有些客户而言,他们并不清楚什么产品对自己是最合适的。例如一个客户说:"我需要台笔记本电脑"。他虽然表达的是明确需求,但究竟什么样的笔记本电脑是最适合他的,这一点他并不清楚。所以当业务人员遇到对自己的需求并不是很明确的客户时,可以利用专业领域的知识,帮助客户做出正确的选择,这样才能真正为客户创造价值。

对于潜在的需求,客户经常以抱怨、不满、抗拒、误解等方式做出陈述,所以引导出客户的购买意愿不易。例如,客户说"我现在的计算机速度有些慢""我找不到竞争对手的资料,所以感到很头疼""我们现有的供应商供货有时不及时"等。这些都是客户对所存在的问题的描述,这些话语之中包含了客户的潜在需求。

阅读材料

老太太买李子

一条街上有三家水果店。一天,有位老太太来到第一家店里,问:"有李子卖吗?"店主见有生意,马上迎上前说:"老太太,买李子啊?您看我这李子又大又甜,还刚进回来,新鲜得很呢!"没想到老太太一听,竟扭头走了。店主纳闷着,哎,奇怪啊,我哪里不对得罪老太太了?

老太太接着来到第二家水果店,同样问:"有李子卖吗?"第二位店主马上迎上前说:"老太太,您要买李子啊?""是啊。"老太太应道。"我这里李子有酸的,也有甜的,您是想买酸的还是想买甜的?""我想买一斤酸李子。"于是老太太买了一斤酸李子就回去了。

第二天,老太太来到第三家水果店,同样问:"有李子卖吗?"第三位店主马上迎上前同样问道:"老太太,您要买李子啊?""是啊。"老太太应道。"我这里李子有酸的,也有甜的,那您是想买酸的还是想买甜的?""我想买一斤酸李子。"与前一天在第二家店里发生的一幕一样,但第三位店主在给老太太秤酸李子时,聊道:"在我这买李子的人一般都喜欢甜的,可您为什么要买酸的呢?""哦,最近我儿媳妇怀上孩子啦,特别喜欢吃酸李子。""哎呀!那要恭喜您老人家了,快要抱孙子了!有您这样会照顾人的婆婆,可真是您儿媳妇天大的福气啊!""哪里哪里,怀孕期间当然最要紧的是吃好,胃口好,营养好啊!""是啊,怀孕期间的营养是非常关键的,不仅要多补充些高蛋白的食物,听说多吃些维生素丰富的水果,生下的宝宝会更聪明些!""是啊!那么哪些水果含的维生素更丰富些呢?""很多书上都说猕猴桃含维生素最丰富!""那你这有猕猴桃卖吗?""当然有,您看我这进口的猕猴桃个大,汁多,含维生素多,您要不先买一斤回去给您儿媳妇尝尝!"这样,老太太不仅买了一斤李子,还买了一斤进口的猕猴桃,而且以后几乎每隔一两天就要来这家店里买各种水果。

2. 探寻客户的真实需求

探寻客户需求的一个重要方法是提出高质量的问题。可惜的是,很多客户经理或业务人员不会提问,也没有意识去提问,只会介绍产品。

(1) 激发客户需求的询问

1) 获取客户基本信息的询问

假如业务人员销售的是计算机,他就应当如此向客户询问。

① 您的公司有多少台计算机?

② 您的业务主要包括哪些方面?

③ 您主要负责哪些方面?

④ 计算机出现故障的情况如何?

⑤ 您花很多时间来解决这些问题吗?

……

2) 发现问题的询问

客户需求的产生是由于存在需要解决的问题,或者存在需要弥补的差距。当获得了客户的相关基本信息之后,我们需要知道客户对企业产品应用方面的态度,尤其是不满意的地方,这样有助于进一步激发客户的明确需求。这时可向客户如此询问。

① 对现有系统您最不满意的地方在哪里?

② 哪些事情使您很头疼?

③ 哪些事情占用了您很多时间？
……

3）激发需求的询问

当发现了客户对现状的不满之处以后，业务人员应通过提出激发需求的问题，将客户的这些不满意扩大成更大的不满，从而引起客户的高度重视，以提高客户解决这类问题的紧迫性。这时可向客户如此询问。

① 这些问题对您有什么影响呢？
② 您的老板如何看待这问题呢？
……

4）引导客户解决问题的询问

当客户意识到所面临问题的严重性后，通过引导客户解决问题的询问，可让客户看到解决这些问题之后给他带来的积极影响，从而促使客户下决心行动。这时可向客户如此询问。

① 这些问题解决以后对您有什么有利的地方？
② 您为什么要解决这些问题？
……

(2) 探寻客户具体需求的询问

当客户表达的是明确需求时，业务人员还应该花时间尽可能地了解客户的具体需求，同时也应该知道需求产生的原因。这时可向客户如此询问：

① 我想更多地了解您的需要。您能告诉我您理想中的新计算机是什么样子吗？
② 对于我们台式机的主要特点，如可靠性、稳定性、易服务性、可管理性，您最感兴趣的是哪一点？为什么？
③ 除了这一点，您还对哪些方面感兴趣？
④ 您用这台计算机做些什么工作呢？
⑤ 您已经有了产品配置呢，还是需要我为您推荐？
⑥ 您希望得到一台什么样的计算机？这对您为什么很重要？
⑦ 你准备如何使用这台计算机？
⑧ 请告诉我您要的配置，好吗？（听上去很直接，但这对于那些很清楚自己要什么的客户很难奏效的。因为，他们可能就是想听听价格而已。）

(3) 引导客户往下走的询问

在与客户沟通的过程中，需要引导客户在销售的道路上向前走。从最初接触客户，到与客户达成合作协议，有时候一个电话就可以，而有时候可能要持续一个月，甚至更久。在这个过程中，业务人员得引导客户一步一步往前走，不能消极地等待客户做出决策，很多时候要帮助客户做出决策。这时可向客户如此询问。

① 您下一步有何打算？
② 如果您感到 ABC 公司的计算机不仅能节省您的支出，而且能提高您的效率，那么还要多久您才能做出决定？
③ 您对 ABC 公司计算机最感兴趣的地方是什么？
④ 如果 ABC 公司的计算机可以满足您的要求，我们现在可以谈谈具体的细节问题吗？
⑤ 为了得到您的同意，我们还要做些什么？为了得到其他人的同意，我又要做些什么？
⑥ 对于 ABC 公司计算机的主要优点：按需配置、可靠性、性价比（或其他优点），您最感兴趣的是什么呢？它可以帮您解决什么问题？解决这些问题很紧迫吗？为什么？

⑦ 可否请教下,除了我们,还有谁与您联系?您认为他们哪方面做得更好?
⑧ 除了您做决策,还有谁参与决策过程?
⑨ 您希望分批送货还是一次性送货?

四、做好沟通前的准备

1. 了解客户基本信息

客户开发人员在与潜在客户沟通之前,大体上需要掌握以下几项内容。在具体实施过程中可根据沟通需求或沟通目的适当选择。

(1) 客户的个人基本情况及家庭人口状况。
(2) 客户收入、支出、储蓄及家庭财产情况。
(3) 客户的消费偏好。
(4) 客户的信用状况。
(5) 客户需求及对本企业产品的认知程度。
(6) 客户经营状况及管理水平。
(7) 客户的主要合作伙伴。

对企业进行沟通前可以先完成对客户企业的基本信息调研,然后再选择沟通方式进行沟通,如表 3-6 所示。

表 3-6 客户信息调查表

客户名称				地址			
客户电话				传真			
接洽人员	法人代表		年龄	文化程度		性格	
	负责人		年龄	文化程度		性格	
	接洽人		年龄	负责事项		性格	
经营状况	经营方式	□积极 □保守 □踏实 □不定 □投机					
	业务状况	□兴隆 □成长 □稳定 □衰退 □不定					
	业务范围						
	销售方式	□合理 □偏高 □偏低 □削价					
	销量	旺季 ___月		月销量 ___	淡季 ___月		月销量 ___
	企业性质	□国有企业 □股份有限公司 □合伙店铺 □合资企业 □其他					
	组织员工人数	职员 ___人		管理层 ___人	合计 ___人		
同业地位及付款细则	地位	□领导者 □具有影响 □一级 □二级 □三级					
	付款明细						
	方式						
	手续						
与本公司往来情况	时间	主要采购产品		旺季每月金额		淡季每月金额	总金额

2. 了解客户对服务的基本要求

要成功地开发客户,需要业务人员提供优质的服务。要提供优质的服务,就要了解客户如何评价服务,了解客户对服务的要求。一般而言,客户对服务的要求主要有7个方面:可靠度、有形度、响应度、同理度、专业度、尊重度和参与度。

(1) 可靠度。可靠度是指企业或客服人员能够可靠地、准确地履行服务承诺的能力。对任何不同的行业或企业,可靠度都是客户最看重的一个指标。

(2) 有形度。有形度是指有形的设施、设备、人员等外在呈现出来的东西。客户刚开始接受服务时,通常是通过有形度来感受的。那些享誉全球、备受尊崇的企业,无一不是在客户与之接触的每个真实时刻,通过有形的、可感知的媒介,给客户耳目一新并为之一振的感觉和体验,从而形成鲜明的服务特色和品牌认知。

(3) 响应度。响应度是指服务的效率和速度。时间就是金钱,浪费客户的时间自然会影响他们的情绪。

(4) 同理度。同理度就是平常所说的同理心,是指服务人员能够在多大程度上理解客户的需求,理解客户的想法,设身处地地为客户着想,并给客户以特别的关注。这要求客服人员在客户需要帮助的时候,一方面理解客户的心情,另一方面要理解客户的想法,并对客户的立场和想法予以足够的尊重。有些企业有形度很好,但是同理度给人的感觉很差,让客户觉得服务人员高高在上、不关心、不尊重他,这将给进一步的沟通带来困难。

技能训练4:同理心倾听与回应技巧

我们公司要求客户在下雨天不要把雨伞带入商场,或者要套上胶袋才行,可是李女士不肯这样做。

你对她的行为的同理心回应是:

(5) 专业度。客户之所以选择这个企业,一是看这个企业是不是很专业,有没有解决其专业问题的能力;二是看其提供服务的人员是否很专业,能否提供专业的服务。专业度是建立信任的关键。当然,客户对客服人员专业度的要求,与企业品牌地位直接相关。

2011年"双十一"期间,国内知名品牌"湖南梦洁"床上用品选聘了一些在校学生担任临时客服。企业和学校过后总结,认为这次活动,由于客服人员的专业度与梦洁品牌的美誉度及客户的期望值落差较大,因而对企业品牌造成了一定程度的伤害。为了避免类似的情况再次出现,近几年来在"双十一"活动之前,公司都会安排专门的培训人员对临时客服进行专业培训,以提升临时客服的专业度。

(6) 尊重度。获得尊重是客户的基本需求。礼貌、友好的态度,对客户由衷的赞赏,准确了解客户的问题,对他们遇到的问题表示理解,这些行为都将有助于提升客户对尊重度的体验。

(7) 参与度。市场将越来越倾向于由消费者主导和掌控,这是现代商业社会最重要的特征之一。让客户有更多的体验机会、更多的参与空间、更多的决策权,这是提升客户服务体验的重要策略。可使客户体会参与感的方法包括询问客户希望如何解决问题,及时告诉客户进展情况等。

客户往往从以上七个方面来看待一个企业服务的优劣,但通常情况下,客户最看重的是可靠度,这是首选要素。既然客户是通过这些方面来评价我们所提供的服务,那么服务人员就必须通过这七个方面的努力来提升自己的能力,为客户提供更好的服务,赢得客户最大的满意。

3. 塑造职业化的个人形象

做好充分的准备之后,业务人员需要以非常职业化、非常敬业的态度来接待自己的客户,主要体现在以下两个方面。

(1) 职业化的第一印象

这是接待客户、欢迎客户最重要的一点。作为客户,他非常在乎业务人员带给他的第一感受。业务人员要通过穿着、外表等有形度的展示,给人以职业化的感觉。在与客户接近时,个人形象举足轻重。一名优秀的业务人员往往给人着装得体、气质优雅、干净利索、恰到好处的印象。

(2) 敬业、乐观的服务态度

良好的服务态度是敬业精神的最好体现。服务人员真诚友善的服务态度、对自身职业岗位的荣誉感和自豪感,对企业及产品的热爱和信心,会通过业务人员的微笑、言行、举止等细节源源不断地流露出来,并潜移默化地感染和温暖客户心灵深处,将为进一步的交流打开一扇又一扇沟通的窗口,架起一座又一座信任的桥梁。

4. 打造引人入胜的开场白

要想引起客户的注意,引发客户的兴趣,适时地开始谈话是成功的前提条件。一个积极的谈话开端可以分为以下几个阶段。

(1) 友好地问候客户。
(2) 积极地响应客户。
(3) 郑重地交换名片。
(4) 使用尊称进行交流。
(5) 寻找共同的话题。

技能训练 5:规划与客户沟通前的准备工作

学习小组以选定的研究企业为对象,通过前期工作,已经选择了合适的目标客户,现在要尝试去接触客户,请对沟通前的准备工作进行规划,如表 3-7 所示,说明理由并给出必要的分析结论。

表 3-7 沟通前的准备工作规划表

规划项目	规划内容	规划依据	备注
客户基本信息调研			
客户对服务的基本要求			
如何塑造职业化、专业化的个人形象			
开场白的准备			
其他必要准备			
分析结论			

五、选择沟通方式

选择合适的沟通方式,掌握相应的沟通技巧,是提高沟通效率的关键所在。良好的沟通,不管是通过电子邮件、电话,还是面对面,它都是一个双向过程。首先,你必须向客户表明,你已经明白了他们的意思;其次,还需要通过察言观色、见微知著,判断客户是否已经理解了你说的话。有些时候看起来是在沟通,实际上并没有真正理解对方的意思。因此,沟通的核心是获取理解并达成一致。成功的沟通必然是一个双向、互动的过程,也是双方不断增进理解和积累信任的过程。

良好沟通模式的构成要素:

(1) 选择合适的沟通方式:如果你需要和对方讨论一份长篇报告,使用电子邮件可能是最佳的选择,这样方便在报告中插入你的评语;如果需要和某位情绪激动的客户沟通,面对面的交流可能更有利于问题的解决。当某种沟通方式不适合解决某特定问题时,就不应拘泥于使用这一方式。

(2) 考虑客户的知识水平:不要使用客户难以理解的缩略词或专业词汇,或者浪费时间去解释一大堆客户已经知道的东西。

(3) 保持积极的沟通心态:对客户应态度友善,表现良好的亲和力;应尽量使用客户的名字或头衔称呼他们。

(4) 掌握良好的沟通技巧:为了提高沟通的效率和水平,客服人员应该不断提高个人的听、说、写等方面的技能。例如,在交谈时不要过于直率,但一定要简洁明了、切中要害;在写作时则务必删除那些词不达意的句子。

对于企业而言,搭建与客户间顺畅的沟通平台和桥梁是良好沟通的第一步。在这个技术日新月异的时代,人们之间的沟通工具越来越丰富、多样化。各类客户沟通工具对比分析表如表 3-8 所示。

表 3-8 各类客户沟通工具对比分析表

工具类型	沟通有效性	客户意见反馈速度	沟通成本	信息传递量
面对面	非常有效	很快	很高	大量
电话	较有效	很快	较高	较少
短信平台	一般	较慢	较低	最少
互联网平台	一般	很快	非常低	非常大
信函	一般	很慢	较低	较大
呼叫中心	较有效	很快	较低	较大
演示	较有效	很快	很高	较大

1. 电话沟通

电话沟通是个体沟通的一种主要方式,也是一种比较经济的沟通方式。下面针对电话沟通的流程和技巧进行阐述。

(1) 电话沟通的规划与准备。

① 树立良好的心态,尊重客户是成功的基础。

② 基础资料和沟通目标。
③ 充分的知识要素。
④ 电话角色和讲稿的准备。
⑤ 做好详细的电话记录。灵活运用5W1H技巧。When（何时）、Who（何人）、What（何事）、Where（何地）、Why（为什么）、How（如何进行）。
⑥ 电话营销的硬件设备的准备。

（2）电话沟通的接触与沟通。
① 电话沟通的好习惯。让电话响两声再接；拿起电话说"您好"；微笑着说话；请给对方更多的选择；尽量缩短"请稍候"的时间；若商谈的事情很多，请事先告知对方；让客户知道你在干什么；信守对通话方所做出的承诺；不小心切断了电话，应主动立即回拨电话；等对方挂断后再挂电话。
② 电话语音语调运用技巧。
③ 说好开场白。
④ 异议处理方法和技巧。
⑤ 客户信任关系建立。

（3）电话沟通记录与录入。即做好信息的归类、记录、录入与维护。
① 采集到的信息应及时分类录入，建立数据库客户信息档案。
② 电话营销人员筛查到的潜在客户信息和需要进一步电话跟踪的客户信息，需及时录入筛查系统，并设立系统提示功能。
③ 对于筛查到的有效商机信息（CRM激活状态以外的有效商机信息），及时提供给各属地分公司销售总监或总经理分配销售人员跟踪。

（4）电话沟通的分析、判断与客户跟进。

技能训练6：电话沟通话术分析

小王是社区快递新来的客服，今天接到一个客户电话。请针对下面的电话内容，指出小王和客户电话沟通过程中的不当之处，并给出改进意见。

（拨打热线客户A　客服小王B）

1B：喂，你好！
2A：你好，我是XX的一个用户……
3B：我知道，请讲！
4A：是这样，我发现前天我购买的XX产品已经过了保质期了……
5B：不会吧，那你当时就应该拒收啊！
6A：我当时没注意看，今天才发现……
7B：那我们也没办法，我把销售商的电话告诉你，你跟他协商吧。
8A：我是通过你们的平台购买的啊。
9B：我们只是中介，你直接跟销售商或生产商联系就可以了。
10A：你这样不是欺诈消费者吗？我要投诉！
11B：那我也没办法，你自己不看清保质期，怪谁。挂断……

请将不当之处的对话序号填到表格中的"错误之处"，并说明原因且进行修改。

错误之处	错误原因	修改结果

2. 书面沟通

书面沟通是以文字为媒体的信息传递,形式主要包括文件、报告、信件、书面合同等。(口头沟通是以口语为媒体的信息传递,形式主要包括面对面交谈、电话开会、讲座、讨论等。)书面沟通是一种比较经济的沟通方式,沟通的时间一般不长,沟通成本也比较低。这种沟通方式一般不受场地的限制,因此被广泛采用。这种方式一般在解决较简单的问题或发布信息时采用。在计算机信息系统日益普及的今天,书面沟通的形式也主要是以互联网作为平台进行沟通。

(1) 书面沟通的要素。书面沟通的要素主要涉及以下四个方面。

① 沟通目的。沟通的目的是指通过书面沟通所要取得的成果。例如,我们写信或发电子邮件的目的是:向他人提供他们所需要的信息;向他人索要我们所需要的信息;进行推荐或提供建议;要求他人采取行动。

有时,书面沟通能达到的只是其中的一个目的;而另外一些时候,一封信或一个备忘录却可能实现好几个目的。如果你在整个沟通过程中始终目的明确,便能从一开始就考虑好最佳的表达方式。

② 沟通内容。在开始写作前,明确下列要点:判断哪些内容是必需的,哪些内容是无关紧要的;决定文章的思路;明确哪些是需要特别强调或详细解释的事项。

③ 沟通形式。好的沟通形式易于读者的阅读和理解,从而有助于更好地表现文章的内容。例如:给文章冠以标题,以便一开始就能明确主题;把几个意思相关的段落组织起来,冠以小标题,使读者能够迅速掌握要点,并能很快对全文的大意有个了解;保持文章布局的平衡;运用图表更清楚地表达意思;保持形式的一致性。

④ 沟通风格。沟通风格会因人而异,以下是几个基本原则:简单、朴实的表达方式;使用简单的词汇和短语;开门见山,直奔主题;不能过于精简而造成理解困难。

(2) 书面沟通的优点与障碍

书面沟通本质上讲是一种间接沟通,这使得其有许多优点。

① 可以是正式的或非正式的,可长可短。

② 可以使写作人能够从容地表达自己的意思。

③ 词语可以经过仔细推敲,而且还可以不断修改,直到准确表达出个人风格。

④ 书面材料是准确而可信的证据,即所谓的"白纸黑字"。

⑤ 书面文本可以复制,可以同时发送给多人,传达相同的信息。

⑥ 书面材料传达信息的准确性高。

书面沟通的间接性也给书面沟通造成了一些特殊障碍。

① 发文者的语气强调重点、表达特色,以及发文的目的经常被忽略而使理解有误。

② 信息及含义会随着信息内容所描述的情况以及发文和收文的部门而有所变更。例如:

个人观点——收文者很容易忽略与他自己的看法有冲突的信息；发文者的地位——发文者是上司、部属或同一阶层的同事，会影响信息的意义；外界的影响——收文者能否专心阅读收到的信息，收文者的心情如何，你写这封函或备忘录的时候心情如何，这封函送达的时间是早上或是午餐的时候等。

③ 发文者选择的格式或时机不当。收文者就可能不太注意信息的内容。

（3）书面沟通适用的情形。书面沟通主要适用于以下几种情形。

① 简单问题，小范围沟通时（如3～5人沟通一下做出最终的评审结论等）。

② 需要大家先思考、斟酌，短时间不需要或很难有结果时（如项目组团队活动的讨论、复杂技术问题提前通知大家思考等）。

③ 传达非重要信息时（如分发周项目状态报告等）。

④ 澄清一些谣传信息，而这些谣传信息可能会对团队带来影响时。

（4）书面沟通的技巧。好的书面沟通形式是易于读者阅读和理解的，从而有助于更好地表现文章的内容，以下是一些这方面的小技巧。

① 给文章冠以标题，以便一开始就明确主题。

② 把几个意思相关的段落组织起来，冠以小标题，使读者能够迅速地掌握要点，并能很快地对全文的大意有个了解。

③ 在可用的页面空间内，尽量保持写作布局的平衡。

④ 尽可能运用图表。如果图表能够更清楚地表达你的意思，但不要为了图表而图表，这样只会分散读者的注意力并浪费时间。

⑤ 每层意思都单独成段。每个段落的数个句子都围绕一个中心思想展开。如果要求读者发表评论或依此行事，将段落进行编号通常会对读者很有帮助。

⑥ 保持形式的统一。

3. 网络沟通

网络沟通（Internet Communication）是指基于信息技术（IT）的计算机网络来实现信息的沟通活动。网络沟通与传统的沟通最根本的区别在于沟通媒介的不同，它凭借的是信息技术，特别是计算机网络及无线移动技术，而不再是电视、广播、报纸、杂志、招牌等传统媒介。

（1）网络沟通的特点和优势

网络这种新型沟通媒介，超越了时空的限制，使得沟通的内容更加丰富和广泛，也让信息的交互性极大地增强，可以实现"推"与"拉"相结合的互动性双向沟通。另外，网络化的数字媒体，让信息的管理和查询异常方便，特别是多媒体手段的介入，极大地提升了沟通的效果。作为商品交易的卖方，其客户群体明确而具体，使得沟通更具有针对性；作为买方，将面临更为丰富的产品选择，拥有更为全面的信息支持，使得消费行为更趋理性。

网络沟通的优势具体表现在以下方面：大大降低了沟通成本；使语音沟通立体直观化；极大地缩小了信息存储空间；使工作便利化；跨平台，容易集成。

（2）网络沟通的主要形式

1）电子邮件

电子邮件是一种用电子手段提供信息交换的通信方式，是Internet应用最广的服务。通过电子邮件系统，用户可以用非常低廉的价格，以非常快速的方式，与世界上任何一个角落的网络用户联系，这些电子邮件可以是文字、图像、声音等各种方式。与此同时，用户还可以获得大量免费的新闻、专题邮件，并实现轻松的信息搜索。这是任何传统方式都无法比拟的。

正是由于电子邮件的使用简易、投递迅速、收费低廉、易于保存、全球畅通无阻,它在商业活动中被广泛地应用,使商务沟通和交流方式发生了极大的改变。另外,电子邮件还可以进行一对多的邮件传递,同一封邮件可以一次发送给多人。最重要的是,电子邮件是直接提供人与人、点到点之间信息交流的系统,它的数据发送方和接收方都是人,所以极大地满足了广泛存在的人与人之间通信的需求。

2)网络电话

网络电话(Internet Phone,IP)按照工业和信息化部的《电信业务分类目录》,实现 PC TO PHONE,具有真正意义的 IP 电话。系统软件运用独特的编程技术,具有强大的 IP 寻址功能,可穿透一切私网和层层防火墙。无论您是在公司的局域网内,还是在学校或网吧的防火墙背后,均可使用网络电话,实现计算机—计算机的自如交流,无论身处何地,双方通话时完全免费;也可通过您的计算机拨打全国的固定电话和手机,和平时打电话完全一样,输入对方区号和电话号码即可,享受 IP 电话的最低资费标准。其语音清晰、流畅程度完全超越现有 IP 电话。通信技术在进步,我们已经实现了固定电话拨打网络电话。当通话方计算机上已安装的在线 uni 电话客户端振铃声响,对方摘机,此时通话建立。

3)网络新闻发布

网络新闻是突破传统的新闻传播概念,在视、听、感方面给受众全新的体验。它将无序化的新闻进行有序的整合,并且大大压缩了信息的厚度,让人们在最短的时间内获得最有效的新闻信息。网络新闻的发布可省去平面媒体的印刷、出版,电子媒体的信号传输、采集声音图像等流程。

4)即时通信

即时通信(IM)是指能够即时发送和接收互联网消息等的业务。自 1998 年面世以来,特别是近几年的迅速发展,即时通信的功能日益丰富,逐渐集成了电子邮件、博客、音乐、电视、游戏和搜索等多种功能。即时通信不再是一个单纯的聊天工具,它已经发展成集交流、资讯、娱乐、搜索、电子商务、办公协作和企业客户服务等为一体的综合化信息平台。

(3)网络沟通的策略

网络沟通本质上还是在和人交流,即使是面向陌生人。因此,现实生活中如何沟通,网络上也该如此。在网络沟通的礼仪上,首先要自信。自信,但要注意谦虚,做好细节,不要刻意放低自己。但是,如果对某个方面不熟悉,不要冒充专家。任何消息发送前,要仔细检查语法和用词,不要故意挑衅和使用脏话。

另外,要特别注意尊重对方,主要表现在以下方面。

尊重他人的隐私:不要随意公开私人邮件、聊天记录、视频等内容。

尊重他人的知识:人都会有犯错误的时候,不要好为人师,不要自诩高人一等。

尊重他人的劳动:不要剽窃,随意修改和张贴别人的劳动成果,除非他人主观愿意。

尊重他人的时间:在沟通提问前,先做必要的前期准备,以提高沟通效率。

下面介绍不同的网络沟通形式中常用的沟通策略。

1)电子邮件的沟通策略

① 主题应当精确恰当,不要发送无主题和无意义主题的电子邮件。要注意使用简单易懂的主题,以准确传达电子邮件的要点。

② 注意称呼,避免冒昧。当与不熟悉的人通信时,请使用恰当的语气,适当的称呼和敬语。

③ 注意邮件正文拼写和语法的正确,避免使用不规范的用语和表情符号。

④ 因为邮件容易丢失,因此应当小心查问,不要无理猜测并责备对方。在自己做到及时回复邮件的同时,不要对他人回复信件的时效性做过分期许。

⑤ 不要随意转发电子邮件,尤其是不要随意转发带附件的电子邮件。除非你认为此邮件对于别人的确有价值。邮件一般要使用纯文本或易于阅读的字体,不要使用花哨的装饰。最好不使用带广告的电子邮箱。

⑥ 如果不是工作需要,尽量避免群发邮件,特别是不要参与发连环信这种活动(把这条消息发送给 10 个好友之类)。群发邮件容易使收件人的地址相互泄露,因此,最好使用邮件组或者暗送。两个人商量事情牵涉到第三方时,应该将邮件抄送给第三方。

⑦ 在给不认识的人发送邮件时,要介绍一下自己的详细信息,或者在签名中注明自己的身份。没有人乐意和自己不明底细的人讨论问题。

⑧ 如果对方公布了自己的工作邮件,那么工作上的联系不要发送到对方的私人信箱。没有人乐意在和朋友们联系的信箱中看到工作上的问题。

2)即时通信的沟通策略

① 不要随便要求别人加你为好友,除非有正当理由。应当了解,别人加不加你为好友是别人的权利。

② 在别人状态为"Busy"的时候,不要轻易打扰。如果是正式的谈话,不要用"忙么""打扰一下"等开始对话,让对方做无谓的回复,而是把对话的重点压缩在一句话中。

③ 如果谈工作,尽量把要说的话压缩在 10 句以内。

④ 不要随意给别人发送链接,尤其是不加说明的链接。随意发送 URL 是一种很粗鲁的行为,属于强制推送内容给对方,而且容易让别人感染病毒。

3)论坛社区的沟通策略

① 尊重别人的劳动,不要随意转载,不要做语文老师,或者否定对方知识层次。不要自诩高人一等,切忌使用侮辱性的词句。

② 不要做鉴定师和价值判断人。不要断章取义,不要抓住对方的一句话发挥,要认真阅读全文后再发言。

③ 在发表个人观点时,说出理由,不说脏话。

 ## 实施客户开发

一、客户开发的具体流程

客户开发是指销售业务员将企业的潜在客户变为现实客户的一系列过程,包括:寻找客户、联系客户、销售准备、接近客户、了解需求、销售陈述、克服异议、达成协议八个环节,如图 3-2 所示。

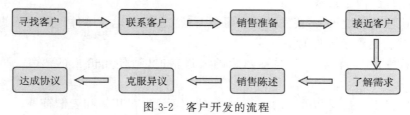

图 3-2 客户开发的流程

1. 寻找客户

寻找客户即找到对本公司产品有需求的单位,了解客户相关信息。销售业务员要做个有心人,通过各种渠道与方式将潜在客户找出来,并了解客户单位与主要负责人的相关信息。为筛选、联系与拜访客户做准备。

2. 联系客户

联系客户的方式有很多:打电话、发邮件、信函、拜访等,但现实中用得最多的是打电话,即使用其他方式,也离不开电话,因为电话是最简单快捷的通信工具。

3. 销售准备

(1) 销售资料的准备。名片、公司画册、样品、报价单、公司小礼品、演示辅助工具、合同样本等要准备好。

(2) 客户异议预测和应对的准备。根据以往的经验,结合目标客户的一些实际情况,列出客户可能会提出的异议,做好应对准备。以免临时被弄得措手不及。

(3) 仪表修饰和个人心态的准备。以良好的仪表、精神饱满、信心满怀的形象去见客户,最好事先打个电话预约一下,既是出于礼貌也是让客户有所准备。

4. 接近客户

接近客户的关键是要给客户留下良好的第一印象,需要注意以下三个方面。

(1) 良好的外表。良好的外表并不是指容貌的漂亮,而是指服饰整洁得体。穿着与自己的身份、销售的产品和公司的形象相符。

(2) 良好的身体语言。身体语言包括握手、目光接触、微笑、交换名片等。

(3) 营造轻松的氛围。与客户面谈要注意营造一个轻松、愉快的氛围,避免形成与客户对立和过于商务化的环境,以免给双方造成压力。

5. 了解需求

(1) 了解需求的方法。销售业务员一般采用发问的方式来了解客户的需求,发问的形式有开放式发问与封闭式发问。开放式发问一般用"为什么""怎么样"等句式来发问,以提供给客户较大的回答空间,更多地了解客户的实际情况。封闭式发问一般用来取得或确认简单的答案。比如:"是吧""对吧""行吗"等句式,封闭式的问题限定了客户的谈话空间,因此容易得到明确而简单的回答。在发掘客户需求时,应尽可能地多用开放式的问题而少用封闭式的问题;在向客户确认自己的理解或想引导客户谈话的方向时,使用封闭式的问题还是很有必要的。

(2) 控制谈话局面。销售业务员要注意发问与聆听相结合以便控制谈话局面。能否有效地控制与客户谈话的局面关系到销售行为是否能顺利开展,如果不能有效地控制谈话的局面,就会产生很多问题,比如:业务员不能了解客户的真正需求,只能被动地回答而失去展示自己产品特点或优点的机会。那么如何控制谈话的局面呢?一个很重要的方法是利用反问法,在遇到客户试图掌握谈话主动权时,如果他在不停地向你提问,那么业务员就应利用反问来及时扭转自己被动的局面,引导客户的思路向自己希望的方向转变,从而掌握谈话的主动权。

(3) 有效聆听。一要有目的地听,放弃客户话语里与意愿无关的信息,捕捉客户话语中关于需求的真实意愿。二要把握谈话的重点,有效地引导客户的谈话方向,让客户提供你最想了解的信息。三要收集有效的信息。采用心记加笔记的办法,同时,要及时地给客户一些反馈,如通过发问确认自己的理解或者通过点头、微笑等来传递你的认同。

6. 销售陈述

（1）推荐时机。业务人员常见的一个错误就是，在他们对客户的需求还没有搞明白之前，就过早地开始推荐产品，甚至有些业务人员根本不去关心客户的需求，而只是一味地介绍产品。

为了使业务能够更顺利地进行下去，为了减少客户的不同意见，业务人员要把握好产品推荐的时机，不要过早地推荐产品。当下列情况同时发生时，业务人员推荐产品获得成功的可能性将大大增加：

① 客户有明确需求，且双方达成共识；
② 客户愿意与服务人员沟通；
③ 服务人员可以解决。

（2）陈述的内容与步骤。一是产品基本情况的介绍，包括产品生产企业、性能、功能、服务、包装等。二是产品的特点、优点的介绍，即在同类产品中，本企业产品的特点与优点是什么。三是给顾客带来的利益，销售业务员在做陈述时要考虑对各种信息做相应的取舍。陈述可以做这样的排序：客户必须知道的信息、客户最好知道的信息、可知道或可不知道的信息、没有必要知道的信息，业务员要重点介绍客户必须知道的信息。

推荐方法——FAB模式。要将产品或服务的特点转化为客户利益，通常可以采用 FAB（Feature-Advantage-Benefit）模式进行客户利益方案推荐。所谓 FAB，即特点—优点—利益，就是根据客户的需求，陈述与客户需求有关的特点，并且强调这些特点给客户带来的利益和好处。其实"特点"是指产品或服务的基本特性/功能。应强调独特的卖点（Unique Selling Proposition，USP），又称独特销售主张，从而增加竞争优势。"优点"是指从特性/功能引发出来的、具有明显便利的用途。也就是产品的这个特点可以帮助客户做什么。"利益"是指该用途能够为客户带来的益处。本书强调使用独有的商业价值（Unique Business Value，UBV），也就是指 USP 能带给客户的价值和利益是什么。

业务人员在进行产品 FAB 描述时，要尽可能地用自己的 USP 来表明 UBV，还要注意利益的陈述定要与客户的需求有关；如果所陈述的利益没有与客户的需求相联系，那就不算是利益陈述，只能算是功能或优点陈述。

（3）陈述应注意的问题。须注意三个方面：一是使用积极的语言，引导客户从有利的一面看待产品，从而促进成交。二是提高声音的表现力。三是运用非语言的力量，包括形体、动作、着装、姿势、面部表情甚至语气等，以此赢得顾客的认同。

7. 克服异议

（1）客户异议的原因。异议是指客户的不同意见。其实质是客户对产品、服务及相关情况的疑虑或不满。

（2）克服异议的风格。销售业务员克服异议的风格有两种：一是竞争型。销售业务员坚持自己得到最大的利益，常常以失败告终。二是合作型，双方共同协商找到解决问题的办法，以实现双赢为导向。

（3）处理异议的步骤。处理异议可采用如下的四步法。

第一，采取积极的态度。当客户提出一些反对意见时，应该说是件好事，他们往往是真正关心这个产品，有比较强烈的购买意向，但自身有一些要求又不知道销售方是否能给予满足，于是导致异议产生。

第二，认同客户的感受。认同不等同于赞同，赞同是同意对方的看法，而认同是认可对方的感受。理解对方的想法,但并不是同意对方的看法。销售人员要做的不是赞同而是认同。认同的作用是淡化冲突,提出双方需要共同面对的问题,以利于进一步解决异议。

第三,使反对意见具体化。客户反对的细节是什么?是哪些因素导致了客户的反对?找出异议的真正原因。如何使反对意见具体化,可以采用发问的方式。

第四,给予补偿。在掌握了客户异议的真实原因之后,给予客户补偿是解决问题、达成交易的一种有效途径。其方式有:用产品的其他利益对客户进行补偿、巧将异议变成卖点等,给予补偿时应考虑自己让步的权限范围有多大,让步的价值和自己所要求的回报是什么等。

8. 达成协议

(1) 主动提出交易。销售业务员为什么要主动提出达成交易?因为客户往往很少主动地提出达成交易,需要业务员提醒;如果不能及时、主动地提出达成交易,而是消极被动地等待的话,就可能得不到这笔生意;主动提出交易的一方,在谈判中占据优势地位。销售业务员不能主动提出达成交易最主要的原因是心理障碍。不好意思提出或者对自己的产品及本人没有信心。

(2) 把握达成协议时机。销售业务员要掌握达成协议的时机,如果达成协议的时机把握不好,常常会造成最后签约的失败,把握好达成协议的时机就好像把握炒菜的火候一样,只有适时出锅的菜味道才是最好的。

把握达成协议的时机很关键的一点是留意购买信号,在面谈的过程中,随着客户对销售产品的熟悉以及对销售员本人的认知变化,客户的态度也会随之发生相应的变化。如果客户的态度变化趋向于积极的方面,往往就会发出一些购买信号,这些购买信号就预示着达成交易的时机已经到来。这些购买信号既包括客户积极的话语,也包括客户的一些身体语言。例如微笑、眼神及点头等,有时在交谈过程中的忽然沉默也是一种特殊的购买信号。

(3) 达成协议的方法。达成协议的方法主要有以下三种。

一是直接法达成协议。直接法是指销售员得到客户的购买信号后,直接提出交易的方法。使用直接法可以尽快地缩短达成交易的时间,以保证尽快签约。其实,直接法并不意味着简单地提出交易,在直接提出交易之前,销售员往往已经做了大量的准备工作。

二是选择法达成协议。选择法是销售员给客户提供一些备选的方案,然后引导客户从备选方案中选择一个。使用选择法时要注意以下一些因素:提出的建议都是销售员想要的;最好不要提出两个以上的选择,选择太多反而令客户无所适从,也降低了达成交易的概率。

三是总结利益法达成协议。总结利益法是销售员把客户与自己达成交易所带来的所有的实际利益都展示在客户面前,从而促使客户最终与自己达成协议。总结利益法有以下三个步骤可以遵循:总结客户最关心的利益,总结销售过程中已成功处理过的反对意见,及时地建议成交。

> **阅读资料**
>
> 　　同样是面对准客户,有的业务员程式化的推介方式和空洞的产品介绍,毫无吸引人之处,总是被客户冷冷地拒之门外。但如果换一个思路,为客户多提供一份方案,事情或许就会变得意想不到的顺利。案例对比:

草率而为,导致无功而返

A企业的业务员小张通过别人介绍认识了某地的准客户谢某,便亲自上门拜访。初次见面,一番寒暄之后,小张切入了主题。他将A企业的简介、产品、政策——向客户做了详细介绍,但谢某听后只是淡淡地说:"你们的企业和产品不错,不过另一个企业的产品价格比你们低,所以你们的产品我无法销售。再加上市场前景无法预测,我们还是有机会再合作吧。"面对谢某的婉言拒绝,小张尽管不死心,却没有其他办法去说服对方,只得怏怏地告辞离开。

一个方案,让客户点头

谢某是A企业锁定的理想客户。面对小张的无功而返,企业派出了另一位经验丰富的业务员小李,并且下了硬指标。小李接到任务后,并没有像小张一样急于拜访客户。因为他知道小张已经失败了一次,如果再草率前去,不但给客户开发带来难度,恐怕还会引起谢某的反感,导致客户开发失败。他先侧面对谢某公司做了全面了解,然后就开始在市场上进行详细调研,形成了一份完备的方案。拿着这份方案,小李信心十足地去拜访谢某。

谢某起初看到小李并不十分热情,只是淡淡地应付了几句。小李见状,开门见山向谢某介绍了自己的市场推广方案。从谢某所在市场的基本情况,如人口数量、市场规模、消费水平、市场结构等,到竞品情况,如价格、政策、主要销售区域、存在的问题以及销量分析等,再到阐述A企业和产品的定位,以及与竞品相比的优劣势所在,不免让谢某觉得这个业务员水平不一般。最后,小李还为谢某操作A企业的产品提供了一些具体建议,包括:详细的价格设置、通路设置、消费群体和主要消费场所锁定、操作要点及步骤、企业投入与扶持、谢某需要投入的资源和投入产出比等。谢某看着小李这份完整而详尽的市场推广方案,听着他头头是道的讲解,频频点头。最后终于高兴地表示马上与A企业签订合作,并邀请小李担任他的经营顾问。

同样的企业,同样的产品与资源,同样的开发对象,小张的客户开发为什么会失败?原因就在于他只是就产品而推产品,就企业而推企业,这样没有新意的客户开发形式难怪会遭到客户拒绝。而小李之所以能够开发成功,就在于他前期做了充足的准备工作,通过市场调研,向客户提供了一套行之有效的、完整的市场推广方案。客户看到这么有吸引力和可操作性的方案,不心动才怪!

技能训练7:小组以选定的研究企业为对象,填写客户开发计划表。

客户开发计划表:结合前面建立的潜在客户名录,并评估潜在客户情况,然后选择信用状况良好、经营业绩优良的客户作为重点开发对象,并为新客户开发提供背景资料,然后填制客户开发计划表,如表3-9所示。

表3-9 客户开发计划表

客户名称	拜访对象	地址	电话	拜访时间安排												备注
					1月	2月	3月	4月	5月	6月	7月	8月	9月	10月	11月	12月	
				计划													
				实际													

续　表

客户名称	拜访对象	地址	电话	拜访时间安排													备注
					1月	2月	3月	4月	5月	6月	7月	8月	9月	10月	11月	12月	
				计划													
				实际													
				计划													
				实际													

▶▶

技能训练 8：小组以选定的研究企业为对象，填写新客户开发日程记录表。

新客户开发日程记录表：在访问客户前或进行业务洽谈后，要及时填制新客户开发日程记录表，将每天的进展情况、取得的成绩和存在的问题，及时向企业相关负责人反映，如表 3-10 所示。

表 3-10　新客户开发日程记录表

客户名称	拜访对象	滞留时间	初次拜访	再次拜访	业务进度					不在	客户类别			备注
					接近客户	产品说明	产品展示	建议书	缔约		热心	一般	冷淡	
当日	拜访数量													
	回访数量													
累计	拜访数量													
	回访数量													

▶▶

技能训练 9：小组以选定的研究企业为对象，填写新客户开发报表。

新客户开发报表：对于新开拓的客户，应填制新客户开发报表，以呈报主管部门设立客户资料管理卡，建立客户档案，如表 3-11 所示。

表 3-11　新客户开发报表

客户名称		电话	
企业地址		传真	
工厂地址			
负责人员			
推销产品			
第一次交易额及品名			
开发经过			
备注			
批示			

二、客户开发的常用工具

在开发客户过程中,客户服务人员能够恰当选用各种开发工具,便能达到顺利向客户介绍产品并说服客户购买,实现客户开发的目的。客户开发常用的开发工具有很多,概括起来有如下几种。

1. 样品

做工比较精良、造型比较精美的产品样品是最好的销售工具。通过这一工具,可直接向客户展示产品的相关功能和特色,吸引客户的购买欲望。需要注意的是,样品是客户建立产品印象的主要依据,不好的样品直接导致客户对产品较差印象的产生。因此,客户开发人员在拜访客户需要精心挑选样品,努力使样品达到"完美无缺"。

2. 推荐信

推荐信具有很重要的作用,它是向目标客户展示产品或服务可令其满意的最好证明。已有客户所写的推荐信能够从侧面介绍并证明产品或服务功效,具有很强的客观性。好的推荐信对客户的开发来说能够起到事半功倍的作用。

3. 名片

名片是现代商业交往中不可缺少的必备工具之一,由于它成本低且保存时间长,因此在客户开发过程中具有不可替代的作用。通过名片,客户开发人员给目标客户留下了第一印象,透过它,可以使客户了解商品的性质、用途,进而产生购买的欲望。

4. 图片(或产品模型)

产品的图片或模型将产品的实体形式形象地展现在客户的面前,使得原本死板、生硬的产品,鲜活地呈现在客户面前,更容易打动客户。

5. 权威认证

权威部门的认证标志着企业的产品或服务达到了专业标准的规定。由于权威部门在客户心目中是最专业知识的代表,获得了这些部门的认可就是对企业的信誉和品牌形象的认可。权威的认证能说服和打动客户,使客户能够对企业的产品放心,促发其购买行为。

6. 媒体报道

当今时代是一个"眼球经济"的时代,各种媒体通过不同渠道极大地吸引了受众的注意力,源源不断地向客户传达着多样的信息。媒体的正面报道和宣传起到了对客户购买的直接引导作用。

7. 客户数据库

客户数据库和数据库营销技术可以帮助企业更有效地识别潜在客户需求,开发合适的产品与服务,设计有针对性的沟通传播策略和其他营销策略,显著提高客户开发工作的效率与效果。在进行客户开发工作的过程中,企业需要注意收集和分析每个客户购买行为的历史信息,特别是购买的产品种类、数量和价格,购买日期,购买地点等信息,这些都是客户开发所需要的基本数据。

8. 数据挖掘

客户开发所进行的数据挖掘可以有很多不同的方法,比如产品交叉分析、客户匹配分析和客户反应分析等。产品交叉分析是为了识别出哪些产品和服务最有可能同时购买。客户匹配分析则是通过识别出哪些客户具有相似的购买行为,进而为客户推荐其他客户已经购买过的产品。客户反应分析是利用一些统计方法来识别出哪些客户对新产品与服务具有较高的反应率。

三、客户开发的方法

常用的客户开发方法有很多种,如逐户寻访、电话拜访、广告开发、网络推广、短信推广、直邮、面谈法等。

(1)逐户寻访法。又被称为"地毯式寻找客户法",即针对某特定区域,挨家挨户拜访以发掘客户的一种开发方法。

(2)电话拜访法。即通过打电话逐个寻找客户的一种方法,采用该方法要注意谈话技巧。

(3)广告开发法。即利用广告媒体来发布产品信息,突出自己的产品特点,突出对客户的价值,吸引客户前来咨询,由销售人员对被广告吸引来的客户进行销售的一种客户开发方法。

(4)网络推广法。即利用商业网站、行业协会网站、商会网站、专业网站、区域网站、展会网站等来进行客户开发的方法。

(5)短信推广法。即利用发送短信的方式介绍公司产品相关信息,吸引客户前来咨询,再由销售人员对被短信吸引来的客户进行销售的一种客户开发方法。

(6)直邮法。即直接以邮寄信函的方式给客户发资料,介绍公司、产品的优势来开发客户的一种方法。

(7)面谈法。即通过专人上门拜访,与客户面对面介绍公司和产品的一种客户开发的方式。

(8)连锁介绍法。即通过老客户的介绍来寻找有可能购买该产品的其他客户的一种方法。

(9)会议开发法。即相关人员利用举办或参加新闻发布会、新产品洽谈订货会、产品展销、贸易年度洽谈会、展览会的机会,广泛宣传自己的产品和政策,与其他与会者建立联系,寻找客户的方法。

(10)资料分析法。即通过分析各种有关的情报资料的方式来开发客户的方法。

不同类型的客户开发方法有着各自不同的适用条件和优缺点,如表3-12所示。

表 3-12　常用客户开发方法的优缺点比较

开发方法	优　点	缺　点
逐户寻访	• 面对面沟通,直接有效 • 可借机进行市场调查,增加对行业真实的了解	• 盲目性大 • 耗费大量的人力、时间
电话拜访	• 可及时得到客户的反馈	• 无法详细介绍产品 • 盲目性大 • 耗费大量的人力、时间
广告开发	• 传播速度快 • 节约人力、物力 • 覆盖范围广 • 若操作得当,可以同时提升品牌形象	• 目标选择性较差 • 费用高昂 • 难以直接了解客户的反映
网络推广	• 信息量大 • 成本较低 • 传播速度快	• 无法传达到未通网络地区 • 无法开发非网民客户
短信	• 覆盖的范围往往比较广,涉及客户数量较多 • 内容可进行精心的设计	• 盲目性大 • 信息量有限 • 回复率较低
直邮	• 覆盖的范围往往比较广,涉及客户数量较多 • 内容可进行精心的设计	• 成本高 • 时间跨度较长 • 回复率较低
面谈法	• 面对面沟通,印象深刻,直接有效 • 增加对行业真实的了解	• 需要消耗较多的人力、时间
连锁介绍法	• 信息较准确 • 具有说服力,成功率较高	• 事先难以制订完整的客户开发访问计划 • 销售人员常常处于比较被动的地位
会议搜寻法	• 可以同时提高自己品牌的影响力 • 潜在客户集中,搜导效率较高	• 费用较高 • 有时易引起开发对象的反感
资料分析法	• 来源是很多的,容易搜集 • 能较快了解到市场容量和客户状况 • 开发成本相对较低	• 资料的时效性较差 • 资料的针对性不强

案例(以纯):亲友推广

同伴:重视、鼓励。亲友:优惠、情感投资。

例如:您好,您真有耐心,陪您朋友这么长时间,对您的朋友真好,这是我们的新品画册,您看看打发下时间,以后自己买衣服时候也可以参考下,您一般喜欢时尚点的,还是休闲点的呢?

例如:两位品位都很好,难怪人家说喜好一样的人容易成为朋友,刚才您帮朋友选的那件衬衫也非常适合您的风格,反正要等朋友,不妨也试穿一下。再让您的朋友看下效果。

技能训练 10:客户开发

以选定的研究企业为对象,实施具体的客户开发任务,如表 3-13 所示。

表 3-13 客户开发任务表

客户开发流程	实施计划设计	实施时间及人员安排
寻找客户		
联系客户		
推销准备		
接近客户		
了解需求		
销售陈述		
克服异议		
达成协议		
任务小结	知识小结	团队收获

3.4 实战演练

1. 操作步骤

某保险公司新推出一款教育金保险计划,客户经理电话联系现有老客户,告知他们公司花重金邀请某感恩励志教育咨询中心首席心理咨询师××到公司讲课,邀请他们带孩子去听讲座,免费的,还可以邀请他们的朋友带孩子来参加。

活动过程:先是心理咨询老师为到会的家长孩子们做了一场别开生面的感恩励志教育课,在场的听众无不感动异常,许多人当场落泪,亲人间相拥而哭,经受了一次令人震撼的心灵的洗礼。然后保险公司讲师给大家讲解了公司新推出的一款适合买给孩子的教育金保险计划,突出讲解了此款产品教育保障并重、灵活领取、保障灵活可调、保费可以豁免、交费无忧等特色。最后还留了时间给大家,与心理咨询老师互动:签名赠书,签名售书;与业务员互动:产品讲解、释疑、促销(送书、光盘、邮票、纪念品等)、现场申购(申购确认函);填写一份简单的问卷。

问卷表:××公司感恩爱心传递

尊敬的嘉宾:

您好!

为了感谢新老广大客户的支持,更好地推动感恩励志教育,回馈社会,感谢您配合完成以下调查。

(1) 本次感恩励志讲座对您及孩子总体是_____。

A. 很有帮助　　　　　B. 有帮助　　　　　C. 没有帮助

(2) 您最关注孩子以下哪方面的品质_____。

A. 孝顺　　　　B. 感恩　　　　C. 善良　　　　D. 独立

(3) 您觉得身边亲朋好友的孩子是否需要感恩励志教育:_____。

A. 非常需要　　　　　B. 需要　　　　　C. 应该不需要

您推荐需要参加感恩励志教育讲座的朋友:

序号	姓名	电话	孩子几岁	关系
1				
2				
3				
4				
5				

备注:关系可选择"亲戚、朋友、同事、同学"

您朋友还可享受××公司提供的以下超值服务:
(1) 参加××公司举办的感恩励志教育讲座。
(2) 每月免费赠阅××公司客户服务报(内含各种时尚前沿资讯)。
(3) 免费保单年检。
(4) 公司近期的客户答谢活动。

××公司客户服务经理:
联系电话:

第一步:小组(客服团队)讨论,(做成PPT)。
(1) 你看到了哪些客户?哪些是现有客户,哪些是潜在客户?
(2) 如何进行客户开发?(例如:对于客户推荐的"需要参加感恩励志教育讲座的朋友",你将如何进一步接近客户、进行客户开发?)
(3) 如何建立和维护这些客户关系?
第二步:制定客户开发计划书草案(做成PPT)
(1) 目标客户的确定分析;
(2) 企业自身条件分析;
(3) 客户开发的实施计划,具体包括客户开发的工具选择,客户开发的方法,客户沟通的技巧,工作流程等。
第三步:拍摄视频资料(客户开发情景模拟)。

2. 注意事项

(1) 教师注意要事先将教学班的学生按照自由组合或按寝室分成不同的客服团队,确定团队负责人,以团队的形式共同完成客户开发的工作任务。
(2) 注意综合运用多种途径和方法,有计划、有组织地去寻找和识别潜在顾客。
(3) 注意客户沟通的技巧;注意选择适合的沟通方式。
(4) 注意客户开发的具体流程和技巧的灵活运用;注意客户开发的工具选择;注意客户开发工作的有效性和高效性。

3. 效果评价

根据学生上课出勤、课堂讨论发言、作业完成情况等进行评定。首先由各客服团队主管对团队内各成员的任务完成情况进行成绩评定(优秀、良好、中等、及格、不及格),如表3-14所示,然后由指导老师对各团队提交的成果报告PPT、视频资料、讲解情况进行点评,如表3-15所示。最后综合评出各客服团队的技能实战成绩,并按照以下公式进行加权计算,给出团队个人最终成绩。

个人最终成绩=客服主管评定成绩×30%+指导老师评定成绩×70%

表 3-14　客服主管评定组内成员成绩表

项目小组成员姓名	小组成员成绩					备注
	优秀 (90 分以上)	良好 (80~90 分)	中等 (70~80 分)	及格 (60~70 分)	不及格 (60 分以下)	

表 3-15　指导老师评定成绩表

评价指标	分值	评分	备注
案例分析 PPT	20 分		
案例讲解	20 分		
视频资料(客户开发情景模拟)	40 分		
问题解答(小组或老师提问)	20 分		
总体评价	100 分		

3.5　分享与反思(分享典型范例和学习反思)

分享 | 5 个赞赏

如何引导刚进店的顾客。

1. 引导无目标商品顾客

属性：大部分。

分析：没有目标商品,但心理有期望。

现象：两种表现。

表现 1：顾客东张西望。

表现 2：顾客在某区域浏览。

策略：了解需求,引导其对某一产品的关注(把握期望最重要)。

案例：

情景	思路	话术案例
顾客东张西望	建立交流 缩小范围	您好,想看看什么款式,我帮您介绍一下。 您好,您想要看上衣,还是裤子呢?
顾客在某区域浏览	了解需求 锁定类别	我们裤子(外套、上衣)款式(颜色)很多, 您喜欢宽松(休闲)一点的还是修身一点的?
主动接近顾客	开门见山	您好,欢迎光临以纯,一楼女装,二楼男装 您好,欢迎光临以纯,我叫……很高兴为您服务

2. 引导有目标商品顾客

属性：多偏男性，或者顾客之前看过，或现场对产品有了兴趣。

分析：有目标商品，但仅停留在兴趣阶段。

现象：三种表现：

（1）顾客直奔某一服装；

（2）顾客看着服装思考；

（3）顾客触摸某件服装。

策略：加强兴趣，引导试穿。

案例：

情景	思路	话术案例
顾客直奔某一服装	（赞美＋引导＋鼓励试穿）	您的眼光真好，这款穿在您身上会显得非常大方，特别是搭配这条锥形裤更显利落干练（立刻将裤与衣服成套搭配展示给顾客看）（稍做停顿）我帮您拿合适的尺码试穿一下吧。 您喜欢这款吗？这是今年畅销款哦，而且这种优雅大方的风格与您的气质很搭，我帮您拿合适的尺码试穿一下吧。
顾客看着服装思考	不让顾客等太久	您好，(手摸产品、面带微笑)不好意思，请问您看的是这个款式吗？它有好几种颜色，穿起来给人不同的感觉，不知您想要怎样的效果呢？ 您好，不好意思打扰一下，您喜欢的是这个款式吗？
顾客触摸某件服装	强调卖点 鼓励试穿	您的眼光真好，这是今年的爆款，衣服采用修身版型设计，穿在身上很能凸显您苗条的身材，不知您喜欢什么颜色，建议可以试穿一下。

顾客触摸某件服装演练。

您的眼光真好，这是今年的卖得超爆的短装夹克！（赞美）

后背字母印花设计，前幅金属圆环飘带个性时尚，(把衣服拿起来，做FAB介绍。)

这款潮流卫衣＋复古运动裤加这双小白鞋和短装夹克搭配起来效果特别的好，凸显时尚街头范（搭配）。

亲，建议可以试穿一下……（成套赞美）。

3. 引导主动咨询的顾客

情景	思路	话术案例
顾客提出需求	不着急给答案，进一步挖掘顾客需求	顾客：这个款有没有颜色深点的？ 导购： 好的，我帮您看一下。 您好，我想了解下，您想要深色是主要是想要怎样的效果呢？想显得更苗条呢，还是比较简单低调些？
顾客看完商品再看导购	问好，直接介入 / 等待顾客说话	您好…… 您好，有什么可以帮您？ /

总结：紧跟顾客的眼神才能有效引导；激发兴趣、关注顾客本身才是有效引导。

（资料来源：以纯客服培训资料，2019）

学习反思 | 5 个赞赏

首先将团队与个人学习目标进行逐一对比,以清单列表或思维导图,分解出已完成和未完成两部分;然后用 3～5 个关键词描述自己团队在完成本项工作任务中未能解决的问题与所遇障碍;最后对照最佳客服团队,归纳出自己团队未完成部分的主要原因和对应责任,提交反思报告。

问题与障碍:

 技能自我测试 | 5 个赞赏

一、**选择题**(每小题 3 分,共 10 小题,总共 30 分)

1. (　　)是客户开发工作的起点。
   A. 确定目标客户　　　　　　　　B. 目标客户的分析
   C. 企业内部环境分析　　　　　　D. 客户开发实施计划

2. 克服客户异议的第一步是(　　)。
   A. 采取积极的态度,允许并鼓励客户提出异议
   B. 认同客户提出异议时的心理感受
   C. 使客户反对意见具体化,了解客户异议的真实情况
   D. 在掌握了客户异议的真实原因之后给予补偿

3. 当公司的业务量达到满意程度时,所面临的就是下列哪一项需求(　　)。
   A. 潜伏需求　　　　　　　　　　B. 下降需求
   C. 过量需求　　　　　　　　　　D. 充分需求

4. 调查公司治理结构(包括投资者、经营管理者)、关联企业、对外投资、企业经营等情况,目的是为了获取信用客户的(　　)。
   A. 客户基本信息　　　　　　　　B. 经营管理信息
   C. 财务信息　　　　　　　　　　D. 行业与经营环境信息

5. 在市政、公安、交管、邮政、电信、银行、保险、证券、电力、IT 和电视购物等行业广泛应用,并需要利用现代通信与计算机技术的客户沟通工具是(　　)。
   A. 电话　　　　　　　　　　　　B. 互联网平台
   C. 呼叫中心　　　　　　　　　　D. 信函

6. 客户对产品的功能需求和形式需求以外的附加需求的要求,称为(　　)。
   A. 功能需求　　　　　　　　　　B. 外延需求
   C. 形式需求　　　　　　　　　　D. 价格需求
7. 在客户开发过程中,下列哪一项属于企业自身条件的分析(　　)。
   A. 目标客户的现状分析　　　　　B. 企业的供货能力分析
   C. 客户需求分析　　　　　　　　D. 客户的购买行为分析
8. 销售人员通过他人的直接介绍或者提供的信息进行顾客识别,可以通过销售人员的熟人、朋友等社会关系,也可以通过企业的合作伙伴、客户等由他们进行介绍客户,称为(　　)。
   A. 普遍识别法　　　　　　　　　B. 广告识别法
   C. 介绍识别法　　　　　　　　　D. 委托助手识别法
9. 顾客卡的内容主要是客户个人和组织的基础性资料,重点是了解客户需求特征、可能的购买时间、地点和方式等。这类顾客卡属于(　　)。
   A. 潜在顾客调查卡　　　　　　　B. 现有顾客卡
   C. 旧客户卡　　　　　　　　　　D. 客户名册
10. 下列哪些沟通工具的沟通成本很高(　　)。
    A. 互联网平台　　　　　　　　　B. 短信平台
    C. 面对面　　　　　　　　　　　D. 演示

二、分析题(每题10分,共30分)

1. 同理心倾听与回应技巧

一位客户打电话来说:"你们的服务态度太差,我来办业务排了很长的队,排得心很烦了,可是服务人员说话声音又小。"

接待人员的同理心回应是什么?

2. 客户跟进

一位顾客曾多次来看墙纸,并且取了一些样本回家,但他不能确定哪种墙纸才合适。你刚刚知道,你们有一个供应商赞助了一个墙纸讲座,由一位著名的设计师主讲。

你该如何及时跟进?

3. 小张决定用一种受欢迎的软件来编辑自己的图片,他以前没有试过用电脑编辑图片,他是在杂志中看到这种软件的介绍,觉得会符合他的要求。他在星期六早上去商场购买那个软件,他必须在星期日午夜前完成编辑工作并寄出图片。你是服务小张的售货员,但是你发现这个软件没有货,这个月有很多人来买它。你问过采购员,他说随时有新货到。事实上,新货本应昨天送到。

你现在可以怎样帮助小张?

三、操作题(共40分)

小周是一家酒业公司负责开拓集团消费(团购)业务的一名业务人员。他经常跟朋友说起他拜访客户时的苦恼,他说他最担心拜访新客户,特别是初访,新客户往往不是避而不见就是在面谈两三分钟后表露出不耐烦的情形。听他说了这些之后,朋友就问了他下面这些问题。

(1)你明确地知道初次拜访客户的主要目的吗?
(2)在见你的客户时你做了哪些细致的准备工作?
(3)在见客户前,你通过别人了解过他的一些情况吗?

(4) 初次见到你的客户时,你跟他说的前三句话是什么?
(5) 在与客户面谈的时间里,你发现是你说的话多,还是客户说的话多?

小周回答说:

他明确地知道他初次拜访客户的主要目的就是"了解客户是不是有购买他们公司产品的需求";当然他也做了一些简单的准备工作,如准备产品资料、名片等;不过,在见客户时他没有通过别人去了解过客户的情况;见到客户时的前三句话自然就是开门见山,报公司名称和自己的名字、介绍产品、然后问他是否有购买产品的兴趣;小周说与客户交谈时应该是自己说的话多,因为机不可失,时不再来嘛。

(1) 分析小周的问题何在?
(2) 你如何帮助小周走出这种困局,成功开发客户?

3.6 合页式笔记与新技能|5个赞赏

3.7 技能拓展|5个赞赏

（1）阅读:《淘宝金牌客服超级攻略与实战解析》,人民邮电出版社,2019。

（2）学会建立客户档案、管理客户档案、利用客户档案,能分析和利用客户信息来开展有效高效的客户开发工作。

3.8 下一个工作任务|5个赞赏

预习"项目任务4 维护客户关系",使用雨课堂/腾讯课堂/钉钉等在线学习平台,预习老师推送的技能知识点学习资料,与自己所在的客服团队成员交流探讨如何开展新的客服技能提升任务。

以下的二维码和邀请码是雨课堂开课老师课前推送的二维码和邀请码,是进行智能考勤的有效路径。二维码和邀请码的有效时间为10分钟,本次分享的二维码只是图例和模板,实际应用中,老师可实时生成新的二维码和邀请码。

项目任务4　维护客户关系

4.1　企业客服工作任务单

任务背景描述：

随着经济全球化的发展，市场竞争越来越激烈，要想在形形色色的企业和分门别类的服务中占据一席之位，就必须通过客服来提高服务质量，提高客户满意度，提升企业核心竞争力。在千人千面的移动互联网时代，谁来满足顾客消费升级的个性化需求呢？毫无疑问，企业的客服是不二之选。

目前企业客服有人工客服和智能客服，"人机"互动的智能客服，因"走形"不"走心"，故缺少人性的温度。如"等待，请按1"、"xxx，请按2"、"yyy，请按3"和"请输入aaa后按bbb"的操作，很难令客户满意，还让客户更烦心。"走心"要存之于心，发乎于情，践之于行，从里至外想客户之所想，急客户之所急。不走心就不会入心，也不会暖心、动心。只有走心才会产生有温度的服务，才能让客户感到真切、真诚、真情。智能客服的"人机应答"失去人心交流，失去捕捉客户的心理，也就无法得知客户所想，无法猜客户所想。人工客服能想客户所想、急客户所急，能用"走心"的态度贴合客户需求，提供"即问即答"有温度的个性化服务，让企业和客户"默契互动"，给客户暖心的服务体验。

当企业客服因自身业务能力不强，对技能操作工具不熟等，便会出现客户反映的问题无法得到解决，或客户无法在最需要时得到及时帮助，这时很容易被顾客抱怨为"甩锅客服""让人深恶痛绝的客服"。据数据显示，75%的客户因对客服不满意而放弃购买行为，43%的客户会因对客服不满意而不推荐他人购买。为了促成交易，提高顾客的满意度和忠诚度，帮企业留住老客户，开发新客户，助企业利润再创新高，作为客服企业，在熟练掌握客服技能操作工具及软件以外，还需要完成维护客户关系中的客户关怀、客户满意、客户忠诚、客户投诉及客户流失的技能操作和技能知识点的学习。

任务要求：

1. 学习者自由组合为 4~6 人的客服团队。

2. 选择一个实体企业或在线注册一个淘宝店/微店，进行真实环境的生成性学习，分析和学习实体企业/线上企业是如何实施客户关怀、如何提高客户满意度和忠诚度、如何变诉为金、又是如何挽回流失客户的呢？

任务解析 | 5个赞赏

1. 教师分析任务需求

（1）确定的客服团队；

（2）客服基础知识及经验；

（3）客服工具软件操作技能；

（4）客服实施客户关怀、提高客户满意度和忠诚度、处理客服投诉与挽回客户流失的实操技能。

2. 教师提出任务要求

学习者自由组合为 4~6 人的客服团队，运用搜索引擎网上收集资料，了解实施客户关怀、提高客户满意度与忠诚度、处理客户投诉、挽回客户流失的实践技能操作的工具、方法、流程和基本技巧。

选择各个客服团队成员所在的某一行业或某一产业，访问 TOP 前 10 的企业网站/网店，点击进入该网站/网店首页中客户服务的二级页面，分析该网站/网店的客服二级页面能够体现客户关怀、客户满意及客户忠诚的活动轨迹，优化该网站/网店有效处理客户投诉的通道及挽回客户流失的方案。

针对各个客服团队正在经营的淘宝店/微店/跨境店/线下实体店，借鉴 TOP 前 10 企业官方网站/网店的客服二级页面中实施的客户关怀、客户满意、客户忠诚的活动方案，对本团队的淘宝店/微店/跨境店/线下实体店的 3 位客户进行关怀、提高 2 位老客户的满意度和忠诚度、真实有效处理 1~2 位客户投诉、成功挽回 1 位流失的客户。

3. 客服团队对任务单中问题的理解

4. 根据客服团队的表现对其进行等级评价： 十赞 ☆☆☆☆☆   分享/转发 ☆☆☆☆☆

5. 根据客服团队表现对其进行等级评价： 十赞 ☆☆☆☆☆   分享/转发 ☆☆☆☆☆

6. 教师对任务单中问题的理解

客户关怀是企业营销之本,客户满意是企业生存和发展的基础。客户忠诚是企业赢得长期利润的根本源泉。只有客服人员为客户提供适宜的个性化关怀体验时,才能促成客户在本企业持续消费,进而提高企业的利润率。企业通过高效处理客户投诉,不仅能预防客户流失,还能化解企业危机,更能变诉为金。本项目任务的维护客户关系是按照企业客服岗位的技能需求进行任务分解。

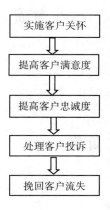

拟定学习目标 | 5 个赞赏

1. 课程学习目标

通过维护客户关系的技能操作和技能知识点的学习,树立客户关怀和客户忠诚度管理的意识,会用客户关怀工具关怀客户,能够使用客户满意和客户忠诚的方法,提高客户满意度和忠诚度。能够分析和挖掘客户投诉和客户流失的原因,会有效处理客户投诉,能从客户投诉中发现新的商机。会正确运用客户流失的方法和技巧,挽回流失的客户。

2. 个人学习目标

3. 根据客服团队的表现对其进行等级评价: 　+赞 ☆☆☆☆☆　　分享/转发 ☆☆☆☆☆

4. 根据客服团队的表现对其进行等级评价: 　+赞 ☆☆☆☆☆　　分享/转发 ☆☆☆☆☆

5. 根据客服团队的表现对其进行等级评价： ＋赞 ☆☆☆☆☆ 分享/转发 ☆☆☆☆☆

💡 编制团队工作(学习)计划｜5 个赞赏

💡 编制团队学习计划｜5 个赞赏

月 日－ 月 日， 年						
27	**28**	**29**	**30**	**31**	**1**	**2**
周日	周一	周二	周三	周四	周五	周六

4.2 破冰游戏

游戏名称：你来比划我来猜

游戏步骤： 自由组建 6～8 人的游戏团队，团队负责人为客服，团队成员为顾客。客服背对讲台，大声猜出面对讲台的顾客所比划出来的投影仪上的内容，如表 4-1 所示。每个团队共有

5次机会参与"你来比划我来猜"的游戏,猜对1次为1分,得分最高的团队将获得+5分的团队合作激励分。

表4-1 投影仪随机抽签"你来比划我来猜"的关键词列表

晕头转向	IPHONE	谈恋爱	狼吞虎咽	牙疼
放风筝	降龙十八掌	微博	游泳	握手
新闻联播	回眸一笑	狗急跳墙	手舞足蹈	嬉皮笑脸
纸上谈兵	皮笑肉不笑	QQ	灭火器	捧腹大笑
恍然大悟	委屈	我爱你	拍马屁	跳舞
奸笑	画龙点睛	相亲	掩耳盗铃	求婚
眉来眼去	淘宝	微信	约会	一刀两断

游戏规则:游戏进程中,各游戏团队的顾客静音比划,传话或讲话的团队视为违规出局。讲台下等待参与游戏的团队要求脑动眼动手动嘴巴不动,出声的团队视为违规出局!

游戏尾声的互动任务:思考游戏中的关键词,哪些属于客户关怀工具?哪些属于客户关怀活动?哪些可能引来客户投诉?哪些可以提高客户满意度和忠诚度?请将思考的结果,填写在表4-2的对应单元格中。

表4-2 "你来比划我来猜"游戏中关键词/图词的分栏归类

	游戏中/投影仪上出现的关键词/图词进行归类
客户关怀工具	
客户关怀活动	
可以提高客户满意度	
可以提高客户满意度和忠诚度	
可能引来客户投诉	
可能导致客户流失	

游戏尾声总结:客服人员要有察言观色的本领;要学会随机应变;要随时留意顾客的言语、表情、手势、动作以及看似不经意的行为,然后再加以总结,更好地了解客户需求,为客户提供优质服务,赢得客户的满意和忠诚。

学习者对破冰游戏体会/评论

破冰游戏学习结束后,对其等级评价: +赞 ☆☆☆☆☆   分享/转发 ☆☆☆☆☆

4.3 技能知识学习

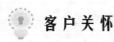 **客户关怀**

有一样东西,能使铁石心肠变得柔软;有一样东西,能让灰暗的人生充满希望;有一样东西,具有"起死回生"的力量,这就是关怀。希望得到关怀是我们每个人的基本需求,企业客户也不例外。在当今线上企业和线下企业产品同质化和竞争日趋激烈的市场环境下,企业仅仅依靠过硬的售后服务已经不能满足客户的需要,必须提供主动的、超值的、让客户感动的关怀才能赢得客户信任。只有客服人员为客户提供适宜的个性化关怀体验时,才能促成客户在本企业的持续消费,进而提高企业的利润率。

客户关怀是企业营销之本。在客户服务过程中,客服人员要想与现有客户维持长期良好融洽的关系,就必须考虑如何满足客户被关怀的需求。为了获得"如何让客户感受到关怀、如何给客户所需要的关怀"的客服技能,需要完成以下实践操作步骤。

步骤 1 阅读"案例 4-1 母婴店的客户关怀"。

 案例 4-1

母婴店给阿芳"种草"的神器

阿芳是一个喜欢网购的宝妈,最近她被一家母婴店"种草"了("种草"是指"宣传某种商品的优异品质以诱人购买"的行为,简单地说就是把一样事物推荐给另一个人,让另一个人喜欢这样事物的过程)。接下来我们一起看看母婴店用什么神器给阿芳"种草"的?

尝试心理:第一次进店,阿芳无意中看到一款玩具做活动,想着也不贵,买来玩玩就行。客服仔细咨询了宝宝的性别、年龄、兴趣爱好,还主动给阿芳一份6个月宝宝早教资料包。

全流程关怀:从付款、发货,到签收,阿芳都收到了客服发来的物流跟踪提醒,回家准备拆开的时候,还收到一条短信,关于玩具使用前的几种消毒方法。

使用关怀:一周后接到店家电话,咨询阿芳购物后产品使用的过程中有什么问题和建议,以及阿芳带孩子的生活中有没有什么困惑,并邀请阿芳加入了宝妈交流群。

推送活动:半个月之后,店铺给阿芳推送了一个新玩具的活动,也是适合0~1岁左右的宝宝。阿芳看着有优惠,之前对店铺的印象也比较好,便又购买了。

关联推荐:后来每隔一个月,阿芳收到了店铺发来不同月龄宝宝的辅食谱、早教指导以及产品推荐,为此阿芳在店铺又购买了辅食机,尿不湿等一系列单品。

超预期体验:最让阿芳感动的是,宝宝一岁生日那个月,居然收到了一份店铺寄来的礼物:里面有生日贺卡,还有一个玩具,宝宝还挺喜欢。生日当天,还收到了这个母婴店客服发过来的祝福短信和一个优惠券礼包,阿芳一个激动又购买了其他产品。

成为忠实客户:之后,身边朋友有咨询母婴用品的,阿芳毫不犹豫地推荐了这家店。除此之外,还有很多温暖而贴心的小关怀,就这样,阿芳被"种草"了。

步骤 2 将案例中母婴店给阿芳"种草"的神器名称填写在横线上_____,然后在手机端或电脑端的浏览器地址栏里输入 https://baike.baidu.com/,如图 4-1 所示。

图 4-1 百度百科官网截图界面

步骤 3 在百度百科的搜索栏里输入"客户关怀"的词条,进行全站搜索,如图 4-2 所示。整合搜索出来的内容,结合自己的理解,请对"客户关怀"的内涵用一句话写在横线上。

_____

_____

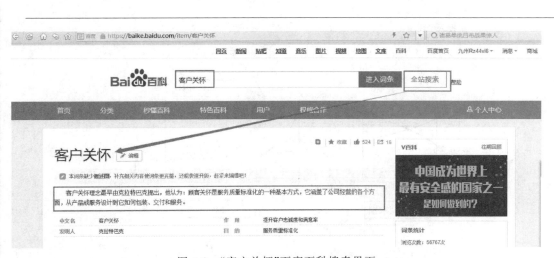

图 4-2 "客户关怀"百度百科搜索界面

步骤 4 客户关怀贯穿客户购买前、购买中、购买后的客户体验全部过程,是企业客服为客户在产品和服务购买之外提供的"超值"服务,为客户带来意外惊喜,以打动客户芳心,促使客户爱上企业客服的服务和产品。现需要客服团队讨论"客户关怀就是客服用科学的思维与客户谈恋爱"的观点是否合理,并说明理由,如表 4-3 所示。

表 4-3　有关客户关怀内涵的观点合理性判断表

观点	是否合理	理由
客户关怀就是客服用科学的思维与客户谈恋爱	合理	
	不合理	

步骤 5　仔细研读"案例 4-1 母婴店给阿芳'种草'的神器",组织客服团队分析企业实施"客户关怀"的价值体现在哪些方面,并将分析的结果填写在横线上。

_____
_____

温馨小贴士

通过阿芳的例子,我们发现客服关怀的价值主要体现在 4 个方面。

(1) 提高客户满意度。在购物过程中,母婴店商家的关怀动作能够提升客户阿芳单次购物的满意度,可以有效促进阿芳的二次回购以及阿芳身边朋友——新客户的购买。

(2) 延长客户生命周期。客户生命周期指一个客户对企业而言,有类似生命一样的诞生、成长、成熟、衰老、死亡的过程。成长、成熟和衰老这三个阶段往往伴随消费,尤其是成熟期,是客户消费的黄金时期,有效延长客户生命周期将提高客户价值贡献,从而提高总赢利。潜在客户期、客户开发(发展)期、客户成长(维系)期、客户成熟期、客户衰退期、客户终止期共六个阶段,如图 4-3 所示。

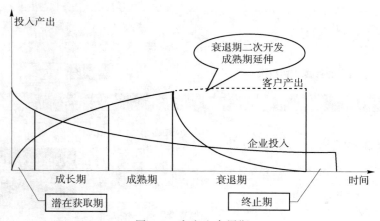

图 4-3　客户生命周期

(3) 改进产品。忠实客户是最好的产品设计师,通过使用他们会发现产品那些不好用、不方便的地方,让企业发现改进空间,设计出更符合客户要求、更有市场的产品。

(4) 口碑传播。当企业的产品或服务超出了客户的期望,他们将习惯性地向周围的朋友分享,很显然,熟人传递产品信息更加可信,成交概率也更高。

步骤 6　参照表 4-4,将案例中阿芳感受到的客户关怀进行归类,总结出母婴店对阿芳实施客户关怀的具体内容,完成表 4-5。

表 4-4 客户关怀的内容

客户关怀种类	实施关怀的内容	实施客户关怀的目的
购物全流程关怀	基于客户的全生命周期,包括兴趣了解、新客、二次回购、活跃忠诚、流失、最后终止的全生命周期的关怀	保障用户能够更加方便更加顺利地完成购物及产品的使用,提升用户单次的购买体验,加深用户的体验感知
客户全生命周期关怀	基于客户的全生命周期,包括兴趣了解、新客、二次回购、活跃忠诚、流失、最后终止的全生命周期的关怀	延长客户的生命周期,尽可能地让客户保持在活跃状态,提升客户在整个生命周期的价值贡献,总结就是购物周期更长,并且买的更多
特殊节假日/事件关怀	指特殊的日子或者事件对客户进行关怀服务,包括问候、礼物、互动等多种形式 特殊日子:假日、生日、纪念日等 特殊事件:周年庆、特殊热点事件等	拉近与客户之间的关系,让客户与商家不仅仅只是交易关系,更像是朋友,从而获得客户与商家之间的长久联系与黏性

表 4-5 母婴店对阿芳实施的客户关怀

母婴店客户关怀种类	母婴店客户关怀内容	母婴店客户关怀目的
1.		
2.		
3.		
…	…	…

步骤 7 在购物全流程关怀中,即咨询关怀→下单关怀→付款关怀→发货关怀→收货关怀→使用关怀→售后关怀,客服的售前关怀、使用关怀和售后关怀成功让客户阿芳爱上这家母婴店,请将案例中客服对阿芳实施关怀的应用场景描述出来,填写在表 4-6 的对应单元格中。

表 4-6 母婴店对客户的全流程关怀

关怀流程	关怀内容	描述案例中客户关怀对应场景
咨询关怀	①个性化问好:准确点明客户的特征或者需求(基于客户标签数据)	
	②特殊注意事项提醒:基于客户特征或者产品特征,主动提醒关怀	
使用关怀	产品特殊注意事项说明:强化服务印象,提升客户的使用体验	
售后关怀	产品/服务满意度回访,邀评:加强服务感知、提升好评率	

客户购物全流程关怀如图 4-4 所示。

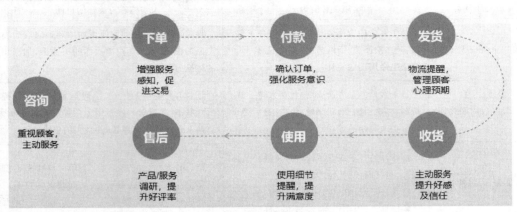

图 4-4　客户购物全流程关怀

步骤 8　在"母婴店给阿芳种草的案例"中，客服对客户阿芳进行了全生命周期关怀，团队讨论母婴店客服对客户阿芳实施的新客关怀、活跃客户关怀和复购关怀的具体内容，结合案例列举团队成员或亲朋好友体验过的流失客户挽回的案例或举措，补充完成表 4-7 的空白单元格的内容。

表 4-7　客户全生命周期关怀

关怀流程	关怀内容	列举案例/举措
新客户关怀		阿芳购买了奶瓶之后，店铺推荐了奶瓶刷，奶瓶洗涤液
复购客户关怀		通过两次的购物记录和客户标签，店铺判断阿芳的宝宝处于 6～12 个月快速生长期，一方面可以开始早教（早教益智类玩具），另外一方面可尝试更多辅食（辅食机、辅食餐具），因此有这类的活动都会推荐给阿芳
活跃客户关怀		店铺消费半年后，阿芳收到一份半年账单，将阿芳在店铺购买的产品进行分类，并表扬阿芳在宝宝的卫生管理和互动玩乐上做得很棒，并给阿芳颁发"三好妈妈"奖状，同时提醒要根据宝宝的月龄及时更换奶嘴（买过奶瓶，后期没有买大号的奶嘴）
		通过购买商品情况和评价发现，某会员比较偏好创意型包装产品，并且在评价中也会点评，企业对其进行电话回访，发现他是一个工业设计师，因此邀请他参与新品研发的体验官
流失客户挽回	普通客户流失挽回	
	高价值客户流失挽回	

客户生命周期关怀流程图如图 4-5 所示。

图 4-5　客户全生命周期关怀流程图

新客关怀：基于前期客户全流程关怀后，如果产品没有明显的低于预期，整体上新客对于店铺的体验是认可的，只需要在辅助相应的关怀刺激，那么回购的概率就比较大。

回购客户关怀：通过 2 次及以上的购买记录，浏览互动情况，可以对用户进行基本的画像，对客户的属性，产品活动的偏好有基本的了解，这时候就可以根据用户的需求，触达一定的营销关怀。

活跃客户关怀：在店铺多次购买，并且互动的活跃客户，对品牌的服务和印象都比较满意，而同时因他与企业产生的链接更多，对该类用户的分析和画像更精准，可以挖掘他的个性化需求做更深入的营销和服务关怀。

流失客户挽回：企业拉新客户的成本是非常高的，如果客户流失或者终止了，那么对企业的成本损失也很大，尽可能挽回流失客户对企业来说也是非常重要的营销举措。流失客户可根据其流失前的价值贡献，设置不同力度的流失挽回的方案。

"死亡"客户激活：通过流失期的召唤动作，没有反应，进"死亡"期的客户，基本上激活的可能性比较少了，只能在超级大促的时候，通过全民购物的氛围，加上适当提醒和促销刺激，尝试进行激活。

步骤 9　客户关怀常用工具有旺旺等平台通信工具、短信、微信、彩信、邮件、电话、上门拜访等。若你是这家母婴店的客服，结合表 4-8 客户关怀工具优缺点，你会使用哪些客户关怀工具？母婴店商家使用了哪些客户关怀工具？

表 4-8　客户关怀常用工具优缺点对比表

工具	优点	缺点	适用场景
旺旺	0 成本，消息即时推送	旺旺消息阅读率非常低	与客户在线实时沟通时的关怀，以及常规关怀（如付款关怀，发货关怀等）
短信	在人群的筛选上可以更精准、维度更多	有一定成本	对旺旺实施过的关怀进行补充，以及较为重要的关怀，如：分包拆包提醒、生日关怀等
微信	边际 0 成本，阅读率比旺旺消息更高一些	需要前期投入，系统接通成本较高，且触达率较低（通常微信关注率低）	微信与店铺系统接通，并且公众号粉丝关注量较高的店铺
彩信	美观、可阅读性高	成本高、打开阅读率不高	护肤美妆类高利润店铺；特别的个性化关怀，如生日关怀、节假日关怀等

续表

工具	优点	缺点	适用场景
邮件	可发挥空间大、图片＋视频＋文字＋链接	有一定成本、到达率低（大部分邮件都进了垃圾箱）	特别的关怀，如：周年庆、生日关怀等
电话	双向沟通、消息触达率更高、显得更有诚意、更重视	时间成本高、打电话的时间需要测试并固定	订单量不多，客服工作量适中的店铺；店铺的高价值会员
上门拜访	非常有诚意、让客户印象深刻	成本非常高（时间成本＋人力成本＋金钱成本）	大客户、核心供应商等

客户关怀常用工具分析图如图 4-6 所示。

图 4-6　客户关怀常用工具分析图

客户满意度

一个优秀的医生需要让他的患者满意，一个出色的员工需要让他的老板满意，而对于一个企业来说，要想达到成功就必须让它的客户满意。各企业应从客户着手，以最真诚的态度、最恰当的方式来使客户满意，这才是企业生存的根本之法。

提高客户满意度是企业生存和发展的基础，是企业成功的关键。2020 年华为公司夺得中国客户满意度指数的冠军。满意度以 85.0 分战胜强大竞争对手苹果公司客户满意度的 80.5 分，华为在国内的销售额远超苹果公司。可见客户满意度，对于企业至关重要。要想提高客户满意度，我们需完成以下技能操作和技能知识点的学习。

步骤 1　阅读"案例 4-2 老太太买李子"。

 案例 4-2

老太太买李子

一天，一位老太太去菜市场买李子，她先后经过小商贩 ABC。经过小商贩 A 时，小商贩 A 说："我这里有李子、桃子、苹果、香蕉，你需要买哪种水果呢？"老太太说："我要买李子。"

小商贩 A 连忙介绍道：我这儿的李子，又大又甜，特别好吃。老太太尝了一口说："确实很甜"，但老太太却摇摇头走了。

路过小商贩 B 时，小商贩 B 也像小商贩 A 一样，问老太太需要什么水果？老太太说："我要买李子。"小商贩 B 接着问："我这里有很多李子，有大的、有小的、有甜的、有酸的，你要买什么样的李子呢？"老太太说要买酸的，小商贩 B 说："我这儿的青李子特别酸，你可以试吃一下，保证酸到你流口水。"老太太咬了一口，发现李子果然很酸，满口的酸水，马上买了一斤青的酸李子。

当老太太提着一斤青的酸李子路过到小商贩 C 时，小商贩 C 也问了老太太想点买什么水果？老太太说："李子"。小商贩 C 接着问："您需要什么样李子？"老太太说："要买酸一点儿的李子。"小商贩 C 很好奇，又接着问："别人都买又大又甜的李子，您为什么要买酸李子呢？"老太太说："我儿媳妇怀孕了，想吃酸的，所以我想买酸一点儿的李子回去。"小商贩 C 马上说："老太太，您对儿媳妇真好啊！我这李子不但酸，还很新鲜，我想您儿媳肯定爱吃。"这话说得老太太非常高兴，于是老太太买了两斤酸李子。接着小商贩又问："那您知道不知道这个孕妇最需要什么样的营养吗？"老太太说："不知道。"小商贩说："其实孕妇最需要补充的营养是维生素，因为她需要给胎儿供给维生素。所以光吃酸的李子还不够，还要多补充维生素。水果中，猕猴桃的维生素含量最高，所以您还需经常给您儿媳妇买猕猴桃吃才行！这样的话，才能确保您儿媳妇生出一个漂亮健康的宝宝。"老太太接着又问："买了这么多，能不能便宜点？"小商贩 C 笑着说："没问题，给您 8 折的优惠"。老太太一听非常高兴，于是又买了一斤猕猴桃。

正当老太太要离开的时候，小商贩 C 又说："我天天在这里摆摊，我卖的都是未打农药的纯天然现采摘的新鲜水果。如果您儿媳觉得好吃，下次再到我这里来买，还可以给您更优惠的价格。这是我的电话号码，您以后有什么需要，打我电话，我直接帮您送到家里。"老太太接过小商贩 C 的电话号码便签，高高兴兴回家了。

小商贩 C 就这样获得了一个满意的客户，轻松提高了老太太这个客户的满意度。

步骤 2 案例中小商贩 C 成功获得老太太这个客户的秘诀是_____。然后在手机端或电脑端的浏览器地址栏里，输入 https://baike.baidu.com/，如图 4-7 所示。

图 4-7 百度百科官网截图界面

步骤 3 在百度百科的搜索栏里输入"客户满意度"的词条，进行全站搜索，如图 4-8 所示。整合搜索出来的内容,结合自己的理解,请对"客户满意度"的内涵用一句话概括并写在横线上_____。

图 4-8 "客户满意度"百度百科搜索界

步骤 4 在"老太太买李子"的案例中,小商贩 C 成功的原因有:服务质量好(小商贩 C 细心与老太太交谈,推荐满足她需求的李子,并为老太太提供送货上门的 VIP 服务)、产品质量高(小商贩 C 出售的是未打农药的纯天然现采摘的新鲜水果,种类丰富、口味齐全)、价格优惠(小商贩 C 给老太太 8 折的优惠价格,提高了客户满意度)请从客户服务质量、产品质量、价格三要素,分析小商贩 A 和小商贩 B 没有获得老太太这个客户的原因。

步骤 5 在"老太太买李子"的案例中,小商贩 C 运用了 4 种方法,提高老太太这位客户的满意度。这 4 种方法分别是"给客户完美的第一印象、善于倾听打开客户的心、赢得客户的心理认同、有效管理客户的期望值"。请结合"老太太买李子"的案例,补充表 4-9 空白单元格的内容。

表 4-9 提高客户满意度的方法及场景片段

提高客户满意度的方法	方法所在段落	描述案例中提高客户满意度的场景片段
给客户留下完美第一印象	第 3 自然段	
善于倾听打开客户的心		儿媳妇怀孕,想吃酸的,想买点酸李子回去
赢得客户的心理认同		孕妇最需要补充的是维生素 C,因为她需要供给胎儿维生素……
有效管理客户的期望值	第 4 自然段	

步骤 6 小商贩 C 运用了"给客户完美第一印象、善于倾听打开客户的心、赢得客户的心理认同、有效管理客户的期望值"4 种方法,提高老太太这位客户的满意度,请各个客服团队讨论上述 4 种方法以外的方法,来提高客户满意度?

提高客户满意度的新方法有:_____

步骤 7　在提高客户满意度时,良好的第一印象如同一块敲门砖,拉近了企业与客户的距离,为提高客户满意度打下了坚实的基础。案例中的小商贩 C,就是利用这一技巧来提高老太太这位客户的满意度,让老太太购买了她所需的李子及维生素含量高的猕猴桃。假设你是小商贩 C,你将如何给老太太这个客户留下完美第一印象,进而提高客户的满意度?

步骤 8　良好印象是一种无形资产,是客服展现职业风范、取得客户信任的关键。案例中的小商贩 C 的服务行为,给老太太留下了良好印象。作为客服的你,要想使你的客户满意,需要遵照心理学原则,训练你的印象塑造能力,下面请你进行印象塑造能力的测试,如表 4-10 所示。

表 4-10　印象塑造能力测试

序号	项目	符合度
1	与客户初次见面,经过一番交谈,你能对客户的举止谈吐、知识、能力等方面做出积极、准确的评估吗? A. 我想可以　　　　　B. 很难说　　　　　C. 不能	
2	你和客户告别时,下次相会的时间是什么? A. 我提出的　　　　　B. 谁也没提这事　　　C. 对方提出的	
3	你是否在寒暄之后很快找到双方共同感兴趣的话题? A. 是的,我对此比较敏感　B. 我觉得这很难　　　C. 必须经过较长一段时间才能确定	
4	当你见到你的客户时你的表情是什么? A. 热情诚恳,自然大方　B. 大大咧咧,漫不经心　C. 紧张局促,羞怯不安	
5	你与客户谈话时你的坐姿通常是什么? A. 两膝靠拢　　　　　B. 两腿叉开　　　　　C. 跷起二郎腿	
6	同客户谈话时,你的眼睛望向何处? A. 直视客户的眼睛　　B. 看着其他的东西或人　C. 盯着自己的纽扣,不停玩弄	
7	你选择的话题是什么? A. 两人都喜欢的　　　B. 客户所感兴趣的　　C. 自己所热衷的	
8	说话时姿态是否丰富? A. 我常用姿态补充言语表达　B. 从不指手画脚　　C. 偶尔做些手势	
9	通过第一次的交谈,你们分别所占用的时间是什么? A. 差不多　　　　　　B. 客户多我少　　　　C. 我多客户少	
10	你说话的音量总是什么? A. 声音高亢热情　　　B. 柔和而低沉　　　　C. 很低	
11	假如客户谈到你兴趣索然的话题,你将如何? A. 仍然认真听　　　　B. 显得沉闷,忍耐　　C. 打断,另起一题	
12	你讲话的速度如何? A. 节奏适中　　　　　B. 十分缓慢　　　　　C. 频率相当高	
	你的总分(A 项记 5 分、B 项记 3 分、C 项记 1 分)	

步骤9 参照表 4-11 印象塑造能力测试分数段与对应分析,自我评价你给客户留下的印象是_____(很差、一般、特别好)。再结合"老太太买李子"的案例,测算出小商贩 A、小商贩 B、小商贩 C 的印象测试总分,并分别说明他们给客户留下怎样的印象?请将相关数据和内容填写在表 4-12 对应空白单元格中。

表 4-11 印象塑造能力测试分数段与对应分析表

分数段	分析
0~22 分	你给客户的印象很差,也许你感到吃惊,因为很可能你只是按照你自己的习惯形式而已。虽然你内心很愿意给客户一个美好形象,但是你的漫不经心或言语无趣,无形中却在客户脑海中形成了关于你的错误印象。请记住打造印象也是一门艺术
24~46 分	你给客户的印象一般,你的表现中存在着令人愉快的部分,但是有时也会出现不精彩的地方。这使客户对你的印象不至于很恶劣,但也不会产生很强的吸引力。如果你希望提高自己的魅力,首先必须在心理上重视,努力在每一次与客户的交往中打造你的最佳形象
47~60 分	你给客户的印象特别好。你的态度温和,合作给客户留下深刻的印象。客户有与你进一步接触的愿望,并积极配合你完成工作任务

表 4-12 小商贩的印象测试总分及给客户留下的印象情况

	印象测试总分	给客户留下的印象(很差、一般、特别好)
小商贩 A		
小商贩 B		
小商贩 C		

步骤10 无论你给客户留下的印象是很差、一般还是特别好,你都需要完成以下印象管理演练计划。

首先确定你即将交流的客户:

其次确认你了解到的客户需求信息:

接下来需要写下你给客户留下良好第一印象的具体方案:

然后检查你给客户留下良好第一印象的效果,并写下你对效果的自我评估:

最后请进行有关"你给客户留下第一印象的星级评价": ☆☆☆☆☆

步骤11 小商贩 C 通过倾听,打开了老太太这位客户的心,与老太太进行了深层的交流,挖掘出了老太太儿媳怀孕这一信息,同时还知晓了老太太要买含维生素高的水果的需求,为小商贩 C 获得老太太这个忠实客户打下基础。所以说,提高客户满意度的第二种方法是善于倾听打开客户的心,请参阅"温馨小贴士",完成表 4-13 倾听能力的训练计划。

表 4-13 倾听能力训练计划

观察客户状态	客户状态对应的情绪预判及依据
观察客户眉毛状态	
观察客户眼睛状态	
观察客户嘴角状态	
观察客户手的状态	
观察客户脚的状态	

该客户想阐述的问题:

该客户情绪状态:

温馨小贴士

眉毛反应:

眉毛打结:遇到严重的烦恼。

竖　　眉:如果客户习惯性抱怨,那他絮叨时就会竖眉。

双眉上扬:非常欣赏或极度惊讶。　　单眉上扬:表示客户不理解,有疑惑。

眉毛倒竖:处于极端愤怒或异常气恼。　眉毛完全抬高:客户难以置信。

眉毛半抬高:客户大吃一惊。　　　　眉毛正常:客户不想做出评论。

眉毛半放低:客户大惑不解。　　　　眉毛全部降下:客户处于怒不可遏状态。

眉毛紧缩:客户内心焦急或犹豫不决。

嘴反应:

嘴巴全开:处于惊愕。　　　　　　　嘴唇半开:存在疑问。

嘴唇闭拢:处于和谐宁静。　　　　　嘴角向上:客户礼貌。

嘴角向下:客户悲伤或无可奈何。　　嘴唇撅着:客户很生气或不满意。

手的反应:

手指交叉:客户感到自己的情感和理智处于平衡状态。

食指交叠:如果与客户谈话时,客户两只手的食指与深处的拇指交叠,指尖顶着自己的嘴,好像在等待别人的方案中出现漏洞,这显示出客户的极度优越感。

指尖相碰:采用这个姿势的客户,通过这样姿势传达自己对自身行为、语言的自信,也可以表达对已解决问题的满意态度。但是如果这种姿势出现在双臂交叉、目光转向别处等消极姿势后,则说明我们没有解决客户的问题。

双手攥在一起:只是一种表示失望的姿势,说明该客户正在克制着一种消极的态度(比如不满、抱怨等)。

搓手:这种手势表示客户希望自己可以得到期待的结果。但如果客户在一间温度较低的空间里,急速地搓着手掌,也有可能是因为他手冷。

> **脚的反应：**
> 足部虽处于身体的下端，但足部所传递的信息却很容易被我们观察。
> 脚尖拍打地板：表示客户处于焦躁、不安、不耐烦的状态，或希望摆脱紧张感。
> 脚掌拍打地板：当客户预感自己将遭遇他人侵犯时，往往用这种动作表示拒绝或不耐烦。
> 男性脚踝交叉：表示客户在心理上压制自己的情绪，如对某事持保留态度，则表示警惕、防范或表示尽量压制自己的紧张或恐惧。
> 踝对踝双腿交叉：客户处于这样的动作，表示他很放松。

步骤12 小商贩C是站在老太太儿媳妇怀孕这个角度，介绍怀孕期适合吃的水果来提高老太太这位客户的心理认同。因此，提高客户满意度的第三种方法是提高客户的心理认同。下面请进行有关提高客户心理认同的演练，如表4-14、表4-15所示。

表4-14 通过沟通使客户产生认同感的演练计划

演练计划	案例中的客户——老太太	你的客户
客户的性格特点	和蔼、慈爱、温和	
客户易接受的沟通方式	电话沟通、问答式的需求沟通等	
客服制定沟通策略	主动询问老太太的需求、耐心倾听、抓住老太太显性需求、挖掘老太太隐性需求、实施精准推荐	

表4-15 通过产品使客户产生认同感的演练计划

演练计划	案例中的客户——老太太	你的客户
产品需求	需要购买酸味的水果（李子）	
客户心理期望	满足怀孕营养需求的水果、新鲜、纯天然、未打农药、价格实惠	
正确应对策略	小商贩C推荐猕猴桃、又大又酸的李子，价格8折、提供VIP服务	
错误应对策略	小商贩A：盲目介绍甜味李子、未考虑老太太的购买需求	
	小商贩B：只挖掘出老太太购买酸味李子的需求，未能推荐维生素含量高的水果、未能提供VIP服务、没有价格优惠	
心理认同冲突	客户老太太内心需求酸味的李子	
	小商贩A和B认为老太太需要又大又甜的李子	

步骤13 让步互惠对于客户沟通和客户认同的达成，具有明显效果，也是客户与客服需求共识达成的一种有效手段。案例中小商贩C，通过价格的让步互惠，给老太太这位客户带来了性价比高的产品（纯天然的、现采摘的酸李子），获得老太太对小商贩C的产品和服务的认同。请用"让步互惠"策略，获得客户认同，并完成表4-16的任务。

表 4-16 让步互惠获得客户认同训练

客户	让步互惠策略	应用场景
案例中的老太太	价格让步	客户老太太:买了这么多,能不能便宜点啊?
		客服小商贩 C:您买,我肯定得便宜点……
你的客户		

步骤 14 案例中小商贩 C 在老太太已经购买水果的情况下,主动提出下次购买可送货上门的附加值服务,对老太太这位客户的期望值进行了有效管理。因此,有效管理客户期望值,是提高客户满意度的第四种方法。作为客服的你,请进行有效管理客户期望值的训练,如表 4-17 所示。

表 4-17 有效管理客户期望值的训练

客户	有效管理期望值的场景描述
买李子的老太太	客服小商贩 C:将老太太需要的酸李子和猕猴桃送到老太太家里,提供送货上门的 VIP 服务和价格 8 折优惠
	客户老太太:享受小商贩给予的 VIP 服务和 VIP 价格,超过老太太的期望值,也让老太太获得意外惊喜
你的客户	

客户忠诚度

对企业来说,客户忠诚度在决定利润方面比市场份额更加重要。当客户忠诚度上升 5% 时,企业利润上升 25%～85%,建立客户忠诚是实现持续的利润增长的最有效方法。更为重要的是,忠诚客户能向其他消费者推荐企业的产品和服务,并愿意为其所接受的产品和服务支付较高的价格。可以说,忠诚客户是企业竞争力的重要决定因素,更是企业长期利润的根本源泉。

作为客服的我们,怎样才能让客户忠诚于我们的服务和我们的产品呢?这就需要提高客户忠诚度的客服技能技巧,更需要我们的客服人员完成以下有关"提高客户忠诚度"的实践操作和技能知识点的探究。

步骤 1 阅读"案例 4-3 乐购公司的客户忠诚管理"。

案例 4-3

乐购的客户忠诚管理

乐购(TESCO)是英国最大的食品超市公司之一,乐购"俱乐部卡"被很多海外商业媒体评价为"最善于使用客户数据库的忠诚计划"和"最健康、最有价值的忠诚计划"。

乐购的伦敦市场咨询公司主席克莱夫非常骄傲地说："'俱乐部卡'的大部分会员都是在忠诚计划推出开始就成为了我们的忠诚客户,并且从一而终,他们已经和我们保持了9年的关系。"

克莱夫介绍道:"设计之初,'俱乐部卡'计划就不仅仅将自己定位为简单的积分计划,而是乐购的营销战略,是乐购整合营销策略的基础。"在设计"俱乐部卡"时,乐购的营销人员注意到,很多积分计划章程非常烦琐,积分规则很复杂,消费者往往花很长时间也不明白具体积分方法。还有很多企业推出的忠诚计划奖励非常不实惠,看上去奖金数额很高,但是却很难兑换。这些情况造成了消费者根本不清楚自己的积分状态,也不热衷于累计和兑换,成为了忠诚计划的"死用户"。因此,"俱乐部卡"的积分规则十分简单,客户可以从他们在乐购消费的数额中得到1%的奖励,每隔一段时间,乐购就会将客户累积到的奖金换成"消费代金券",邮寄到消费者家中。这种方便实惠的积分卡吸引了很多家庭的兴趣,据乐购自己的统计,"俱乐部卡"推出的前6个月,在没有任何广告宣传的情况下,就取得了17%左右的"客户自发使用率"。

在Sainsbury、Asda等连锁超市也相继推出类似的累计积分计划以后,乐购并没有陷入和它们的价格战、加大客户返还奖励等误区之中。乐购通客户在付款时出示"俱乐部卡",掌握了大量翔实的客户购买习惯数据,了解了每个客户每次采购的总量,主要偏爱哪类产品、产品使用的频率等。克莱夫说:"我敢说,乐购拥有英国最好、最准确的消费者数据库,我们知道有多少英国家庭每个星期花12英镑买水果,知道哪个家庭喜欢香蕉,哪个家庭爱吃菠萝。"在英国,有35%的家庭加入乐购的"俱乐部卡"计划。

销售量上升:据统计,有400万家庭每隔三个月就会查看一次他们的"俱乐部卡"积分,然后冲到超市,像过圣诞节一样疯狂采购。

加强竞争:通过软件分析,乐购将这些客户划分成了十多个不同的"利基俱乐部",比如单身男人的"足球俱乐部"、年轻母亲的"妈妈俱乐部"等。"俱乐部卡"的营销人员为这十几个"分类俱乐部"制作了不同版本的"俱乐部卡杂志",刊登最吸引他们的促销信息和其他一些他们关注的话题。一些本地的乐购连锁店,甚至还在当地为不同俱乐部的成员组织了各种活动,这使客户与企业之间的感情加深。

减少营销费用:乐购很少使用电视等大众媒介来推广"俱乐部卡"。克莱夫解释说:"乐购以前是电视媒体的主要广告商之一,但是后来我们通过调查发现,直接给客户寄信,信息到达率更高,更能引起消费者的注意。而且,很多消费者认为,定期收到一些大公司的沟通信件,让他们的社会地位有被抬高了的感觉。为了更好地控制成本,乐购还经常和供应商联手促销,作为返还给消费者的奖励,我们把维系忠诚计划的成本转移到了供应商身上了"。

有利于新产品的推广:乐购赢得客户忠诚度的另一个重要原因是关注客户的特别需求,不断推出新的优惠和服务。例如,乐购为女性购物者和对健康很在意的消费者,特别推出了"瘦身购物车"。这种推车装有设定阻力的装置,使用者可自主决定推车时的吃力程度,阻力越大,消耗的卡路里就越多。推车购物过程中,客户的手臂、腿部和腹部肌肉都会得到锻炼,相当于进行一定时间的慢跑或游泳而得到的锻炼。手推车上还装有仪器,可测量使用者的脉搏、推车速度与时间,并显示出推车者消耗的热量。乐购称,这种"瘦身购物车"造价是普通推车的7倍,但受到了目标群体的热烈欢迎。

步骤 2　在案例 4-3 中，_____ 成就乐购的忠诚客户管理。然后在手机端或电脑端的浏览器地址栏里输入 https://baike.baidu.com/，如图 4-9 所示。

图 4-9　百度百科官网首页截图界面

步骤 3　乐购伦敦市场咨询公司主席克莱夫认为"乐购拥有英国最好、最准确的消费者数据库"，请再次阅读案例 4-3 的第 4 自然段，找出伦敦市场咨询公司主席克莱夫这么认为的理由？

_____

步骤 4　在百度百科搜索栏里输入"客户忠诚度"的词条，进行全站搜索，如图 4-10 所示。整合搜索出来的内容，结合你自己的理解，请用一句话描述"客户忠诚度"的内涵，并将其写在横线上。

_____

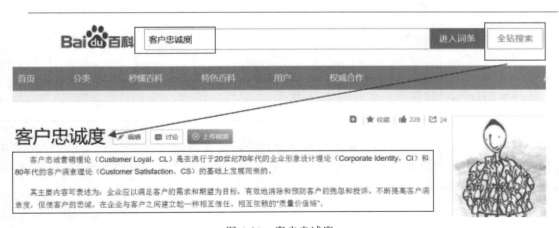

图 4-10　客户忠诚度

步骤 5　讨论"客户满意就是客户忠诚"是否科学,并说明理由。

客户忠诚内涵的观点合理性判断表如表 4-18 所示。

表 4-18　客户忠诚内涵的观点合理性判断表

观点	是否合理	理由
客户满意就是客户忠诚	合理	
	不合理	

> **温馨小贴士**
>
> 　　满意与忠诚是两个完全不同的概念,就客户满意和客户忠诚的关系而言,满意的客户更有可能成为忠诚的客户,而忠诚的客户通常对产品也是满意的,但是,客户满意并不等于客户忠诚,客户忠诚是从客户满意概念中引出的概念,是指客户满意后而产生的对某种产品品牌或公司的信赖、维护和希望重复购买的一种心理倾向。
>
> 　　满意不一定忠诚,而不满意也不一定不忠诚,客户的情感忠诚并不能导致行为忠诚。换言之,客户满意和客户忠诚是"弱相关"关系,甚至是毫无关系。在不同竞争程度的行业中,客户忠诚对客户满意的弹性是不一样的。

步骤 6　赢得客户的心、满足客户的期望、弥补客户的不满、超越客户的期望等,是客服获得忠诚客户的主要方法和手段。结合案例,找出乐购赢得忠诚客户的场景描述,完成表 4-19 的空白单元格的任务。

表 4-19　乐购公司赢得忠诚客户的方法和手段

赢得忠诚客户的主要方法和手段	乐购公司赢得忠诚客户的场景
赢得客户的心	"俱乐部卡"的积分规则十分简单,客户可以从他们在乐购消费的数额中得到 1% 的奖励,每隔一段时间,乐购就会将客户累积到的奖金换成"消费代金券",邮寄到消费者家中,这种方便实惠的积分卡吸引了很多家庭的兴趣
满足客户的期望	
超越客户的期望	
对客户忠诚度的管理	

步骤 7　客户关系的持久性、客户在企业消费金额的提高、客户与企业感情的加深、客户满意度的提高是客户忠诚的主要体现。根据案例 4-3,再次阅读第 4 至 8 自然段,找出体现"乐购客户忠诚"的描述场景?

步骤 8 通过提高客户满意度、超越客户期望、正确处理客户投诉、确保产品和服务的质量等途径,可以提升客户的忠诚度,请将案例 4-3 中乐购对客户的忠诚计划实施场景描述出来,填写在表 4-20 的对应单元格中。

表 4-20 提升客户忠诚度表

提升客户忠诚度的途径	描述案例中客户忠诚对应场景
保证产品服务质量	每隔一段时间,乐购将客户累积到的奖金换成"消费代金券",邮寄到消费者家中
提高客户满意度	
超越客户期望	
正确处理客户问题	

步骤 9 结合案例 4-3 的第 5~8 自然段的内容,说说乐购公司通过"俱乐部卡"计划,培养的忠诚客户,为乐购公司带来了哪些好处?

_____

步骤 10 请在浏览器的地址栏里输入 https://v.qq.com/x/page/10110nhc7zf.html,观看有关"客户忠诚度案例"的腾讯微视频,将视频观后感和乐购公司实施客户忠诚管理的体会写在横线上。

_____

步骤 11 借鉴"乐购实施客户忠诚的管理"和"客户忠诚度案例"微视频的成功经验,请各个客服团队从"确定企业忠诚客户、提高客户满意度、超越客户期望值、保证产品服务质量"等维度,为你所在的企业或所注册的网店或微店,提供一份科学合理、可操作的客户忠诚管理方案。

***客户忠诚管理方案

方案完成人:
完成时间:

完成客户忠诚管理方案后,对其等级评价: ＋赞 ☆☆☆☆☆　　分享/转发 ☆☆☆☆☆

客户投诉

在竞争日益激烈的市场中,我们在不断地挖掘新客户的同时,为什么还会有许许多多的新老客户却因为这样或那样的原因离去?客户投诉对于企业而言,是上帝还是恶魔?面对投诉,投诉处理人员站在客户的角度和企业的利益中间,如何抉择?如何将客户投诉转变为企业和员工成长的"金子"?解决以上问题,高效地处理投诉,化解危机、变诉为金,我们需要完成以下技能操作和技能知识点的探讨。

步骤1 请认真阅读"案例4-4 食品厂的危机"。

 案例4-4

食品厂的危机

某日某食品厂客服人员接到代理商的电话,说有人投诉该厂的食品卫生不好,吃了该厂的产品后上吐下泻,人已经送去医院治疗。因此,投诉的客户情绪很不好,说脏言脏语辱骂客服工作人员。

食品厂的受理投诉的客服人员接到电话后,先致歉安抚客户的情绪,其次详细记录客户投诉的全部内容,如投诉人、投诉时间、投诉对象、投诉原因等。将相关信息上报并联系负责处理客户投诉的客服主管,主管们进行紧急磋商。

客服一部的主管在紧急磋商会上提出了有关处理客户投诉的3种态度,也是3个话题,分别是:①若我们把投诉当作"粪土",那我们就只能闻到臭味。②若我们把投诉当作芝兰,那么我们闻到的就是清香。③若我们把投诉当作礼物,我们就可以变诉为金。面对这次投诉,我们的客服工作人员,应该用什么样的态度去对待呢?此时,紧急磋商会上各部门主管和客服工作人员面面相觑,客服一部的主管摇了摇头便着手安排客户部经理带客服工作人员赶往医院安抚客户。

客户颜先生,中午路过小食品店买了该厂小袋食品给小孩子吃,其小孩吃后不到3小时,即发生呕吐和腹泻。颜先生眼见不妙,立即送往医院。经医生诊断为急性肠炎,估计是饮食不洁所引起的,于是颜先生投诉食品店要求承担相应责任。

了解到以上情况,服务部经理赶紧将情况汇报给客服一部主管,在客服一部主管的支持下,先垫付医疗费,客服一部主管带水果和补品前往医院看望孩子,并聘请专职护理人员精心照看孩子,同时向医院申请最好的专家级治疗。经过医院精心治疗和护理,孩子很快康复出院,厂里派专人接小孩出院。

到了孩子家里,服务部经理特意送上一笔补偿金。颜先生感觉食品厂负责的态度和良好的补救方法,也没有再提出其他过分的补偿要求,并主动交出医院化验单,承诺此事到此为止,不再对外扩大影响或追讨厂方的责任。至此,一场危机事件终于在真诚补救中得以化解。

步骤2 投诉可怕吗?是的,当投诉得不到解决时,81%的客户就会不再回来了!投诉可恨吗?不,有效处理客户投诉是建立客户忠诚的最好契机。请根据案例4-4,完成表4-21的生问生答游戏,一问一答一评价。

表 4-21　客户投诉的生问生答游戏表

第一客服团队问：	食品厂客服人员接到客户投诉是如何处理的？（第 1 自然段）
第二客服团队答：	
第三客服团队评价：	
其他客服团队意见：	
第二客服团队问：	客服人员应该如何应对客户投诉的脏言脏语？（第 2 自然段）
第三客服团队答：	
第四客服团队评价：	
其他客服团队意见：	
第三客服团队问：	食品厂主管接到客户投诉是如何处理的？（第 2~3 自然段）
第四客服团队答：	
第五客服团队评价：	
其他客服团队意见：	
第四客服团队问：	食品厂这次危机的原因是什么？（第 4 自然段）
第五客服团队答：	
第六客服团队评价：	
其他客服团队意见：	
第五客服团队问：	食品厂面对突如其来的投诉时，处理态度上给你什么启示？（第 5 自然段）
第六客服团队答：	
第一客服团队评价：	
其他客服团队意见：	
第六客服团队问：	经过这次客户投诉对于食品厂是利还是弊？说说理由。（第 6 自然段）
第一客服团队答：	
第二客服团队评价：	
其他客服团队意见：	

步骤 3　在百度百科搜索栏里输入"客户投诉"的词条，进行全站搜索，如图 4-11 所示。整合搜索出来的内容，请用一句话写出"客户投诉"的内涵，填写在横线上。

图 4-11 "客户投诉"百度百科搜索界面

步骤 4 客户投诉的主要原因有服务质量、产品质量、价格变动、承诺不兑现、公司管理制度或流程等问题。请分析案例 4-4 中客户投诉的原因有哪些?

_____

_____

步骤 5 请再次阅读案例 4-4,将案例中食品厂家对颜先生实施投诉处理的场景描述出来,填写在表 4-22 的对应单元格中。

表 4-22 客户投诉流程表

流程	内容	描述案例中处理客户投诉的场景
受理客户投诉	记录客户投诉的详细信息	食品厂客服人员接到投诉电话后,先致歉安抚客户的心,再详细记录客户投诉的内容,如投诉人、投诉时间、投诉对象、投诉原因等
调查原因和客户期望解决方案	了解客户投诉的原因,判断客户投诉的过错方,了解客户期望的解决方案,预估解决预案	
处理方案	结合公司和客户实情,给出合理可行的处理方案,提交主管批示	
客户对投诉处理结果的满意情况		( )满意 ( )不满意
客户对投诉处理结果满意的原因		1. 2. …
客户对投诉处理结果不满意的原因		1. 2. …

步骤6 有效处理客户投诉的价值主要体现在4个方面：①客户投诉的收益价值，将客户投诉转变为企业收益的前提是正确看待客户投诉，并从中挖掘处理投诉中的企业价值。②客户投诉可以使企业及时发现并修正产品或服务中的失误，发现新的商机。③客户投诉可使企业再次赢得客户的机会。④客户投诉可以帮助企业建立和提升自身的品牌形象。请各个客服团队分析"案例4-4 食品厂有效处理客户投诉"的价值主要体现在哪些方面，并将分析的结果填写在横线上。

_____

_____

步骤7 话题是谈话的中心，但不限于谈话的中心，加上各种意见才是一个充实的话题。请各个客服团队自主选择"案例4-4"第三自然段中三个话题（①②③）中任何一个话题，进行5～10分钟的讨论，请将讨论的过程与结果，画成逻辑图，嵌入下面的文本框中。

步骤8 阅读"案例4-4"的第1～2自然段，食品厂客服人员面对客户投诉的脏言脏语，案例中的客服是怎样缓解来自客户投诉的压力？请你列举5种缓解客户投诉压力的方法。

| 案例客服缓解压力的方法： |
| 你缓解客户投诉压力的方法1： |
| 你缓解客户投诉压力的方法2： |
| … |

步骤9 结合案例4-4，你认为食品厂客服人员处理投诉时面对的是人？还是事？

步骤10 处理客户投诉常用"十六计"分别是：第1计 以逸待劳；第2计 隔岸观火；第3计 李代桃僵；第4计 打草惊蛇；第5计 擒贼擒王；第6计 釜底抽薪；第7计 金蝉脱壳；第8计 远交近攻；第9计 偷梁换柱；第10计 假痴不癫；第11计 树上开花；第12计 反客为主；第13计 美人计；第14计 苦肉计；第15计 连环计；第16计 走为上计。请各个客服团队分析案例4-4中食品厂的客服在处理客户投诉的整个过程中，采用了哪些计策来化解该食品厂的危机？

步骤11 请按照以下步骤进行有关处理客户投诉的游戏的角色扮演。

第一步：各个客服团队抽签决定角色扮演的顺序。第二步：每个扮演客服的团队，负责回答扮演客户的其他团队的问题。第三步：扮演客服的团队，每个人都要回答1～3个问题。第四步：扮演客户的其他团队，每一个团队都可以抽问1～3个问题。（注意：请抽问与"处理客户投诉"相关的问题）。第五步：看看哪个客服团队回答的最棒，处理客户投诉的技能掌握的最好。

示例：

先生你好，请问需要咨询什么问题吗？

您好，我想咨询一下客户投诉对于企业的存在意义。

1. 令人满意的客户投诉处理，可以培养客户的忠诚度。
2. 客户投诉可以促进企业成长。
3. 巧妙处理客户投诉可以帮助企业提升形象。
4. 客户投诉可以帮助企业发现隐藏的商机。

你好，我想咨询一下客户投诉类型有哪些？

1. 按投诉的严重程度分类：一般投诉、严重投诉。
2. 按投诉原因分类：产品质量投诉、服务投诉、价格投诉、诚信投诉、意外事故投诉（在你经营范围或场所）。
3. 按投诉行为分类：消极抱怨型投诉、负面宣传型投诉、愤怒发泄型投诉、极端激进型投诉。
4. 按投诉的目的分类：建议性投诉、批评性投诉、控告性投诉、索取性投诉。
5. 按投诉者的心理分类：发泄心理、尊重心理、补救心理、认同心理、表现心理、报复心理。

知识小贴士：客户投诉处理的四个原则

在工作的时候，我们作为客服一般处理客户投诉都会有四个原则，你知道是哪四个原则吗？让我们一起来了解一下吧！

1. 主动和诚意原则：在处理危机时，不论是何种性质的危机，不管危机的责任在何方，客服都应主动诚恳地承担责任，妥善处理危机，尽快消除不利影响。
2. 透明化原则：客服人员应当充分认识企业利益相关方知情权的重要性。一方面，应当按照监管要求披露相关信息。另一方面，在处理危机事件的过程中，主动与新闻媒介联系，与公众沟通，说明事实真相，向公众提供真实的信息。
3. 快速反应原则：危机具有突发性特点，很快引起新闻媒介和公众的关注。客服人员应当迅速研究对策作出反应，使公众了解危机真相以及采取的各项措施，争取公众的支持，减少危机带来的损失。
4. 公众利益至上原则：利益是公众关心的焦点所在，危机处理人员要以公众利益代言人的身份出现，体现一个企业及其管理层对社会利益和股东利益的最大承诺。

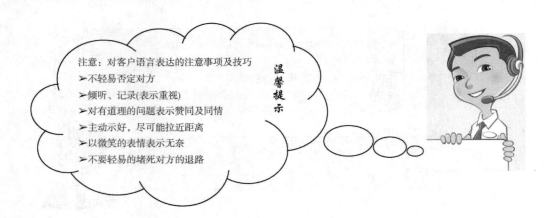

客户流失

在竞争日益激烈的市场中,企业在不断地开发新客户的同时,为什么还会有许许多多的新老客户却因为这样或那样的原因离去?对于每一个企业家来说,找到可执行的、有效的客户增长途径非常重要。但与此同时,很多人都忽视了对客户流失的管理。数据显示,获得一个新客户的费用要比留存一个旧客户的成本高七倍。当客户留存率提高5%时,企业收益可以增加25%到95%。因此,作为企业客服的你,要想提高对客户流失的管理能力,需要完成以下技能操作和技能知识点的探究。

步骤1 阅读案例4~5"客户怎么都离我而去了?"

 案例 4-5

客户怎么都离我而去了?

一位老客户的奔驰S350轿车发动机有故障,找到黄先生进行维修。黄先生是这家维修厂的市场经理,经过诊断检查,确定是"进气歧管"的故障,并对拥有这辆奔驰S350轿车发动机故障的老客户报出"更换气体歧管"的维修方案,然后黄先生安排维修工人把客户的车拉进维修厂更换气体歧管。但在更换气体歧管的过程中,维修技师把真空软管拆断了。在现场的这位老客户,脸色刷的一下变得很不好,但是因为跟黄先生是朋友关系,并没有说什么。黄先生立马致歉,并提出给客户换一根新的原装真空软管,并与这位老客户达成一致意见。

当气体歧管和原装真空软管更换完毕,这位老客户从维修厂开走自己的奔驰S350轿车,但行驶不久就又出现相同故障,立刻打电话给这家维修厂。

这位老客户说"我的车子怎么又坏了,是不是你们压根就没有给我修好?知不知道没修好的车,这样开出去会对我的人身安全造成很大的危害?"。

维修厂客服说"先生,很抱歉,您先消消气,我们立刻配拖车过来,先把您的车拉回维修厂,重新再检测一下故障原因,您看如何?"经维修厂检测出的结果还是"进气歧管"的故障,黄先生再次向这位老客户致歉,要求维修工人立马再换一根"质量过关"的气体歧管。这位老客户的脸色,瞬间变得更难看了,生气地说道:"你们不行的话,就不要给我修了,越修故障越大。"黄先生再三对这位老客户致歉,并根据这位老客户要求,致电维修厂,命令维修厂安排上次的技师来处理这位老客户轿车的故障。

但客户提车时,发现维修厂安排的不是上次的技师,致电黄先生,气愤地问为什么非得安排新技师。黄先生做了解释并致电维修厂询问情况。维修厂解释道:奔驰属于豪华车,维修厂要让别的技师来学习。客户当时很无语,对该维修厂信任全失。

最后的结局是客户找了另外一家维修厂修车,黄先生的微信号被客户拉入黑名单。作为维修厂的市场经理黄先生,通过亲戚朋友、发传单、微信、微博、抖音小视频等途径,建立有关汽车维修的4个会员社群和6个非会员社群,老客户在自己的第一个会员社群里抱怨了"奔驰车维修不快之事",群里瞬间炸开了锅,那位老客户也立即退出群了,同时其他客户看到了之后,纷纷出来"打抱不平",找到群内的维修厂的客服人员询问此事,结果维修厂的客服并没有致歉或做出回应,维修厂厂家也没有对此事做出任何解释,连一个道歉都没有。第一个会员社群里的其他客户也在群内热议"奔驰车维修不快之事",并在其他几个社群中讨论了"奔驰车维修不快之事"。结果很多客户先后从4个会员社群和6个非会员社群退出了,并且表示再也不会来这家维修厂修车,黄先生此刻的心痛了,眼巴巴地看着自己的客户就这样流失了。

步骤2 客户流失主要原因有:客户对商家不满、客户对产品不满、客户被竞争对手撬走、客户关系处理不好、客服未能有效处理客户投诉或客服对客户的承诺未兑现/言而无信,导致客户流失。请将"案例4-5"中导致维修厂客户流失的主要原因,写在横线上。

_____

步骤3 企业客户的流失就像一个新陈代谢的过程,特别是在当今客户争夺战中,客户流动的风险和代价越来越小,客户流动的可能性越来越大。客户关系在任何一个阶段,任何一个时间点都有可能出现倒退,无论是新客户还是老客户,都可能会流失。请将案例4-5中维修厂"客户流失"的场景描述出来,完成表4-23。

表4-23 某维修厂客户流失原因及客户不满的场景描述

客户流失原因	所在的段落	客户不满的场景描述
客户对某维修厂不满	第1自然段	更换气歧管的过程中,维修技师把客户轿车的真空软管拆断,在现场的老客户立马黑脸,脸色很难看
客户对产品质量不满	第2~3自然段	
某维修厂未能处理好投诉	第4自然段	
某维修厂厂家言而无信导致客户丧失信任	第5自然段	
某维修厂厂家未能给出投诉结果	第6自然段	

步骤4 在百度百科搜索栏里,输入"客户流失"的词条,进行全站搜索,如图4-12和图4-13所示。整合搜索出来的内容,结合案例4-5,各个客服团队讨论客户流失与流失客户的内涵有什么不同,将客户流失与流失客户的不同内涵,用自己的一句话描述在横线上。

图4-12 "客户流失"百度百科搜索界面

图4-13 "流失客户"百度百科搜索界面

步骤5 客户流失对企业的主要影响有:①顾客流失对企业的信誉、口碑有负影响;②顾客流失对产品的品牌效应有负影响;③顾客流失对企业和产品的忠诚度、话语权有负影响;④顾客流失对企业的经济效益和社会效益有负影响;⑤顾客流失对商品的市场份额、销量有负影响;⑥顾客流失造成效益下滑,对员工对企业的忠诚度有负影响;⑦顾客流失造成企业信誉下降,对获得政策支持、银行贷款有负影响。现请各个客服团队分析案例4-5中第4~6自然段,总结客户流失对维修厂的负影响主要有哪些?

步骤6 造成客户流失,企业自身的原因主要有:①产品质量差;②客户关系管理处理不好;③言而无信导致客户不再信任企业的产品和服务;④服务不好;⑤企业形象差;⑥未能有效处理客户投诉。请再次阅读"案例4-5"的第4~6自然段,分析该维修厂有哪些自身原因,造成客户流失?

步骤 7　在浏览器的地址栏里,输入 www.youku.com,然后在优酷首页的搜索框里输入"姚远教你怎么在一分钟内挽回客户"的词条,单击搜索按钮后,观看"姚远教你怎么在一分钟内挽回客户"的微视频,借鉴微视频挽回客户的妙招,各个客服团队为"案例 4-5"中的维修厂厂家,商讨出"如何挽回客户流失"的策略。

步骤 8　回顾案例 4-5 中第 6 自然段内容,第 1 个会员社群里的其他客户在群内热议"奔驰车维修不快之事",还去其他几个社群中讨论了"奔驰车维修不快之事"。结果该维修厂的很多客户先后从 4 个会员社群和 6 个非会员社群中退出,表示再也不会来这家维修厂维修自己的爱车,请思考维修厂造成老客户流失的同时还流失其他客户的主要原因是什么?

步骤 9　客户挽留是指运用科学的方法对将要流失的有价值的客户采取措施,争取将其留下的营销活动。它将有效地延长客户生命周期,保持市场份额和运营效益。假设你作为维修厂客服,你会向厂领导提出哪些建议挽留客户?

步骤 10　很多企业面临客户流失的难题,客户流失的企业也明白失去一个老客户带来的巨大损失,也许需要企业新开发 10 个新客户才能弥补失去一个老客户的经济损失。但很多企业不知自己的客户为什么会流失,甚至部分企业领导面对客户流失也是一脸迷茫。请结合案例 4-5,各个客服团队讨论自己所在的企业,应该如何防止客户流失?

4.4　实战演练

1. 操作步骤

第一步:指导老师下达企业客服工作任务单,介绍工作任务的背景及要求,强调"维护客户关系中的客户关怀、客户满意、客户忠诚"等的技能操作和技能知识点的学习,对提高客服实效的重要作用,调动学生掌握维护客户关系相关技能操作的积极性。

第二步:组建企业客服实战团队,将教学班的学生按每小组 4～6 人的标准划分成若干项目小组,每个小组自主推选一名客服主管。

第三步:根据客服团队自身资源及兴趣特长,自主选择客服团队成员所在的某一行业或某一产业,访问 TOP10 的企业网站/网店首页中客户服务的二级页面,分析该网站/网店的客服二级页面的客户关怀活动轨迹。

第四步:详细阅读客户关怀技能操作步骤和有关客户关怀的技能知识点的学习,针对所在企业或正在经营的网店/微店/线下实体店,选择 2~5 位老客户,进行客户关怀。

第五步:自主选择客服团队成员所在的某一行业或某一产业,访问 TOP10 的企业网站/网店首页中客户服务的二级页面,研究该网站/网店的客服二级页面,找出该网站/网店提高客户满意度和忠诚度的策略。

第六步:针对各个客服团队正在经营的淘宝店/微店/跨境店/线下实体店,借鉴 TOP10 企业官方网站/网店的客服二级页面中实施客户满意和客户忠诚管理的策略,对本团队的淘宝店/微店/跨境店/线下实体店的 2 位老客户,进行客户满意和忠诚的成功管理。

第七步:选择各个客服团队成员所在的某一行业或某一产业,访问 TOP10 的企业网站/网店,点击进入该网站/网店的客服二级页面,找出该网站/网店中客服处理客户投诉的通道和值得本团队学习的有关挽回客户流失的方案。

第八步:借鉴 TOP10 企业官方网站/网店的客服二级页面中有关有效处理客户投诉和挽回客户流失的通道设计和成功处理客户投诉以及成功挽回流失客户的经验,针对本团队正在经营的淘宝店/微店/跨境店/线下实体店,你需要真实有效处理 2~3 位的客户投诉、成功挽回 1 位流失的客户。

第九步:集中安排各项目组向全班报告(PPT 口头报告)。由各项目小组推荐发言人或组长代表本小组,借助 PPT 展示本团队成果,说明不足之处,接受其他团队的"质询",教师最后点评、总结,并由全班匿名投票,评选出优胜团队,给予表扬与奖励。

2. 注意事项

(1) 教师注意要事先将教学班的学生按照自由组合或按寝室分成不同的客服团队,确定团队负责任人,以团队的形式共同完成客户关怀、客户满意、客户投诉等技能操作任务。

(2) 实施客户关怀和处理客户投诉时,要做到"四不"(不当面答应客户不当要求、不说客户坏话、不介入客户内部事务、不随意请餐及被请)和"四要"(要主动创意构思、要有工作责任心、有经费发生时要谨慎小心、要对同事报喜对主管报忧)。

(3) 处理客户投诉时,注意坚持三原则,即主动和诚意原则、透明化原则、快速反应原则,才有可能赢得客户满意,才能"变诉为金"。受理客户投诉的沟通交流过程中,注意不轻易否定客户,要善于倾听、认真记录。要对客户主动示好,尽可能拉近距离,要以微笑的表情表示无奈,不要轻易地堵死客户的退路。

3. 效果评价

根据学生上课出勤、课堂讨论发言、实施客户关怀、提高客户满意度和忠诚度、处理客户投诉及挽回客户流失的技能操作情况等进行评定。首先由各个客服团队主管对团队内各成员的技能操作情况进行成绩评定(优秀、良好、中等、及格、不及格),如表 4-24 所示,然后由指导老师对各团队提交的维护客户关系的技能操作成果报告 PPT 进行点评,如表 4-25 所示。最后综合评出各个客服团队的技能操作实战成绩,并按照以下公式进行加权计算,给出团队个人最终成绩。

个人最终成绩=客服主管评定成绩×30%+指导老师评定成绩×70%

表 4-24　客服主管评定组内成员成绩表

项目小组成员姓名	小组成员成绩					备注
	优秀 (90 分以上)	良好 (80~90 分)	中等 (80~90 分)	及格 (80~90 分)	不及格 (60 分以下)	

表 4-25　指导老师评定维护客户关系技能操作成果及口头报告 PPT 成绩表

评价指标	分值	评分	备注
实施客户关怀的技能操作及生成性学习	15 分		
提高客户满意度的技能操作及效果	10 分		
提高客户忠诚的技能操作及创新学习情况	10 分		
处理客户投诉的技能操作完成情况	20 分		
挽回客户流失的技能操作及成效	15 分		
团队成果 PPT 制作质量和口头汇报效果	30 分		
维护客户关系技能操作的总体评价	100 分		

4.5　分享与反思

分享 | 5 个赞赏

范例 4-2　阿里客服做了什么？能牵头制定两大新职业技能国标

100%承接全球最大服务体量洪峰,为 9.6 亿消费者提供尖叫的服务体验,为生态培育 20 万人工智能训练师,并为全国多个贫困县市提供 10 万个数字化平等就业机会。阿里巴巴正在加快客服这个岗位散发熠熠光辉。

近日,中国就业培训技术指导中心、人社部职业技能鉴定中心发布《关于印发国家职业技能标准制定工作计划的通知》。通知文件公布了《国家职业技能标准制定工作计划(2020—2022 年)》。

值得注意的是,工作计划公布的"社会急需紧缺职业"名单中"呼叫中心服务员"(客服),以及"人工智能训练师"新职业的国家标准,都明确由阿里巴巴牵头承担。此外,阿里巴巴还参与"电子商务师""互联网营销师"等多个领域职业标准的制定工作。

1. 代表业内最高水平的专业客服团队

纵观客服和人工智能训练师两个职业的诞生史,都与阿里巴巴密不可分。刚刚过去的天猫 618,诞生了新消费纪录——下单金额 6982 亿元。这一巨额数字背后,阿里巴巴客服团队负责支撑交易带来的井喷式服务需求,30 秒内在线咨询和热线电话的接起率近 100%,又一次完美通过规模空前的服务大考。

多次历经全球最大服务体量考验,这支专业客服团队代表了数字服务界最高水平。作为全球少数设立首席客户官(CCO)职务的企业,阿里巴巴在客户体验领域的投入可谓不计代价。

"阿里巴巴半数以上的人工智能专家都在客服团队",在阿里巴巴集团合伙人、CCO 吴敏芝带领下,阿里巴巴 1000 多位技术、产品、运营、数据分析人才、体验运营小二和一线直接服务小二共同做大客户体验,他们为 9.6 亿消费者提供尖叫的服务体验,被称为"阿里柔军"。

"客服不仅要懂业务,具备高情商,在调解商家与消费者之间的问题之外,还要具备洞察体验问题,反推内部流程、产品改善的能力。"阿里巴巴不仅锻造了业界最专业的团队,还为全行业服务体验人才标准提出了更高要求。

2. 孕育职业标准诞生的文化土壤

职业技能的标准推动,离不开文化的熏陶。阿里巴巴自创办以来,就把对客户体验的重视写入企业核心价值观:"客户第一、员工第二、股东第三"。公司创始人都有过做一线客服的经历。他们在网上以"小二"身份直接回复和解答客户问题,虚心听取建议并快速改进迭代产品。

"让做决策的人听到炮声。"包括马云、张勇、童文红、张建锋、王帅在内的阿里巴巴合伙人都体验过客服岗位。戴上耳机,听客户最真实的声音,并把客户的意见带回去,推动业务改善。直到现在,这一传统保留下来并发扬光大。"在阿里人人都是体验官,人人都是CCO",吴敏芝指出。未来阿里巴巴通过系统赋能、人才培养,让更多的企业建立数智化的客户体验体系。

3. 孵化20万人工智能训练师

在人社部今年初公布的16个新职业中,"人工智能训练师"备受瞩目。这一职业脱胎于客服,所做的就是让智能更"懂"人类,更好地为人类服务。而这一概念的提出,阿里巴巴比美国麻省理工学院还领先两年。

事实上,2015年起阿里CCO就在其客服团队孵化了国内第一批人工智能训练师,负责训练服务领域的人工智能客服机器人——阿里小蜜家族。如今,在他们的训练下,淘宝、天猫、盒马、飞猪等经济体消费者可以享受便捷、精准的智能服务。

2019年天猫双11,智能客服机器人承接了平台97%的在线服务需求,提供了相当于8.5万名人工客服"小二"的工作量,全天提供在线咨询对话量3亿次。

突如其来的疫情中,人工智能训练师因驾驭"AI"技术,为抗疫复工提供加速度而崭露头角。在国内,他们用智能外呼加速防疫摸排;在海外,疫情暴发导致实体经济无法营业,阿里CCO培训的人工智能训练师,以智能服务支撑住网络零售平台的正常运转。据我国人社部官网显示,在阿里巴巴等企业多方努力下,今年2月人工智能训练师正式成为新职业,并纳入国家职业分类目录。目前,整个阿里巴巴业务生态内,人工智能训练师从业者已逾20万人。

4. 提供数字服务业平等就业机会

实现高质量就业,是规范化职业标准的制定工作的终极目标。2020年天猫618活动一结束,就展现出新的商业趋势——数智双驱的服务带来高质量增长。越来越多的企业意识到,体验的优劣直接影响商家排名和消费者购买决策。在这样的背景下,专业的客服成为抢手人才。

在江西,全国首个"客服县"落地县城寻乌,首批学员收入是当地平均值的2倍;在重庆,2000多名受到阿里巴巴培养的高职学生,毕业前就被多家企业抢先预定。

下一步,阿里CCO将在全国20个县市开展客服县模式,持续扩大职业技能赋能覆盖范围,为地方创造10万平等就业机会。在国家职业技能标准制定工作计划的推动下,客服成为国家大力发展的社会急需紧缺职业,人工智能训练师成为新职业代表,数字服务业将迎来蓬勃发展的春天。

——资料来源于官方网站环球网和天下网商

 学习反思 | 5个赞赏

首先将团队与个人学习目标进行逐一对比,以清单列表或思维导图,分解出已完成和未完成两部分;然后用3~5个关键词描述自己团队在完成本项工作任务中未能解决的问题与所遇障碍;最后对照最佳客服团队,归纳出自己团队未完成部分的主要原因和对应责任,提交反思报告。

问题与障碍:

 技能自我测试 | 5个赞赏

一、判断题(每小题2分,共10题,总共20分)

1. 客户关怀的内容主要包括购物全流程关怀、特殊节假日/事件关怀、客户全生命周期关怀。( )

2. 企业提供的奖励计划,引起了客户的重复购买行为,这被称为激励忠诚。( )

3. 极度满意的客户会因为期望的变化而成为流失客户。（　）
4. 为了提升客户的满意度，商家应该设计客户离开时的接触点，让客户在不美好的时刻离开。（　）
5. 忠诚的客户来源于满意的客户，但满意的客户不一定来源于忠诚的客户。（　）
6. 为了提升客户满意度，商家应该设计客户离开时的接触。（　）
7. 构建客户忠诚度，要依靠的是产品、服务、规模以及品牌。（　）
8. 产品服务技术品牌的背后，构建客户忠诚度非常重要的一个环节就是技术。（　）
9. 客户的利益忠诚来源主要有价格刺激、促销政策、产品推广时的优惠、方便。（　）
10. 明确客户期望的方法主要有设想、倾听、提问、复述等。（　）

二、选择题（每小题 3 分，共 10 小题，总共 30 分）
1. 在投诉处理后，客服人员的工作内容不包括（　）。
   A. 自我控制　　　B. 自我对话　　　C. 自我检讨　　　D. 自我安慰
2. 以下选项中不属于老客户维护的是（　）。
   A. 发货关怀　　　B. 讨价还价　　　C. 签收关怀　　　D. 使用关怀
3. 客户流失主要有主动流失客户和（　）两种情况。
   A. 偶然流失客户　B. 被动流失客户　C. 必然流失客户　D. 相对流失客户
4. 关于客户投诉对企业的意义，表述不正确的是（　）。
   A. 留住客户　　　　　　　　　　B. 挽回客户对企业的信任
   C. 增加企业知名度　　　　　　　D. 帮助企业及时发现问题
5. 因企业的产品或服务落后过时，导致客户流失属于（　）。
   A. 企业自身原因　B. 客户原因　　　C. 双方原因　　　D. 产品原因
6. （　）是指企业的客户由于某些原因，不再购买企业的产品或服务，与企业终止业务关系的行为。
   A. 客户投诉　　　B. 客户抱怨　　　C. 客户流失　　　D. 客户保持
7. 对于企业来说，投诉的客户类型一般是（　）度很高的客户。
   A. 专业　　　　　B. 忠诚　　　　　C. 反应　　　　　D. 同理
8. 客户流失管理是在客户关系破裂的情况下，想法（　）实现挽回已流失的客户。
   A. 发现顾客　　　B. 识别顾客　　　C. 恢复客户关系　D. 寻找新客户
9. 下列关于客户满意度与忠诚度关系的认识，正确的有（　）。
   A. 客户忠诚并不一定意味着客户满意
   B. 客户满意意味着客户忠诚
   C. 客户满意度与忠诚度存在着正相关
   D. 在无约束因素的情况下，只有当客户感知服务质量优异，客户非常满意的情况下，客户才会保持忠诚
10. 下列关于客户忠诚度与满意度的关系，描述错误的有（　）。
   A. 客户满意是客户忠诚的前提和基础
   B. 只有非常满意的客户，才有可能成为忠诚客户
   C. 对优质客户或高端客户，必须做到让客户非常满意
   D. 使客户有一次非常满意的体验即可让其成为忠诚客户
   E. 忠诚客户对公司先前、现在、未来的所有服务都非常满意

三、设计题(每小题 50 分,共 1 题,总共 50 分)

从客户关怀、客户满意、客户忠诚、客户投诉、客户流失 5 个维度,为你所在的客服团队或团队成员正在经营的淘宝店/微店/跨境店/线下实体店,设计出一份科学、合理、能落地的客户维护活动方案。

参考答案

判断题
1. √ 2. √ 3. √ 4. × 5. √ 6. √ 7. √ 8. × 9. × 10. ×

选择题
1. D 2. B 3. B 4. C 5. A 6. C 7. B 8. C 9. AD 10. DE

4.6 合页式笔记与新技能|5 个赞赏

学生合页式笔记/评论/体会
完成合页式笔记/评论后,对其等级评价:+赞 ☆☆☆☆☆　　分享/转发 ☆☆☆☆☆

教师实时补充合页式新技能
学习合页式新技能后,对其等级评价:+赞 ☆☆☆☆☆　　分享/转发 ☆☆☆☆☆

4.7　技能拓展|5个赞赏

（1）阅读:《让投诉顾客满意离开:客户投诉应对与管理 投诉处理的实操方法》,中国青年出版社,2019(7)。

（2）客服团队讨论"如何识别并留住高利润客户,如何减少5%～10%的客户流失率却提升75%的利润率,如何让客户变成'铁粉'。"

4.8　下一个工作任务|5个赞赏

预习"项目任务5 考核客服数字绩效",使用雨课堂/腾讯课堂/钉钉等在线学习平台,预习老师推送的技能知识点学习资料,与自己所在的客服团队成员交流探讨如何开展新的客服技能提升任务。

以下的二维码和邀请码是雨课堂开课老师课前推送的二维码和邀请码,是进行智能考勤的有效路径。二维码和邀请码的有效时间为10分钟,本次分享的二维码只是图例和模板,实际应用中,需要老师实时生成新的二维码和邀请码。

项目任务 5　实施客服数字绩效

5.1　企业客服工作任务单

任务背景描述：

随着经济全球化的发展，市场竞争越来越激烈，要想在形形色色的企业和分门别类的服务中占据一席之位，就必须通过客服来提高服务质量，提高客户满意度，提升企业核心竞争力。在千人千面的移动互联网时代，谁来满足顾客消费升级的个性化需求呢？毫无疑问，企业的客服是不二之选。

目前企业客服有人工客服和智能客服，"人机"互动的智能客服，因"走形"不"走心"，故缺少人性的温度。如"等待，请按 1"、"xxx，请按 2"、"yyy，请按 3"和"请输入 aaa 后按 bbb"的操作，很难令客户满意，还让客户更烦心。"走心"要存之于心，发乎于情，践之于行，从里至外想客户之所想，急客户之所急。不走心就不会入心，也不会暖心、动心。只有走心才会产生有温度的服务，才能让客户感到真切、真诚、真情。智能客服的"人机应答"失去人心交流，失去捕捉客户的心理，也就无法得知客户所想，无法猜客户所想。人工客服能想客户所想、急客户所急，能用"走心"的态度贴合客户需求，提供"即问即答"有温度的个性化服务，让企业和客户"默契互动"，给客户暖心的服务体验。

当企业客服因自身业务能力不强，对技能操作工具不熟等，便会出现客户反映的问题无法得到解决，或客户无法在最需要时得到及时帮助，这时很容易被顾客抱怨为"甩锅客服""让人深恶痛绝的客服"。据数据显示，75%的客户因对客服不满意而放弃购买行为，43%的客户会因对客服不满意而不推荐他人购买。为了促成交易，提高顾客的满意度和忠诚度，帮企业留住老客户，开发新客户，助企业利润再创新高。作为企业客服，在熟练掌握客户开发、客户维护以外，还需要完成客服绩效考核指标的设计、考核标准的制定、考核结果的实施等技能操作和技能知识点学习。

任务要求：
1. 学习者自由组合为 4~6 人的客服团队。
2. 借鉴京东、姬存希、以纯等网站/微店/实体店有关客服绩效考核指标/考核标准，结合本团队正在经营的淘宝店/微店/跨境店/线下实体店实情，设计出能提高客服工作效率，改善售前、售中、售后服务质量、增强客户体验的客服数字绩效考核方案。

任务解析｜5 个赞赏

1. 教师分析任务需求
（1）确定的客服团队；
（2）客服基础知识及经验；
（3）客服工具软件操作技能；
（4）客服实施客服关怀、提高客户满意度和忠诚度、处理客服投诉与挽回客户流失的实操技能。

2. 教师提出任务要求
学习者自由组合为 4~6 人的客服团队，运用搜索引擎网上收集二手资料，了解设计客服绩效考核指标、制定客服绩效考核标准、实施客服数字绩效的意义及价值；

选择客服团队成员所在的行业，访问 TOP10 的企业网站/网店，点击进入该网站/网店"客服"的二级页面，分析该网站/网店实施客服绩效的作用；

参照"姬存希"售前、售中、售后客服绩效考核指标和考核标准，结合本团队正在经营的淘宝店/微店/跨境店/线下实体店实际，设计出一份能提高客服工作效率，改善售前、售中、售后服务质量、增强客户体验的客服数字绩效考核方案。

3. 客服团队对任务单中问题的理解

4. 根据客服团队的表现对其进行等级评价： +赞 ☆☆☆☆☆　分享/转发 ☆☆☆☆☆

5. 教师对任务单中问题的理解
客服是企业形象的"代言"，品牌美誉的"前台"。号称"24 小时客服"被贴上"温柔地推三阻四、礼貌地忽悠""甩锅""客户满意度的'隔板'""维权路上的'关卡'""消费投诉的'新靶'"等新标签，致使企业形象严重受损。设计并制定科学合理的客服数字绩效考核，改善客户服质量,修复或恢复企业形象,打造一个精彩的客服团队能将企业拥有的资源、客户需要的商品第一时间正确地展示在客户眼前,让客户宾至如归、流连忘返。本项目任务按照实施客服数字绩效的岗位流程,进行任务分解。

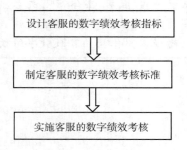

拟定学习目标|5个赞赏

1. 课程学习目标

通过实施客服数字绩效的技能操作和技能知识点学习,树立客服人员的自我数字绩效管理意识和创新服务意识,会结合企业发展目标,设计科学合理的客服绩效考核指标并制定相对应的考核标准;能根据考核指标和考核标准,实施客服数字绩效考核。能从售前、售中、售后客服的数字绩效考核,提高客服的工作效率和客户满意度。会用客服绩效考核方案,解决"甩锅客服""客服不积极"对企业形象的损害等问题。

2. 个人学习目标

3. 根据客服团队的表现对其进行等级评价:十赞 ☆☆☆☆☆　　**分享/转发** ☆☆☆☆☆

4. 根据客服团队的表现对其进行等级评价:十赞 ☆☆☆☆☆　　**分享/转发** ☆☆☆☆☆

5. 根据客服团队的表现对其进行等级评价:十赞 ☆☆☆☆☆　　**分享/转发** ☆☆☆☆☆

编制团队工作(学习)计划|5 个赞赏

 编制团队学习计划|5 个赞赏

月 日— 月 日，　年

27	28	29	30	31	1	2
周日	周一	周二	周三	周四	周五	周六

5.2　破冰游戏/闯关

游戏名称：高效赢得客户

游戏目的：让学员体会团队共同合作完成任务的合作精神；让学员体会团队是如何选择计划方案以及如何发挥所有人的长处的；让学员感受团队的创造力。

游戏步骤：将学员分成小组，每组不少于 8 人，以 10～12 人为最佳。之后讲师让学员站成 1 个大圆圈，选其中的 1 个学员作为起点。接下来讲师宣布：我们每个小组是一个公司，现在我们公司来了一位"客户"(即绒毛玩具/乒乓球等)。它要在我们公司的各个部门看一看、瞧一瞧。我们大家一定要接待好这个"客户"，不能让"客户"掉到地板上，一旦掉到地板地上，客户就会很生气，同时游戏结束。

"客户"巡回规则:"客户"必须经过每个团队成员的手游戏才算完成;每个团队成员不能将"客户"传到相邻的学员手中;讲师将"客户"交给第一位学员,同时开始计时;3个或3个以上学员不能同时接触客户,学员的目标是求速度最快化,最后拿到"客户"的学员将"客户"拿给讲师,游戏计时结束。

接下来讲师用一个"客户"让学员做一个练习,熟悉游戏规则。真正开始后,讲师会依次将3个"客户"从包中拿出来递给第一位学员,所有"客户"都被最后一位学员传回讲师手中时游戏结束。此游戏可根据需要进行3~4次,每一次开始前让小组自行决定用多少时间。讲师只需问"是否可以更快"即可。

游戏尾声总结:要想在激烈竞争的环境中赢客户,发挥团队的创造力是非常重要的,团队创造力的发挥需要科学合理的绩效考核指标和考核标准,激发团队内在潜能和创新能力。通过数字绩效奖励,激发团队高效赢得客户的战斗力。通过数字绩考核,打造一个精彩的客服团队,将企业拥有的资源、客户需要的商品,第一时间正确地展示在客户眼前,让客户宾至如归、流连忘返。

学习者对破冰游戏体会/评论

破冰游戏学习结束后,对其等级评价:＋赞 ☆☆☆☆☆　　　　分享/转发 ☆☆☆☆☆

5.3 技能知识学习

 售前客服的数字绩效

客服绩效考核的目的在于激发客服工作人员的内在动力,提高客服质量。通过对客服人员的正激励和负激励,来提高客服工作积极性和热情,为企业创造更大利润,增强企业核心竞争力。在绩效考核中,客服绩效考核指标的合理设计,是管理者面临的一道难题。设计出科学的客服绩效考核指标,将会为客服团队的工作带来新动能。如果客服绩效考核指标设计得不合理,也会降低售前客服对客户的服务质量,甚至会因为考核指标设计不合理,超过售前客服期望值,售前客服可能会对客户的咨询或自身的本职工作消极怠工,导致客户流失。要想提高售前客服服务质量和技能,需要完成以下实践技能的操作。

步骤 1 阅读案例 5-1"姬存希售前客服数字绩效"。

案例 5-1

姬存希售前客服数字绩效管理

Gichancy(姬存希)品牌创立于 2015 年,创始人许先生坚信,希望源自每一颗敢于梦想的心,心怀希望才能发现创造美丽的答案。发现美,传递爱,成就璀璨人生。是焦点,就要璀璨!姬存希的客服即希希客服认真倾听用户关于皮肤的诉求,从原料到产地,从萃取方法到黑科技,努力帮客户开发新产品,助力客户皮肤的健康养护。坚持"天然臻萃,奢华养美"的理念,是面向男性和女性提供高科技、纯天然的美妆品牌,提供包括基础护理、身体护理、洁面卸妆、面膜、彩妆等系列产品,如图 5-1~图 5-3 所示。蜗牛原液系列畅销五年,璀璨系列即将上市,这一切的精钻细研,只为肌肤提供菁纯的守护。

图 5-1　姬存希轻奢彩妆系列的部分产品图

图 5-2　姬存希轻奢护肤系列的部分产品图

图 5-3　姬存希轻奢洗护系列的部分产品图

为了激发售前客服工作人员的内在动力,提高客服人员的积极性,姬存希为产品入住微店、淘宝店、京东店、唯品会店的售前客服设计绩效考核指标,如表5-1所示,并制定了对应的考核标准。在表5-2中的"得分"和"绩效值"的数据来源于姬存希优秀客服主管小王的数字绩效。表5-3中"考核绩效分"的考核结果96分、"客服等级"的考核结果A级、"奖励与处罚"的考核结果奖励3000元,均是姬存希售前客服的主管小王的数字绩效考核结果。

表5-1 姬存希售前客服数字绩效考核指标

绩效考核指标	考核周期	指标定义/公式	数据来源
客户服务信息传递及时率	季度	$\dfrac{标准时间类传递信息次数}{需要向相关部门传递信息总次数} \times 100\%$	客服部
客户调研计划完成率	季度	$\dfrac{客户调研计划实际完成量}{客户调研计划预计完成量} \times 100\%$	客服部
客户满意程度	季度	客户对客服的满意程度	客服部
客户服务规范执行情况	季度	客户服务人员是否按照客户服务方案执行	客服部
客户信息完整性与准确性	季度	客户信息资料完整、无缺失	客服部
进步性	季度	改善过去考核中存在的问题	客服部

表5-2 姬存希售前客服数字绩效考核标准

客服姓名:小王　　账号:027469　　日期:2020年5月

项目	权重	考核标准		分值	得分	绩效值(权重×得分)	得分备注
首次响应时间	20%	A	$X \leqslant 20$ s	A=100	80分	20%×80=16分	小王首次响应时间在24 s
		B	$20s < X \leqslant 30$ s	B=80			
		C	$X \geqslant 30$ s	C=60			
平均响应时间	20%	A	$X \leqslant 30$ s	A=100	100分	20%×100=20分	小王平均响应时间为25 s
		B	$30\ s < X \leqslant 60$ s	B=80			
		C	$X > 60$ s	C=60			
满意率	10%	A	$90\% \leqslant X \leqslant 100\%$	A=100	100分	10%×100=10分	小王的满意率达到了98%
		B	$80\% \leqslant X < 90\%$	B=80			
		C	$X < 80\%$	C=60			
执行能力	10%	A	由日常工作执行力度而定	A=100	100分	10%×100=10分	小王日常执行能力达到100分
		B		$70 < B \leqslant 90$			
		C		$C \leqslant 70$			
团队协作能力	5%	A	由日常工作过程中在团队中协作能力高低而定	A=100	90分	5%×90=4.5分	协作能力达到90分
		B		$70 < B \leqslant 90$			
		C		$C \leqslant 70$			

续表

项目	权重	考核标准		分值	得分	绩效值（权重×得分）	得分备注
日常考勤	5%	A	$X<0$ 次	A=100	100 分	5%×100=5 分	小王本月全勤无迟到
		B	$0<X\leqslant 3$ 次	$70<B\leqslant 90$			
		C	$X>3$ 次	$C\leqslant 70$			
知识考核	10%	A	$X\geqslant 85$ 分	A=100	100 分	10%×100=10 分	小王的企业、产品、客服知识达到 100 分
		B	60 分$\leqslant X<85$ 分	B=80			
		C	$X<60$ 分	C=60			
进步性	10%	A	大部分改进	A=100	80 分	10%×80=8 分	小王对上月不足进行了改善
		B	改善部分	B=80			
		C	全部未改	C=60			
报表上交真实	5%	不真实的，每次扣两分，本项分值扣完为止，性质严重的另行处罚		100 分	5%×100=5 分		报表真实上交
审计、纠错及行政通报	5%	从当月总分中扣除，每次扣罚 2~10 分，问题性质由人力资源部会同客户服务部经理讨论决定，当月分值扣完为止		100	5%×100=5 分		无行政通报、纠错等违章行为
奖励		收到客户表扬信一次，加 1 分；被部门表扬一次，加 2 分；被公司表扬一次，加 3 分；被媒体表扬一次，加 5 分（需要部门提供文字资料）		0	2+1=3		得到客户表扬一次，部门表扬一次
处罚		被部门批评一次，扣 2 分；被公司批评一次，扣 3 分；被媒体批评一次扣 5 分		0	0		无违章违纪行为
综合得分		96.5 分					

考核评比奖惩是将考核结果作为售前客服人员的每月绩效奖励、年度薪资调整、职位变动的依据。售前客服的主管——小王的数字绩效考核结果表如表 5-3 所示。

表 5-3 姬存希售前客服数字绩效考核结果表

客服：小王	账号：027469		月份：2020 年 5 月			考核结果
考核绩效分	$90<X\leqslant 105$	$80<X\leqslant 90$	$70<X\leqslant 80$	$60\leqslant X\leqslant 70$	$X<60$	96.5
客服等级	A 级	B 级	C 级	D 级	E 级	A 级
奖励与处罚（元）	3000	2000	1000	0	-1000	3000

步骤 2 客户调研计划完成率等于客户调研计划实际完成量除以客户调研计划预计完成量，再乘 100%。参考案例 5-1 中的"表 5-1 姬存希售前客服数字绩效考核指标"，设计各个客服团队或团队成员正在经营的淘宝店/微店/跨境店/线下实体店考核售前客服的客户调研计划完成率的指标。

步骤 3　客户服务规范执行情况主要体现在售前客服是否按照客户服务方案执行。借鉴案例 5-1 中的"表 5-1 姬存希售前客服数字绩效考核指标"的设计思路,设计本团队或团队成员正在经营的淘宝店/微店/跨境店/线下实体店有关考核"售前客服的客户服务规范执行情况"的指标,确保该指标设计的合理性和科学性。

步骤 4　考核周期应当与被考核对象绩效计划周期保持一致。一般来说,考核对象职位越高,可能其绩效成果周期越长越能明显表现出来,最常规的做法是高层以年度为考核周期、中层以季度、基层以月度为考核周期,再年终汇总考核。参考案例 5-1 中的"表 5-1 姬存希售前客服数字绩效考核指标",再根据自己正在经营的淘宝店/微店/跨境店/线下实体店的实际情况,设计企业考核售前客服的考核周期指标。

步骤 5　售前客服需要将描述客户基本属性的静态数据整理出来,例如个人客户的联系信息、地理信息、人口统计信息等,要确保客户信息的完整性与准确性。以案例 5-1 中的"表 5-1 姬存希售前客服数字绩效考核指标"为模板,根据自己团队正在经营的淘宝店/微店/跨境店/线下实体店实际情况,设计企业考核售前客服的客户信息的完整性与准确性指标。

步骤 6　权重,指某一因素或指标相对于某一事物的重要程度,它表示在其他指标项不变的情况下,这一项指标项的变化,对结果的影响。参考案例 5-1 中的"表 5-2 姬存希售前客服数字绩效考核标准",再根据自己正在经营的淘宝店/微店/跨境店/线下实体店实际情况,设计出售前客服数字绩效考核标准里的各项权重。

步骤 7　满意率是指在一定数量的目标客户中,表示满意的客户所占的百分比,是用来测评客户满意程度的一种方法。满意率适用于单项简单指标的客户满意测量,不易全面反映客户对产品的需求和期望。按照"满意率=满意客户/总客户×100%"的计算公式,借鉴案例 5-1 中的"表 5-2 姬存希售前客服数字绩效考核标准",制定出适合本客服团队正在经营的淘宝店/微店/跨境店/线下实体店有关"满意率的考核标准"。

步骤 8　执行是绩效管理的理念、方法、技术以及激励措施的兑现、改进方案得以付诸实施单位最重要环节。作为售前客服,应当果断而不急躁,克服拖延,按照计划顺利完成任务。参考案例 5-1 中的"表 5-2 姬存希售前客服数字绩效考核标准"中有关"执行能力的考核标准"的制定方法和依据,为自己团队正在经营的淘宝店/微店/跨境店/线下实体店制定"执行能力"的考核标准。

步骤9　团队协作能力指建立在团队的基础之上,发挥团队精神、互补互助以达到团队最大工作效率的能力。作为一名优秀的客服人员,不但要有个人能力,还需要与其他成员协调合作完成每月的任务。参考案例5-1中的"表5-2 姬存希售前客服数字绩效考核标准",为自己团队正在经营的淘宝店/微店/跨境店/线下实体店制定有关"团队协作能力"的考核标准。

步骤10　绩效考评标准是考评者通过测量或通过与被考评者约定所得到的衡量各项考评指标得分的基准。设立不同强度的频率标记符号(如A、B、C等)、设立测量的单位标准(如类别、顺序、等距和比例尺度等)。请为自己团队正在经营的淘宝店/微店/跨境店/线下实体店制定"售前客服数字绩效考核"的标准,确保标准的科学性和可操作性。

步骤11　在案例5-1客服主管—小王的绩效考核标准表中,设计了小王的得分、绩效值、得分备注等栏目,参考"表5-2 姬存希售前客服数字绩效考核标准",结合自己正在经营的淘宝店/微店/跨境店/线下实体店的实际情况,依据团队已经制定出团队所在店的"售前客服数字绩效考核标准",计算出本客服团队中每位客服的得分、绩效值以及得分详细备注。

步骤12　为了提高不同级别的售前客服工作效率和服务质量,姬存希将售前客服分成了5个等级,分数在90分以上为A级客服;分数在80~89分内的人员为B级客服;分数在70~79分为C级客服;分数在60~69分为D级客服;分数在60分以下的为E级客服。参照"表5-3 姬存希售前客服数字绩效考核结果表",制定出自己团队正在经营的淘宝店/微店/跨境店/线下实体店有关售前客服绩效考核中"不同等级的绩效奖励指标数值"。

步骤13　姬存希为了调动售前客服的积极性,实施了绩效奖惩的落地方案。绩效考核结果为A,客服奖励3000元。绩效考核结果为B,客服奖励2000元,绩效考核结果为C,客服奖励1000元。绩效考核结果为D,客服奖励0元。绩效考核结果为E,客服将被罚1000元。请以数字化的正负激励为手段,为你团队正在经营的淘宝店/微店/跨境店/线下实体店制定适合客服人员业绩提升、能力增强、服务质量提高的售前客服绩效考核奖惩方法。

步骤14　参照"表5-3 姬存希售前客服数字绩效考核结果表",结合自己正在经营的淘宝店/微店/跨境店/线下实体店的实际情况,为企业制定出售前客服数字化绩效考核结果详表。

售中客服的数字绩效

售中客服绩效考核是企业管理者与客服人员之间的管理沟通活动,它是企业管理者了解售中客服人员最有效、最直观的方法。科学合理的客服绩效考核指标和考核标准,引领企业未来的发展方向及售中客服未来努力的方向。绩效考核结束后,通过绩效沟通和绩效数据进行分析,找出客服工作的薄弱项,作为绩效改进的重点。绩效考核的最终目标是改善员工的工作表现,以达到企业的经营目的,并提高员工的满意度和未来的成就感。绩效考核的结果可以直接影响到薪酬调整、奖金发放及职务升降等诸多切身利益。要提高售中客服数字绩效制定与实施,需要完成以下技能知识点的实践操作。

步骤 1 阅读案例 5-1 姬存希的售中客服绩效考核。

 案例 5-2

姬存希售中客服绩效考核

1. 设计绩效考核指标

2020 年 6 月底,姬存希旗舰店店长为了调动店员的积极性,对店员进行了 2020 年 6 月的绩效考核。6 月的绩效考核主要是针对售前、售中和售后客服的数字业绩进行考核。本案例聚焦"售中客服数字绩效",店长从售中客服的服务态度、咨询转化率、订单销售比、平均单价、平均响应时间以及售中客服人员的平时表现 6 个方面,设计了考核指标,如表 5-4 所示。

表 5-4 姬存希旗舰店售中客服绩效考核指标参考模板

考核指标	比例	考核范围	周期	扣分	加分
服务态度	20%	售中客服	月		
咨询转化率	20%	售中客服	月		
订单销售比	10%	售中客服	月		
平均响应时间	20%	售中客服	月		
平均客单价	5%	售中客服	月		
平时加减分	5%	售中客服	月		
日常记录	20%	售中客服	月		
综合得分					
等级		_____(初级客服、中级客服、高级客服)			

2. 制定绩效考核标准

为了扩大品牌知名度,姬存希勇敢迎接2020年的美妆竞争的挑战,力争让每一个人都用上姬存希的产品。为了达到这一目标,姬存希旗舰店实施了一月一次的售中客服绩效考核。在2020年5月客服绩效考核过程中,店长发现售中客服的服务态度以及平均响应时间的得分率最低,这就意味着售中客服在进行客户服务时,服务态度较差,在答疑客户售中相关咨询时,响应速度慢,客户等待时间较长,客户满意度低,客户体验不佳。因此,2020年6月,该姬存希旗舰店在原来的考核标准上,进行了修订,并重新制定了售中客服绩效考核标准,如表5-5所示。

表5-5 姬存希旗舰店售中客服绩效考核标准

项目	比例	评定标准	扣分说明
服务态度	20%	①态度亲切,言语温和;②不与买家冲突,热情;③30秒内响应客户,急客户所急,想客户所想	①对客户不够耐心,1次扣1分;②与客户发生冲突1次扣10分,不设上限;③被客户投诉1次扣10分
咨询转化率	20%	咨询转化率=订单/咨询数量×100%	①高于34%,每上升1个百分点点,加5分;②低于34%,每降低1个百分点,扣5分
订单销售比	15%	订单销售比=付款订单数/下单数	①高于95%,每增加1个百分点加1分;②低于95%,每降低1个百分点扣1分
…	…	…	…

3. 实施数字绩效

在2020年6月的绩效考核中,姬存希旗舰店的店长将售中客服获得的数字绩效奖励分成4个等级:1级、2级、3级、4级。售中客服的绩效考核分数在80分以上拿1级绩效工资;分数在70~80分内拿2级绩效工资。分数在60~70分拿3级绩效工资,而分数在60分以下只能拿4级绩效工资。1级绩效奖励5000元,2级绩效奖励3000元,3级绩效奖励1000元,4级绩效罚款500元,当月奖惩在下月工资结算时,直接划拨到客服的个人银行账户上。

表5-6 姬存希旗舰店售中客服数字绩效表

项目	比例	考核范围	周期	扣分项	加分项
服务态度	20%	售中客服	月		
咨询转化率	20%	售中客服	月		
订单销售比	10%	售中客服	月		
平均响应时间	20%	售中客服	月		
平均客单价	5%	售中客服	月		
平时加减分	5%	售中客服	月		

续表

项目	比例	考核范围	周期	扣分项	加分项
日常记录	20%	售中客服	月		
综合得分					
等级		_____（1级客服、2级客服、3级客服）			
	1级绩效奖励：总分在80分以上（奖励5000元） 2级绩效奖励：总分在70～80分（奖励3000元） 3级绩效奖励：总分在60～70分（奖励1000元） 4级绩效奖励：总分在60分以下（处罚500元）				

步骤2 在设计客服绩效考核指标时，考核时间的设定也很重要。时间跨度太长，对客服人员的工作热情持续提高较难。时间跨度太短，会出现考核疲劳。结合自己企业的近期发展目标，评估你团所在的企业，关于售中客服的绩效考核周期设为每日、每月、每年还是每季度，较为合理，请在你认为考核周期设计最合理的对应空白单元格中画"√"。

表5-7 周期设计

周期设计	考核周期设计最合理栏画"√"
日	
月	
年	
季度	

步骤3 售中客服绩效考核指标的设定，是售中客服绩效考核实施方案的精髓。一个成功的企业设计出的售中客服绩效考核指标，既可以体现出员工的工作态度，也能帮助员工找出自己欠缺的地方。在案例5-2中，姬存希旗舰店把服务态度、咨询转化率、订单销售比、平均客单价、平均响应时间以及售中客服人员的平时表现，作为售中客服绩效考核指标。假设你是该姬存希旗舰店的店长，你认为还可以增设哪些关键绩效考核指标呢？

增设的绩效考核指标：_____。

步骤4 通过上述技能操作的实践，已经具备设计售中客服绩效考核指标的基本能力，请参照案例5-2的表5-4姬存希旗舰店售中客服绩效考核指标设计思路，结合自身团队的实际，设计出适合本团队正在经营的线上和线下网店或实体店的售中客服考核指标，并填写在表5-8的单元格中。

表5-8 制定团所在企业的售中客服绩效考核指标

序号	考核指标	比例	考核范围	周期
1				
2				
3				
...				

步骤5 售中客服绩效考核标准的制定,决定了售前客服的未来工作的重心。姬存希旗舰店的店长发现,售中客服的服务态度以及平均响应时间的得分率最低,所以在新的考核标准中增加服务态度和平均响应时间的分值比重,让售中客服的工作重心移到服务态度和平均响应时间上来。请参照表5-5姬存希旗舰店售中客服绩效考核标准,为你团队所在企业的售中客服,制定服务态度的绩效考核标准,通过考核标准来提高售中客服的服务质量。

步骤6 售中客服的态度、言行等会影响一个店铺或一个企业的形象。如果售中客服热情、积极、善于倾听和换位思考,会给客户留下较好印象,获得客户满意,还可以提高工作业绩。在售中客服绩效考核中,可以将类似的客户服务态度作为绩效奖励标准的加分项,请参照姬存希售中客服绩效考核标准的加分项,制定适合为你团队正在经营的绩效奖励的加分标准。

步骤7 事物总是双向的,售中客服绩效考核标准的制定也一样,有加分项,也应该有扣分项。在姬存希旗舰店的售中客服绩效考核的标准中,订单销售比高于95%,每增加1个百分点加1分,低于95%,每降低1个百分点扣1分;咨询转换率高于34%,每增加1个百分点加5分,低于34%,每降低1个百分点扣分5分;结合案例5-2的表5-5,为企业设计绩效考核的扣分标准。

步骤8 结合步骤7和步骤8的评定标准,模仿表5-3姬存希旗舰店售中客服绩效考核标准,制定出一份专属于自己企业的售中客服绩效考核标准表,如表5-9所示。

表5-9 客服团队所在企业的售中客服绩效考核标准表

序号	绩效考核指标	比例(%)	绩效考核评定标准	加分与扣分说明
1				
2				
3				
…				

步骤9 查阅案例5-3中"表5-6姬存希旗舰店售中客服数字绩效考核表",将表5-10姬存希售中客服有关数字绩效奖励等级、分数范围和奖惩金额相关数据填写在对应的单元格中。

表5-10 姬存希售中客服数字绩效奖励等级与奖励金额表

数字绩效奖励等级	分数范围	奖惩金额
1级数字绩效奖励		
2级数字绩效奖励		
3级数字绩效奖励		
4级数字绩效奖励		

步骤 10 为了发挥绩效奖励的正激励和负激励,姬存希旗舰店将售中客服分成了4个等级的绩效奖励,得分在80分以上为1级,得分在70~80分内的为2级,得分在60~70分为3级,而得分在60分以下的为4级。请各个客服团队讨论该等级和分数设计是否合理?结合自己团队所在的企业,制定出适合自己企业的售中客服数字绩效考核等级、对应的分数范围和奖惩金额,写入下面的空白文本框中。

步骤 11 姬存希旗舰店为了调动售中客服的积极性,姬存希旗舰店店长给1级绩效奖励的客服奖励5000元、2级绩效奖励的客服奖励3000元、3级绩效奖励的客服奖励1000元、4级绩效奖励的客服奖励"−1000元"。请结合你团队所在企业的实际情况,为企业制定一份合格的数字绩效奖励方案。

售后客服的数字绩效

售后服务质量直接影响客户的满意度。收集有关商品的售后保修、售后退换货服务、客户购买产品及服务后的好评与差评等有关信息,助力顾客消除下单前"买与不买"的矛盾心理。优质的售后客户服务是品牌经济的产物,在市场激烈竞争的今天,随着客户维权意识的提高和消费观念转型升级,客户下单前不再只关注产品质量与价格,更关注售后的服务质量。企业要想提高售后客服的工作效率和服务质量,需要为售后客服设计科学合理的考核指标,对工作状态不佳的售后客服,进行红色或黄色预警,对工作效率高、贡献度大的售后客服,进行升职加薪的精神激励和物质奖励。作为售后客服的你,要想提高你所在团队的工作业绩,需要你为团队设计合理的售后客服绩效考核指标,请完成以下"考核指标设计"能力提升的技能操作。

步骤 1 阅读案例5-3 姬存希的售后客服数字绩效考核指标。

 案例 5-3

姬存希的售后客服数字绩效考核指标

创世纪的奥秘藏于山谷、极地、云端、深海,姬存希探寻世界的天然精粹,凝聚焕发肌肤光彩的能量,是焦点,就要璀璨。姬存希旗舰店是一家专门经营彩妆和护肤的店铺,品牌理念坚持"自然的美,美得自然"产品包括基础护理、身体护理、洁面卸妆、面膜、彩妆和男士系列。

姬存希旗舰店除店长外,一共有3位售后客服。2020年6月,店铺投诉高达500人高峰期,投诉原因:产品质量问题10人,自身情绪问题170人,客户用了过敏150人,产品用了没感觉170人。售后客服A完成了客户回访189次,处理客户投诉满意人数有120人满意,造成客户流失有2人,售后客服B完成了客户回访350次,处理客户投诉满意人数有149人满意,没有造成客户流失,售后客服C完成了客户回访400次,处理客户投诉满意人数有185人,造成客户流失4人,如表5-11所示。

表5-11 姬存希售后客服工作业绩表

售后客服	计划回访客户次数	实际回访客户次数	客户投诉笔数	客户投诉处理满意人数	客户流失人数	订单出错笔数
客服A	200次	189次	130笔	120人	2人	2笔
客服B	350次	275次	150笔	149人	无	1笔
客服C	400次	484次	220笔	185人	4人	0笔

售后客服绩效考核指标是一个先锋,如果考核指标设计不当,容易产生误导性,就会导致"一步错,步步错"的失败结局,给员工造成负激励。店长根据客户回访率、客户投诉解决满意率、客户流失数、客户回访次数,为售后客服设计科学合理的考核指标,如表5-12所示,并制定了对应的考核标准。表5-13中的"得分"和"绩效值"的数据来源于姬存希优秀客服A的数字绩效。表5-14中"考核绩效分"的考核结果74.8分、"客服等级"的考核结果级、"奖励与处罚"的考核结果奖励100元,均是姬存希售后客服A的数字绩效考核结果。

表5-12 姬存希售后客服绩效考核指标

序号	KPI指标	考核周期	指标定义/公式	资料来源
1	客户回访率	月度	$\frac{实际回访客户数}{计划回访客户数} \times 100\%$	客服部
2	客户投诉解决满意率	月度	$\frac{客户对解决结果满意的投诉数量}{总投诉数量} \times 100\%$	客服部
4	客户流失数	月度	考核期内客户流失数量	客服部
5	客户回访次数	月度	考核期内客户的回访次数	客服部
6	客户投诉笔数	月度	考核期内客户投诉数量	客服部

目前,我们中国企业大部分处于快速发展和转型的阶段,无论是商业模式,还是公司的战略、组织、产品都面临着创新和变革,加之新时代背景下人才结构的多样化。合适的考核模式无疑是企业业务转型和变革道路上的助推器。可是我们该如何设计企业发展的考核标准呢?作为中国化妆界的一匹黑马,姬存希近年来实现高速高质量的发展,大大提高了品牌影响力,在品牌方面采用多种形式的管理方法。姬存希实现品牌知名度提升与它的管理模式有很大的联系,比如设计与实施售后客服数字绩效考核标准管理,如表5-13所示。

表 5-13 姬存希售后客服绩效考核标准

客服姓名：客服 A			账号：123456		日期：2020.6	
考核指标	权重	考核标准	分值	得分	考核周期	绩效值（权重×得分）	得分备注

考核指标	权重	考核标准	分值	得分	考核周期	绩效值（权重×得分）	得分备注
客户回访率	20%	A X=100% B 95%<X<100% C 90%<X<95% D X<90%	A=100 B=90 C=70 D=60	70 分	月度	14 分	客服 A 上个月客户回访完成率 93%
客户回访次数	15%	A X>400 B 200<X<400 C X<200	A=100 B=80 C=60	80 分	月度	12 分	客服 A 完成了客户回访 189 次
客户流失数	10%	A X<1 B 1<X<5 C X>5	A=100 B=80 C=60	80 分	月度	8 分	客服 A 造成客户流失数 2 个
客户投诉解决满意率	20%	A X=100% B 95%<X<100% C 90%<X<95% D X<90%	A=100 B=90 C=70 D=60	60 分	月度	12 分	客服 A 客户投诉解决满意率 91%
客户投诉笔数	10%	A X<30 B 30<X<60 C 60<X<100 D X>100	90<A<100 70<B<90 50<C<70 D<50	48 分	月度	4.8 分	客服 A 买家投诉笔数 2 笔
日常考勤	5%	A X<0 次 B 0<X≤3 次 C X>3 次	A=100 70<B≤90 C≤70	80 分	月度	4 分	客服 A 考勤迟到 2 次
进步性	10%	A=大部分改进 B=改善部分 C=全部未改	A=100 70<B≤90 C≤70	80 分	月度	8 分	客服 A 改善了自身部分的不足之处
售后服务能力	10%	客服 A、B、C 售后常规工作执行力的实际情况	A=100 70<B≤90 C≤70	70 分	月度	7 分	客服 A 的能力较差，还需要增强，进行更多的客服培训
奖励		收到客户表扬信一次，加 1 分；被部门表扬一次，加 2 分；被公司表扬一次，加 3 分；被媒体表扬一次，加 5 分（需要部门提供文字资料）			月度	3+2=5 分	客服 A 收到客户表扬信 3 次，加 1 分；被部门表扬 1 次，加 2 分
处罚		被部门批评一次，扣 2 分；被公司批评一次；扣 3 分；被媒体批评一次扣 5 分			月度		
综合得分						74.8 分	

考核评比奖惩。 考核结果将作为售前客服人员的每月绩效奖励、年度薪资调整、职位变动的依据。售后客服 A 的数字绩效考核结果如表 5-14 所示。

表 5-14 姬存希售后客服数字绩效考核结果表

客服：A	账号：123456		月份：2020 年 6 月			考核结果
考核绩效分	90＜X≤105	80＜X≤90	70＜X≤80	60≤X≤70	60＜X	74.8
客服等级	A 级	B 级	C 级	D 级	E 级	C 级
奖励与处罚	300 元	200 元	100 元	0	−100 元	100 元

步骤 2 实施绩效考核的管理者可以和员工明确其任务和目标，及时发现员工实现目标过程中的偏差，以便及时对员工给予必要的支持、帮助和管理。你是否赞同下列观点，并写出"赞同"和"不赞同"的理由。

绩效考核＝企业管理	同意（　）	理由
	不同意（　）	理由

步骤 3 绩效考核的最终目的并不是单纯地进行利益分配，而是促进企业与员工的共同成长。通过绩效考核发现问题、改进问题，找到差距进行提升，最后达到双赢。请分析自己团队所在的企业，在设计绩效考核指标时，应注意哪些问题？

步骤 4 客户回访是客户服务的重要内容，做好客户回访是提高客户满意度的重要方法。客户回访对于重复消费产品的企业来讲，不仅通过客户回访可以得到客户的认同，还可以创造客户价值。参考案例 5-3 中的"表 5-12 姬存希售后客服数字绩效考核指标"，结合自己团队正在经营的淘宝店/微店/跨境店/线下实体店实际情况，请统计出自己团队所在企业考核售后客服的客户回访次数。

步骤 5 随着经济进步、互联网的快速发展，人们在选择上不再单一，变得更加多样化。拥有客户，即拥有市场、拥有未来。客户流失，也就意味着企业失去获利的机会。通过回访，有可能找回流失的客户，该如何提高客户回访率呢？参考案例 5-3 中的"表 5-12 姬存希售后客服数字绩效考核指标"，结合自己团队正在经营的淘宝店/微店/跨境店/线下实体店实际情况，讨论自己团队所在的企业，应该怎样考核售后客服的客户回访率？

步骤 6 企业客户的流失就像一个新陈代谢的过程，特别是在今天的市场上，在各种因素作用下，客户流动的风险和代价越来越小，客户流动的可能性越来越大。客户关系在任何一个阶段,任何一个时间点都有可能出现倒退,不论是新客户还是老客户,都有可能会流失。借鉴案例 5-3 中的"表 5-12 姬存希售后客服数字绩效考核指标"设计理念,结合自己团队正在经营的淘宝店/微店/跨境店/线下实体店的实际情况,统计出自己团队所在的企业客户流失人数,并分析导致客户流失的主要原因。

步骤 7 如何提高客户投诉处理的满意度,是企业客户关系管理系统的核心。通过切实有效的客户关系管理,解决客户投诉处理难的问题,是提高客户服务品质、客户满意度的有效手段。参考案例 5-3 中的"表 5-12 姬存希售后客服数字绩效考核指标"模板,结合自己团队正在经营的淘宝店/微店/跨境店/线下实体店的实际情况,设计出自己所在企业有关考核售后客服的客户投诉解决满意率的指标。

步骤 8 现代市场竞争的实质就是一场争夺客户资源的竞争,但由于种种原因,企业提供的产品或服务会出现低于客户期望的现象,导致客户不满意和客户投诉。客户拿到商品或者对企业提供的服务不满意,客户投诉自然而然就产生。请参考案例 5-3 中的"表 5-11 姬存希售后客服数字绩效考核指标",结合自己团队正在经营的淘宝店/微店/跨境店/线下实体店实际情况,分析客户投诉本团队所在企业的根本原因。

步骤 9 考勤是为维护企业正常工作秩序,提高办事效率,严肃企业纪律,使员工自觉遵守工作时间和劳动纪律。参考案例 5-1 中的"表 5-13 姬存希售后客服数字绩效考核标准"中"日常考勤"的考核标准,结合各个客服团队正在经营的淘宝店/微店/跨境店/线下实体店的实际情况,制定出自己团队所在企业的有关"日常考勤"的考核标准。

步骤 10 无论是线上还是线下售出的产品,都会遇到客户提出退货、换货的要求,而这个问题也正是考验售后客服的服务技能。有效处理客户的售后问题,可以有效规避客户的差评,还可以帮助顾客消除下单前"买与不买"的矛盾心理。参考案例 5-3 中的"表 5-13 姬存希售后客服数字绩效的考核标准",结合自己团队正在经营的淘宝店/微店/跨境店/线下实体店的实际情况,为自己团队所在企业制定有关售后服务能力的考核标准,并讨论本团队售后客服如何提高自己的售后服务能力?

步骤 11 奖惩制度是企业运营的核心内容之一,包含奖励制度与惩戒制度。奖励制度是根据客服的现实表现和工作实绩,对其进行物质或精神上的鼓励,以挖掘员工的工作潜能和调动员工工作积极性的一种正激励制度。惩戒制度是通过客服的现实表现和工作实绩对其进行物质或精神上的责罚,是一种负激励制度。参考案例 5-3 中的"表 5-13 姬存希售后客服的数

字绩效考核标准",结合自己正在经营的淘宝店/微店/跨境店/线下实体店的实际情况,为自己所在的企业设计出科学合理的售后客服奖惩制度考核标准。

步骤12 绩效考核指企业在既定战略目标下,运用特定的绩效考核和标准,对员工的工作行为和所取得的工作业绩进行考核,并运用绩效考核的结果对员工将来的工作行为和工作业绩产生正面引导的一种管理方法。请各个客服团队讨论"绩效考核=变相扣工资"的观点是否合理,并说明合理或不合理的理由。

绩效考核=变相扣工资	合理( )	理由:
	不合理( )	理由:

步骤13 参照"表5-14 姬存希售后客服数字绩效考核结果表",结合自己团队正在经营的淘宝店/微店/跨境店/线下实体店的实际情况,为自己团队或团队所在企业,设计出一份合格的售后客服数字化绩效考核结果表,并写入文本框中。

5.4 实战演练

1. 操作步骤

第一步:指导老师下达企业客服工作任务单,介绍工作任务的背景及要求,强调"实施客服数字绩效"的技能操作和技能知识点学习,对提高客服工作效率、改善服务质量、塑造企业形象的重要作用,调动学生掌握"实施客服数字绩效"相关技能操作的积极性。

第二步:组建企业客服实战团队。将教学班的学生按每小组4~6人的标准划分成若干项目小组,每个小组自主推选一名客服主管。

第三步:运用搜索引擎网上收集二手资料,了解设计客服绩效考核指标、制定客服绩效考核标准、实施客服数字绩效的意义及价值。结合团队成员自身的兴趣和爱好,搜索并分享2~3则有关"客服不积极""甩锅客服"等新闻报道。

第四步:选择客服团队成员所在的行业,访问TOP10的企业网站/网店,点击进入该网站/网店"客服"的二级页面,分析该网站/网店实施客服绩效的活动轨迹/企业/员工成长轨迹。

第五步:参照"姬存希"售前、售中、售后客服绩效考核指标和考核标准,结合本团队正在经营的淘宝店/微店/跨境店/线下实体店实际,设计出一份能提高客服工作效率,改善售前、售中、售后服务质量、增强客户体验的客服数字绩效考核实施方案。

第六步:集中安排各项目组向全班报告(PPT口头报告)。由各项目小组推荐发言人或组长代表本小组,借助PPT展示本团队成果,说明不足之处,接受其他团队的"质询",教师最后点评、总结,并由全班匿名投票,评选出优胜团队,给予表扬与奖励。

2. 注意事项

(1)教师注意要事先将教学班的学生按照自由组合或按寝室分成不同的客服团队,确定团队负责任人,以团队的形式共同完成售前、售中、售后客服数字绩效考核指标设计与考核标准制定等技能操作。

(2)设计售前、售中、售后客服数字绩效考核指标和考核标准时,注意考核指标和标准的科学性和可操作性。只有科学合理的考核指标和考核标准,才能有效减轻"甩锅客服、不积极客服"给企业形象带来的损害。

(3)实施客服数字绩效考核前,需要再讨论再评估该绩效考核方案可能对客服人员产生的正绩效和负绩效。在实施客服数字绩效考核时,要注意结合企业发展目标和客服工作人员能实现的目标,动态调整考核标准和不同等级之间绩效奖励差距比,激发不同岗位不同职位的客服工作人员的工作效率和服务质量,进而增强企业的核心竞争力。

3. 效果评价

根据学生上课出勤、课堂讨论发言、设计售前售中售后客服绩效考核指标、制定售前售中售后客服绩效考核标准、实施售前售中售后客服数字绩效奖励的技能操作情况,进行评定。首先由各个客服团队主管对团队内各成员的技能操作情况进行成绩评定(优秀、良好、中等、及格、不及格),然后由指导老师对各团队提交"实施客服的数字绩效管理"的技能操作成果报告PPT进行点评。最后综合评出各个客服团队的技能操作实战成绩,并按照以下公式进行加权计算,给出团队个人最终成绩。

个人最终成绩=客服主管评定成绩×30%+指导老师评定成绩×70%

表5-15 客服主管评定组内成员成绩表

项目小组成员姓名	小组成员成绩					备注
	优秀 (90分以上)	良好 (80~90分)	中等 (80~90分)	及格 (80~90分)	不及格 (60分以下)	

表 5-16 指导老师评定维护客户关系技能操作成果及口头报告 PPT 成绩表

评价指标	分值	评分	备注
设计客服数字绩效考核指标的技能操作	15 分		
制定客服数字绩效考核标准的技能操作情况	10 分		
动态调整客服数字绩效奖励实施情况	10 分		
团队成果 PPT 制作质量和口头汇报效果	30 分		
实施客服数字绩效技能操作的总体评价	100 分		

5.5　分享与反思

分享｜5 个赞赏

范例 5-4　华为在绩效管理上的特别之处

在瞬息万变的互联网时代，整个社会遍布互联网思维，颠覆了很多传统的行业。不过，仍然有一家公司不仅没有被颠覆，并且一直保持着"龟兔赛跑"的精神，每年都能保持持续地增长，并成功超越了对手。其中一个关键性秘诀就是：在慢跑中推进增量绩效管理。这就是赫赫有名的华为公司。华为公司在绩效管理上的探索在世界范围内都是先进的、别树一帜的。"绩效承诺""不承认茶壶里的饺子""以绩效为分水岭""末位淘汰""成果导向"等，都是大家比较熟悉的华为绩效管理方法。接下来让我们看看华为在绩效管理上都有哪些特别之处。

1. 由工资倒推任务——增量绩效管理

很多公司在做预算时，一直是给下属安排任务，这就等于"逼着"下属去做。华为的做法恰好相反。只有一个规定：首先给他一个工资包，他想拿多少工资，按比例倒推出他的任务。例如：给他 500 万的工资包，他拿的工资是 30 万，那么他必然为这 30 万去想办法完成绩效。

公司最核心的管理问题是，一定要把企业的组织绩效和部门费用、员工收入相关联。只有这样，最重要的是将核心员工的收入提高，而给核心员工加工资，可以倒逼他的能力成长。

公司要考虑员工怎么活下去，要考虑员工的生活质量不降低。员工有钱却没时间花，这是企业最幸福的事情。而企业最痛苦的是什么呢？低工资的人很多，但每个人都没事干，一群员工一天到晚有时间却没钱。

所以在华为，强制规定必须给核心员工加工资，从而倒推他要完成多少收入。每年完成任务，给前 20 名的员工加 20% 工资，中间 20% 的员工加 10% 的工资。每超额完成任务 10% 的部门，再增加 10% 比例的员工。此外，即使部门做得再差，也要涨工资，不过可以减人。

很多企业经常犯一个错误：部门绩效越差，就越不给员工涨工资。如果工资不涨，优秀员工肯定要走,剩下的都是比较差的。对于中小企业而言,不能像华为一样每个员工工资都很高,但你可以让核心员工工资高。在这种情况下,核心产出职位的薪酬要增加成为必然。

总之,要留住核心员工,给少数优秀的员工涨工资,来倒推你的任务,这就是增量绩效管理。

2. 提高人均毛利

很多员工不会为了销售收入的提升而努力,所以一定要有毛利,这个数基本上在3~10倍。华为首先将毛利分成六个包:研发费用包、市场产品管理费用包、技术支持费用包、销售费用包、管理支撑费用包、公司战略投入费用包。而且要找到这六个包的"包主",让这个"包主"去根据毛利来配比下面需要几个人。

任何一个企业,人均毛利是唯一的生存指标。人均毛利35万元,是一个企业最低的收入水平。若人均毛利35万元,60%即21万元是人工成本,还有25%是业务费用,15%是净利润。目前,在北上广深一线城市,如果说企业里的员工,一个月拿不到8000块钱薪资,大家就没法生活。

华为之所以一定要实现人均毛利100万元的目标,是源于华为规定,员工必须拿到28万元的固定工资。这个问题对于中小企业同样适用,一定要注意将人均毛利提上去。人均毛利率的增长,决定着工资包的增长。如果中小企业的工资包上不去,一定会成为大企业的"黄埔军校",掌握优秀技能的人才就会被别人挖走。

3. 减人,也要增效

一个企业最好的状态是,让一个人干很多事,不养闲人。比如:四个人的活儿,由两个人来干,能拿3倍的工资。

这就涉及一个问题:要减人增效。这是绩效管理首要的目标。所以,华为人力资源部经常确定招聘需求的时候,第一是一定要搞明白为什么要招这个人?第二是他独特的贡献是什么?第三是能不能把这个岗位给别人做,给别人加点工资?

在华为,一个部门经理只能干三年,第一年的任务就是精简人员,将很多岗位合并。企业一定要记住这几条:管理岗位和职能岗位越合并越好,一个岗位的职能越多越好,产出岗位越细越好。

4. 考核时一定要分层考核

根据不同层级的管理者,分别采用了不同的考核周期、考核方式、考核内容还有考核应用。对于中基层的管理者和员工,基本上还是通过PBC的管理,一般发展会有半年度和年度的考核,年度的结果主要用于各种激励,半年度的结果通常直接激励,用于各种辅导改进。

对高层管理者出现了分化,高层管理者更加着重于中长期目标的关注,比如一些大客户的长期的任务管理。作为基层作业员工,管理不再使用原来的PBC模式,而是用一些要素考核表,用调试了多少单板、多少主机,质量怎么样,有多少漏测,有没有出现大的事故等考核。这样的考核,使高层管理者关注战略,关注对公司未来较长时间里面有积极影响的工作;对基层作业员工们,更加强调及时激励、及时评价,帮助他们在日常工作中快速改进。

5. 考核后要把钱分好

在华为,员工实际工资的确定基于职位责任、实际贡献和实现持续贡献的任职能力。

华为职位与薪酬管理的具体过程,可以用16字来概括:以岗定级,以级定薪,人岗匹配、易岗易薪。对于每一个级别,每一个岗位工资的确定,既要考虑对外的竞争性,也要考虑内部的可支付能力和公平性。而且,华为的薪酬体系是宽带薪酬体系——对于每一级别,从最低到最高都有长长的带宽,每一个部门的管理者,可以对自己的员工,根据绩效在这个带宽里面进行工资调整。

在同一级别里面,可以依据员工的绩效表现,在每年的公司例行薪酬审视中,或者当员工做得特别优秀时提出调薪申请。由于不同级别之间的薪酬区间存在重叠,员工即使不升级,只要持续贡献,绩效足够好,工资也可以有提升空间,甚至超过上一级别的工资下限,这样有利于引导员工在一个岗位上做实做深做久,有助于岗位稳定性。因此,以级定薪就是对于每一个级别在公司能拿多少工资进行了一个界定。而易岗易薪是针对岗位变化了的情况,一种是晋升,另外一种是降级。

晋升的情况,如果员工的工资已经达到或超过了新职级工资区间的最低值,他的工资可以不变,也可以提升,主要看他的绩效表现。如果尚未达到新职级工资区间的下限,一般至少可以调整到新职级的工资区间的下限,也可以进入区间里面,具体数额也取决于员工的绩效表现。降级的情况,也是根据员工的绩效情况,在新职级对应的工资区间内确定调整后的工资,如果降级前工资高于降级后的职级工资上限,需要马上降到降级后对应的职级工资上限或者以下。

学习反思 | 5 个赞赏

首先将团队与个人学习目标进行逐一对比,以清单列表或思维导图,分解出已完成和未完成两部分;然后用 3~5 个关键词描述自己团队在完成本项工作任务中未能解决的问题与所遇障碍;最后对照最佳客服团队,归纳出自己团队未完成部分的主要原因和对应责任,提交反思报告。

问题与障碍:

技能自我测试 | 5 个赞赏

一、判断题(每小题 2 分,共 5 题,总共 10 分)

1. 员工绩效的优劣并不取决于单一因素,而是受制于主客观的多种因素。　　　(　　)

2. 绩效标准按内容分为职务标准和职能标准,其中确定职务标准的首要步骤是确定出每个职务的工作要项。( )
3. 在实施客服绩效考核中,只需对客服业绩指标对应的标准,进行数字化的考核。( )
4. 绩效评价的主要内容是工作业绩评价、工作态度评价和工作能力评价。( )
5. 绩效评价的主体是上级领导,下级、同级和本人不可参与绩效评价。( )

二、不定项选择题(每小题4分,共5小题,总共20分)

1. 绩效管理的最终目的是( )。
   A. 确定员工奖金　　B. 决定员工升迁　　C. 确定培训人选　　D. 提升员工绩效
2. 绩效的意义表现不包括哪个方面( )。
   A. 绩效管理促使人力资源管理成为一个完整的系统
   B. 调动人的积极性,使企业各级管理人员都有使命感,进而发挥创造力
   C. 促进企业的战略目标得以顺利实现
   D. 绩效管理为报酬方案的制定提供依据
3. 绩效考核结果可运用( )。
   A. 员工的薪酬发放　　B. 招聘录用决策　　C. 人员调配
   D. 培训开发　　E. 员工个人发展或工作分析
4. 绩效的意义表现不包括哪个方面?( )。
   A. 绩效管理促使人力资源管理成为一个完整的系统
   B. 调动人的积极性,使企业各级管理人员都有使命感,进而发挥创造力
   C. 促进企业的战略目标得以顺利实现
   D. 绩效管理为报酬方案的制定提供依据
5. 有效的绩效反馈对绩效管理起着至关重要的作用,将考核结果反馈给员工,可以充分发挥其激励、奖惩和培训的功能,下面观点不能说明这一论点的是( )。
   A. 绩效反馈是提高绩效的保证
   B. 绩效反馈可以使员工了解自己的工作绩效
   C. 绩效反馈可以排除目标冲突,有利于增强企业的核心竞争力
   D. 绩效反馈在考核者和被考核者之间架起一座沟通的桥梁,使考核公开化,确保考核的公平公正

三、设计题(每小题50分,共1题,总共50分)

借鉴华为绩效管理的五大特别之处,从售前售中售后客服数字绩效考核指标的设计、考核标准的制定、考核结果的实施3个维度,为你所在的客服团队或团队成员正在经营的淘宝店/微店/跨境店/线下实体店,策划一份可推广的、能提高工作效率的客服数字绩效考核方案。

参 考 答 案

判断题

1. √　2. √　3. ×　4. √　5. ×

不定式选择题

1. D　2. D　3. ABCDE　4. D　5. B

5.6 合页式笔记与新技能|5个赞赏

学生合页式笔记/评论/体会
完成合页式笔记/评论后,对其等级评价:＋赞 ☆☆☆☆☆　　分享/转发 ☆☆☆☆☆

教师实时补充合页式新技能
学习合页式新技能后,对其等级评价:＋赞 ☆☆☆☆☆　　分享/转发 ☆☆☆☆☆

5.7 技能拓展|5个赞赏

1.阅读:《绩效管理与量化考核从入门到精通》,人民邮电出版社出版,2019(2)。

2.结合团队成员自身兴趣及爱好,查阅"绩效计划、绩效沟通、绩效期望、绩效考核指标、绩效考核标准"等相关新闻报道2~5则/人。

3.以数字化为手段,从售前售中售后客服绩效考核指标的设计、考核标准的制定、考核结果的反馈3个维度,为自己正在经营的线上或线下网店/实体店策划一份科学可操作的客服绩效考核实施方案。

5.8 下一个工作任务|5个赞赏

预习"项目任务6 搭建客户关系管理平台",使用雨课堂/腾讯课堂/钉钉等在线学习平台,预习老师推送的技能知识点学习资料,与自己所在的客服团队成员交流探讨如何开展新的客服技能提升任务。

以下的二维码和邀请码是雨课堂开课老师课前推送的二维码和邀请码,是进行智能考勤的有效路径。二维码和邀请码的有效时间为10分钟,本次分享的二维码只是图例和模板,实际应用中,需要老师实时生成新的二维码和邀请码。

项目任务6 构建客户关系管理平台

6.1 企业客服的工作任务单

> **任务背景描述：**
>
> 随着经济全球化的发展，市场竞争越来越激烈，要想在形形色色的企业和分门别类的服务中占据一席之位，就必须通过客服来提高服务质量，提高客户满意度，提升企业核心竞争力。在千人千面的移动互联网时代，谁来满足顾客消费升级的个性化需求呢？毫无疑问，企业的客服是不二人选。
>
> 目前企业客服有人工客服和智能客服，"人机"互动的智能客服，因"走形"不"走心"，故缺少人性的温度。如"等待，请按1"、"xxx，请按2"、"yyy，请按3"和"请输入aaa后按bbb"的操作，很难令客户满意，还让客户更烦心。"走心"要存之于心，发乎于情，践之于行，从里至外想客户之所想，急客户之所急。不走心就不会入心，也不会暖心、动心。只有走心才会产生有温度的服务，才能让客户感到真切、真诚、真情。智能客服的"人机应答"失去人心交流，失去捕捉客户的心理，也就无法得知客户所想，无法猜客户所想。人工客服能想客户所想、急客户所急，能用"走心"的态度贴合客户需求，提供"即问即答"有温度的个性化服务，让企业和客户"默契互动"，给客户暖心的服务体验。
>
>
>
> 当企业客服因自身业务能力不强，对技能操作工具不熟等，便会出现客户反映的问题无法得到解决，或客户无法在最需要时得到及时帮助，这时很容易被顾客抱怨为"甩锅客服""让人深恶痛绝的客服"。据数据显示，75%的客户因对客服不满意而放弃购买行为，43%的客户会因对客服不满意而不推荐他人购买。为了促成交易，提高顾客的满意度和忠诚度，帮企业留住老客户，开发新客户，助企业利润再创新高，作为企业客服，在熟练掌握客服技能操作工具及软件以外，还需要搭建客户关系管理平台，借力CRM平台操作，进行数字化的客户签约、数字化的客户维护，延长客户生命周期、搭建数字化的绩效考核模型等实践技能操作与技能提升。

任务要求：

（1）学习者自由组合为4～6人的客服团队。

（2）借鉴超兔XToools CRM有关"开通账号、创建公司的组织结构/登录设定/权限分配、导入客户数据、接触及开发客户、客户签约流程、客户维护流程、客户生命周期、绩效考核模型"等功能设计理念，为团队正在经营的淘宝店/微店/跨境店/线下实体店，搭建能"提高客服工作效率，改善服务质量，提高企业核心竞争力"的客户关系管理平台。

任务解析 | 5个赞赏

1. 教师分析任务需求

（1）确定的客服团队；

（2）客服基础知识及经验；

（3）考核客服数字绩效的实践技能。

2. 教师提出任务要求

学习者自由组合为4～6人的客服团队，运用搜索引擎网上收集资料，了解客户管理平台的功能模块。

各个客服团队成员自主选择3个以上的CRM管理系统，如智云通CRM、超兔CRM、悟空CRM等，比较智云通CRM、超兔CRM、悟空CRM系统的功能模块，选出本团队拟解剖和搭建的CRM模型。

注册并试用超兔XToools CRM，完成开通账号、创建公司的组织结构/登录设定/权限分配、导入客户数据（天眼查数据功能）、接触及开发客户、客户签约流程、客户维护流程、客户生命周期、绩效考核模型等实践技能操作。

3. 客服团队对任务单中问题的理解

4. 根据客服团队的表现对其进行等级评价：十赞 ☆☆☆☆☆　　分享/转发 ☆☆☆☆☆

5. 根据团队表现对其进行等级评价：十赞 ☆☆☆☆☆　　分享/转发 ☆☆☆☆☆

6. 教师对任务单中问题的理解

客户需要管理和维护,没有管理维护,客户就是一次性客户,不能成为长久的忠诚客户。想要公司长久稳定的发展,需要搭建 CRM 平台来管理公司,帮助公司做好客户关系管理的工作,还可以降低企业成本,提高企业利润,增强企业的核心竞争力。本项目任务的构建客户关系管理平台是按照 CRM 平台管理客户的岗位工作流程进行任务分解。

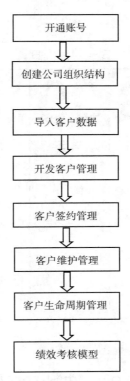

拟定学习目标 | 5 个赞赏

1. 课程学习目标

通过构建客户关系平台的技能操作和技能知识点的学习,增强企业的客户关系管理意识。会用 CRM 平台进行客户开发、客户签约、客户维护、客户生命周期等管理,会用数字化的客户分级手段,对现有客户进行满意度、忠诚度的管理。会用 CRM 平台进行客服数字化的绩效管理,提高客服工作效率,改善服务质量,提高企业核心竞争力。

2. 个人学习目标

3. 根据客服团队的表现对其进行等级评价:十赞 ☆☆☆☆☆　分享/转发 ☆☆☆☆☆

编制团队学习计划 | 5 个赞赏

月 日-月 日， 年

27	28	29	30	31	1	2
周日	周一	周二	周三	周四	周五	周六

6.2 破冰游戏

游戏名称：航空公司的经营

游戏规则：市场经营的规则就是所有航空公司的利润率都维持在 9%。如果有三家以下的公司采取降价策略，降价的公司由于薄利多销，利润率可达 12%，而没有采取降价策略的公司，利润率则为 6%。如果有三家和三家以上的公司同时降价，则所有公司的利润都只有 6%。

游戏步骤：①将学员分成 5~6 个组，每个组将分别代表一家航空公司在市场经营。②每个小组派代表到小房间里，交代上述游戏规则，并告诉小组代表，你们需要初步达成协商。初步协商达成之后，小组代表回到小组，并将情况向小组汇报。③小组讨论五分钟之后，需要做出最终的决策：采用降价策略还是不采用降价策略？将决定写在预先准备好的纸条上，交给负责本游戏的讲师。④讲师公布结果。

游戏尾声的总结：这个游戏看似简单，但结果往往出人意料，但又在意料之中，因为大部分公司都会选择降价，降价的结果是血流成河、两败俱伤。这个游戏启迪我们不要假定竞争对手不如你；不要打低级别的价格战，因为低级别的价格战，没有赢家。所以，在同质化竞争的今天，作为客服人员的我们，要实施差异化策略，为我们的客户提供差异化的、个性化的、碎片化的超预期的服务，才能赢得客户，进而占领市场，这就需要我们从客户服务的顶层设计入手，设计客户关系管理平台来管理公司、管理客户,进而满足不同客户的不同需求,为不同客户提供不同服务,提供极致客户体验,根除同质化的低级别价格之战。

学习者对破冰游戏体会/评论

破冰游戏学习结束后,对其等级评价:＋赞 ☆☆☆☆☆　　　　　分享/转发 ☆☆☆☆☆

6.3 技能知识学习

在当前市场经济主体下,已经完全转变为需方市场,所以以客户作为中心的企业经营理念成为很多公司的战略转型的选题。在此背景下,客户关系管理平台(简称 CRM 平台)的建设应运而生,CRM 平台的构建是当前企业的刚需。

CRM 系统的构建是一个从理念到战略,从战略到执行,从执行到应用工具的过程,这个项目并不是单一工具层的应用。在本工作任务中,选用研发最早,应用最成熟的超兔 XToools CRM 为示例,给大家解剖,如何一步一步地构建 CRM 平台及应用。

开通账号

售前客服,打开官网注册页面 http://crm.xtcrm.com/free/,填写与客户确认好的姓名、企业名称,手机号可用本人手机号,获取验证码并填写后,单击【立即注册】按钮,手机会收到注册短信,短信内容为【超兔 XTools】用户:boss,客户:注册时填写的公司名称,密码:XXXXXX。登录地址:crm.xtcrm.com.手机 App:超兔快目标。以上注册信息,可转发给客户,让客户自行登录,如图 6-1 所示。

图 6-1　申请注册

组织结构/登录设定/权限分配

1. 创建公司的组织结构

要想借力 CRM 平台对公司客户进行有效管理,首先须把公司客服人员及其他工作人员纳入系统,为客服及其他员工分配账号后,员工才可以使用 CRM 管理公司相关业务。组织结构设置为 BOSS 账号专有权限,其他普通账号无此权限。

步骤 1 登录 XTools CRM 系统页面,网址为 http://crm.xtcrm.com 用户名:boss;公司登录名:demoplus;密码:123456;输入后单击【登录】按钮。按前面开设的账号,登录系统。这里以 DEMO 系统,boss 账号登录为例,如图 6-2 所示。

图 6-2 登录系统

步骤 2 设置。进入工作台后,单击齿轮状设置按钮,如图 6-3 所示。

图 6-3 设置按钮

步骤 3 部门和用户设置。进入设置页面后,单击【部门和用户设置】按钮,如图 6-4 所示。

图 6-4 部门和用户设置

步骤 4 添加公司各部门。单击公司文件夹,如图 6-5 所示;在弹出的页面,单击【＋下级部门】按钮,如图 6-6 所示。

图 6-5 公司文件夹图标

输入部门名称后,单击【确定】按钮,如图 6-7 所示。

图 6-6 加下级部门　　　　　　　　图 6-7 新建部门名称

注:添加其他部门重复步骤 4。

步骤 5 添加部门人员。单击部门文件夹,如图 6-8 所示;在弹出的页面,单击【＋普通用户】按钮,如图 6-9 所示。

输入姓名、用户名、手机号码后,单击【保存】按钮。注:用户名一般是姓名全拼或姓名全拼首字母,如图 6-10 所示。

图 6-8　单击部门文件夹图标

图 6-9　加普通用户

图 6-10　设置用户详细信息

注：添加部门其他组员，重复步骤 5。

步骤 6　设置部门主管及助理人员。一个部门中，有且只有一个主管，可以有多个助理及多个普通组员。单击要做部门主管的人员后，在弹出的页面中，单击【做主管】按钮，如图 6-11 所示；若有助理人员，单击【做助理】按钮，如图 6-12 所示。

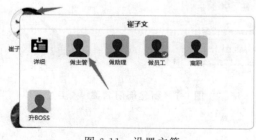　　　　

　　图 6-11　设置主管　　　　　　　　　　图 6-12　设置助理

步骤 7　保存用户和部门结构。部门及人员设置后，最后一定要保存。右下角，有红色提醒，单击【保存用户和部门结构】按钮，如图 6-13 所示。

注：系统中数据查看的权限，遵循组织结构的人员上下级关系，即：平级人员或平级部门不能互看数据；上级管理人员或上级部门管理人员【主管或助理】可以看下级人员数据；BOSS 账号看全部数据。

2. 角色和权限设置

系统默认有 8 种角色，相应角色有相应权限。BOSS 账号操作设置。

图 6-13　保存用户和部门结构

步骤 1　角色和权限设置。进入设置页面后，单击【角色和权限设置】按钮，如图 6-14 所示。

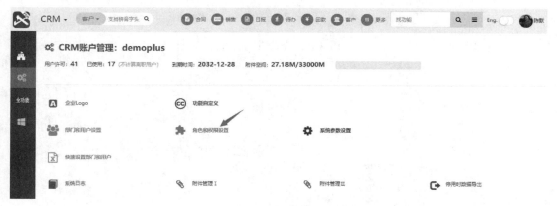

图 6-14　角色和权限设置

步骤 2　设置。给相应人员设置角色权限，单击对应角色后的【设置】按钮。例如财务管理，如图 6-15 所示。

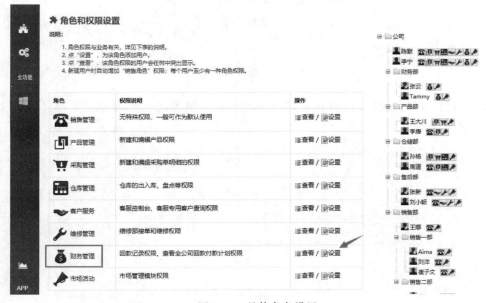

图 6-15　具体角色设置

步骤 3 选择人员。单击【点此】按钮，如图 6-16 所示，弹出页面，在增加角色权限的人员前打钩，然后单击【确定】按钮，如图 6-17 所示。

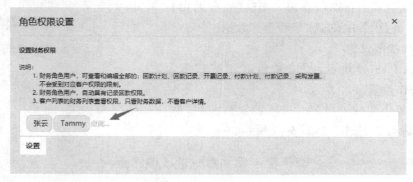

图 6-16 点此进入选人

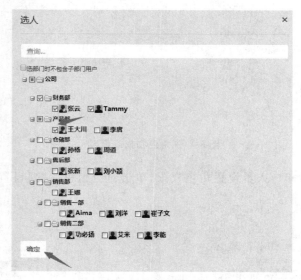

图 6-17 选择人员

步骤 4 保存设置。最后，单击【设置】按钮；这样，相关角色设置好，重新登录即可，如图 6-18 所示。

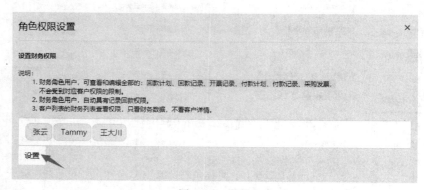

图 6-18 设置

3. 个人登录设定

个人登录系统后,要修改个人密码、头像,设置优先角色等。

步骤1 修改密码。进入工作台后,鼠标移到最下面,单击人名后的设置按钮,如图6-19所示。

图 6-19 密码

进入工作台后,划到最下面,修改密码之后【提交】按钮,如图6-20所示。

图 6-20 修改密码

步骤2 修改头像。与修改密码路径相同,单击头像后,选择文件,上传并截取图片,如图6-21所示。

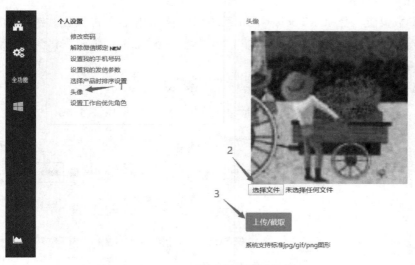

图 6-21 修改头像

步骤 3 设置工作台优化先角色。单击设置工作台优化先角色后,选择角色,提交,如图 6-22 所示。

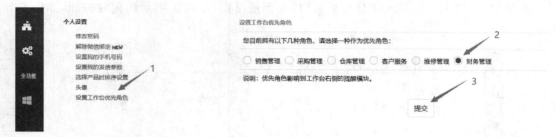

图 6-22 设置工作台优先角色

 导入客户数据(天眼查数据功能)

1. 用户画像

用户画像是基于目标客户定义的关键识别属性,以航空公司商务头等舱和经济舱座席购买用户来理解用户画像。

航空公司头等舱用户画像:旅行目的是高净值收入家庭旅游、公司老板或高管商务旅行,预定人员(此类商品的触达人员)是旅游公司、老板或高管助理。客户价值排序是豪华、准达、安全。价格敏感度低,对服务敏感度高。

航空公司经济舱用户画像:旅行目的是对时效有要求的中高管商务旅行,中产类家庭旅游。预定人员(此类商品的触达人员)是搭乘商旅人员、旅游公司。客户价值排序是准达、安全、舒适。价格敏感度高。

如何使用用户画像?

(1)设置自定义用户画像字段。

在导入客户前可以用客户画像的字段自定义,进行客户关键属性的标识,从而达到筛选客户的目的。具体操作方法如下。

步骤 1 系统参数设置。登录 XTools CRM 系统页面后,工作台单击设置按钮,再单击系统参数设置,如图 6-23 所示。

图 6-23 系统参数设置

步骤 2 用户画像设置。在系统参数设置界面,单击用户画像,如图 6-24 所示。

图 6-24 用户画像

步骤 3 用户画像设置分类。在用户画像/业务特征 自定义界面,找到【新建】按钮并单击【新建】按钮,如图 6-25 所示。

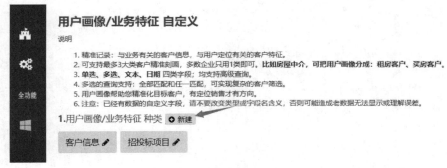

图 6-25 新建分类

输入分类名后,单击【保存】按钮,如图 6-26 所示。

图 6-26 具体分类设置

步骤 4 用户画像设置自定义字段。在字段和初始值后,单击【编辑】按钮,如图 6-27 所示。

步骤 5 具体字段编辑。设置名称、类型,选择分类,注意启用处打钩,最后保存,如图 6-28 所示。

步骤 6 客户视图中编辑用户画像。打开一个客户视图,单击右上角的【编辑】按钮,如图 6-29 所示。

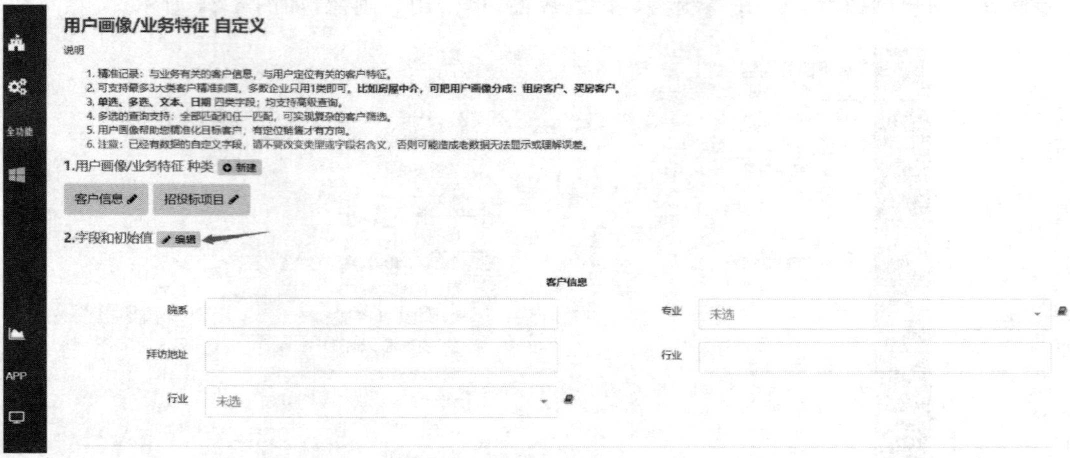

图 6-27　编辑

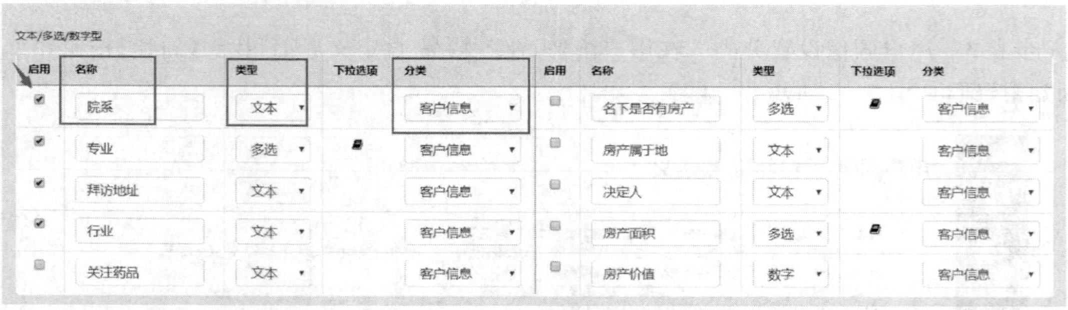

图 6-28　具体字段编辑

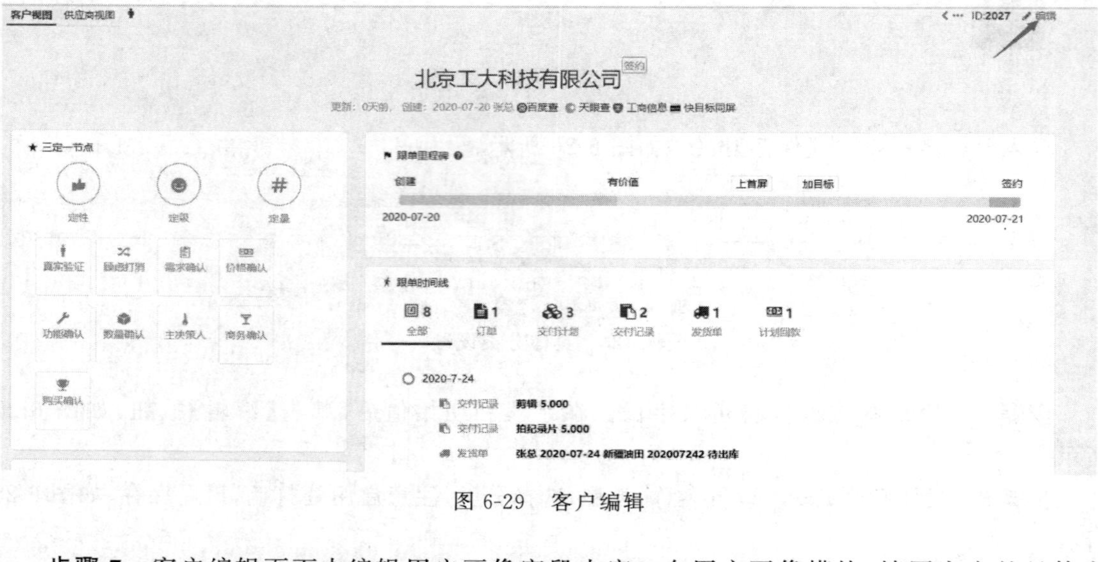

图 6-29　客户编辑

步骤 7　客户编辑页面中编辑用户画像字段内容。在用户画像模块,填写客户的具体字段信息,如图 6-30 所示。

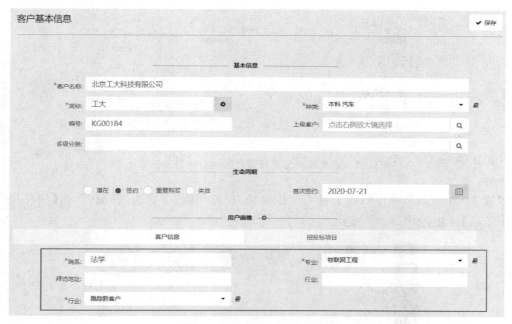

图 6-30　具体字段内容编辑

（2）自动形成潜在客户和签约客户云图。

步骤 1　查看用户画像云图。在客户列表处，单击"用户画像云图"，如图 6-31 所示。

图 6-31　用户画像云图

步骤 2　用户画像云图对比。如图 6-32 所示，超兔 CRM 系统会自动形成【潜在客户和签约客户云图】，对比两个云图，可以明显看出成功签约的客户所具备的标签，也就是真正有效的目标客户具备的共性。以大数据为依托的云图更具科学性，对比潜在客户的标签：一可以快速转换跟单思路，提高客户的签约转化率，二是在后续进行更加精准的信息流投放，最大限度锁定目标群体。

（3）用成交客户来递归用户画像的准确度。

在递归之前，针对所有的成交客户，用"用户画像云图"定义客户画像的准确度。具体操作方法如下。

图 6-32　潜在客户与签约客户的用户画像云图对比

步骤 1　用户画像相似归类工具。工作台处,在打开的"全功能"界面,单击【用户画像相似归类工具】按钮,如图 6-33 所示。

图 6-33　用户画像相似归类工具

步骤 2　用户画像相似归集查看。超兔 CRM 系统中还有【近期客户用户画像归集】,此功能对近期新增的潜客,以用户画像的字段内容做相似归集,分析最近潜客相同用户画像的数量。以此数据来判断近期获客广告是否精准,是否达到精准潜客的预期,提供了获客优化的具体参考,为销售带来更为优质的线索资源。近期潜客,用户画像相似归集,如图 6-34 所示。

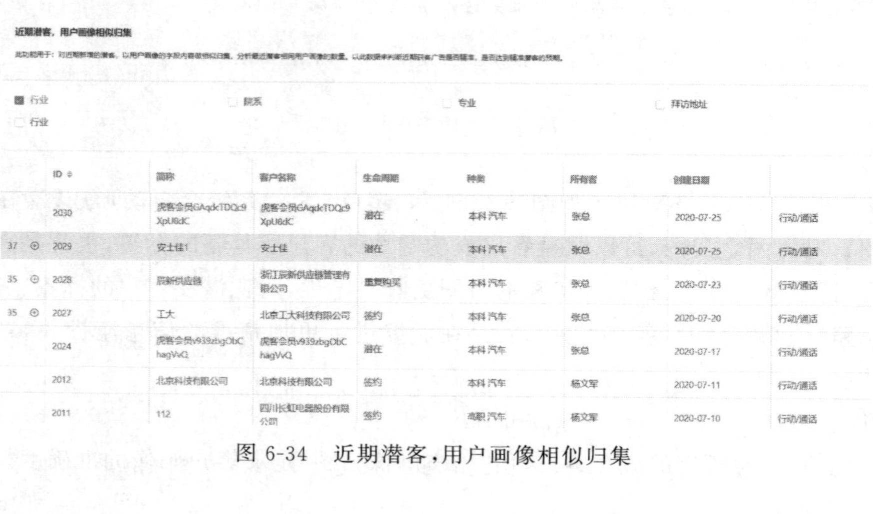

图 6-34　近期潜客,用户画像相似归集

2. 客户导入

公司的老客户资料,一般由业务员自己导入自己的客户资料到系统中。

步骤 1 全功能。登录 XTools CRM 系统页面后,工作台单击【全功能】按钮,如图 6-35 所示。

图 6-35 全功能按钮

步骤 2 客户导入。客户模块下,单击【客户导入】按钮,如图 6-36 所示。

图 6-36 客户导入按钮

步骤 3 选择下载模板。获取导入模板,单击企业或单位下的【完整字段模板】,如图 6-37 所示。

步骤 4 下载生成的模板。弹出页面,单击【开始执行】按钮,如图 6-38 所示,生成企业客户完整模板;执行完成后,单击【请点击下载】按钮,如图 6-39 所示。

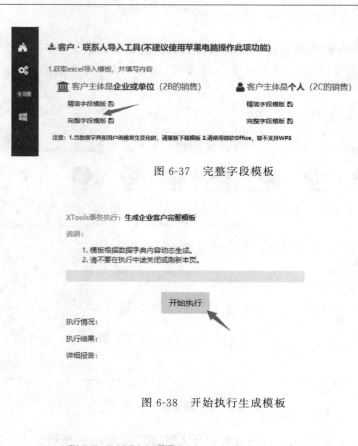

图 6-37 完整字段模板

图 6-38 开始执行生成模板

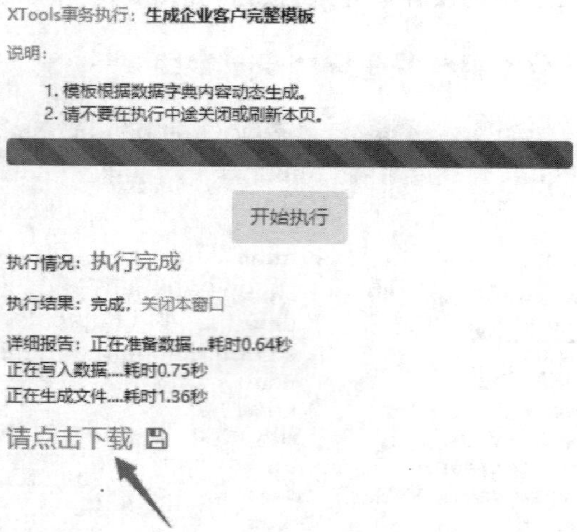

图 6-39 下载模板

步骤 5 打开模板文件。Excel 文档下载好后,打开文档;单击第 2 个表格 DATA,如图 6-40 所示。

步骤 6 整理资料到表格中。相关客户资料,有电子档信息的,复制到对应列;无电子档的,整理到对应列。从"姓名"开始是联系人信息,如图 6-41 所示。不同客户,简称或客户名称

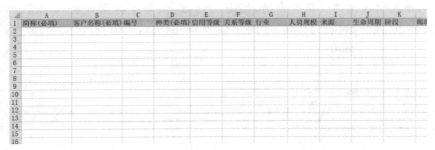

图 6-40 Excel 模板文档

不能相同。助记简称、客户名称和种类是必填项；若联系人有信息的，姓名必须有。最大导入1000 条；超过要分表格导入。同一公司多个联系人的，除第 1 个联系人要填写客户详细信息和联系人信息外，从第 2 个联系人开始，公司信息只填写"简称"和联系人信息。

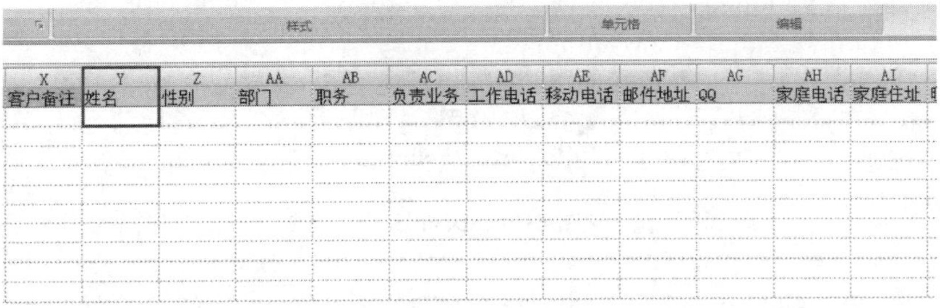

图 6-41 联系人信息

步骤 7 上传模板文件。模板保存后，回到导入页面，选择文件并单击【上传】按钮，如图 6-42 所示。

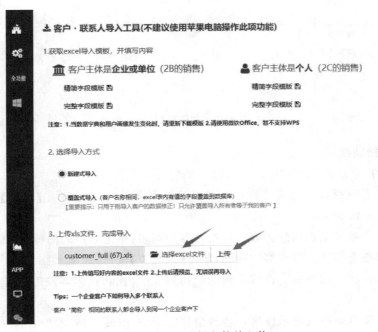

图 6-42 选择文件并上传

步骤8 导入模板文件。系统自检,如图6-43所示;若无异常数据,单击【导入】按钮,如图6-44所示;并单击【开始执行】按钮,如图6-45所示;完成后关闭;有错误的,可返回修改模板后再上传导入。

图6-43 导入前自检

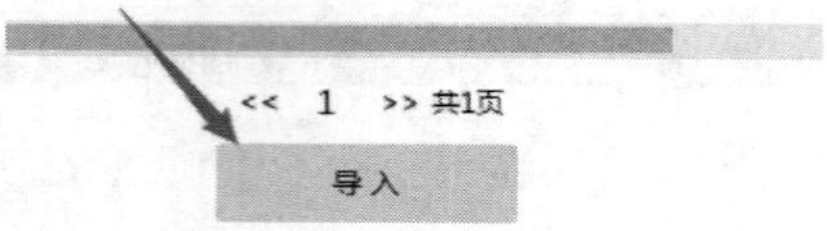

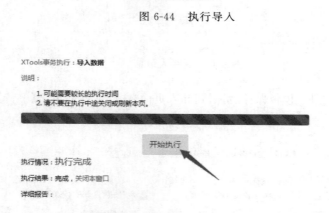

图6-44 执行导入

图6-45 开始执行

3. 天眼查数据功能

利用系统中的"天眼查"功能,可以查找客户的各种真实信息。

步骤1 打开客户列表。登录XTools CRM系统页面后,工作台单击【客户】快捷按钮,进入客户列表,如图6-46所示。

步骤2 列表中找到要查信息的客户。打开客户列表,单击客户的简称,如图6-47所示。

步骤3 天眼查查信息。打开客户视图,单击【天眼查】按钮,如图6-48所示。

步骤4 进入具体公司条目。在搜索到的公司列表中,找到具体客户后,单击公司名进入查看信息,如图6-49所示。

步骤5 查看信息。进入展示此客户各种信息的页面,查看详情,如图6-50所示。

图 6-46　客户快捷按钮

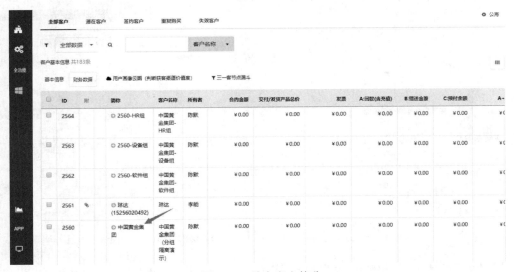

图 6-47　单击客户简称

图 6-48　天眼查

图 6-49　天眼查中的具体客户名称

图 6-50　天眼查中的具体客户信息

触及开发客户

触及开发客户，涉及手机端 App 的登录使用，超兔快目标下载及安装。安卓手机直接扫码下载，如图 6-51 所示；苹果手机用 appstore 搜索超兔快目标下载。

安装过程中需要设置手机权限，苹果手机"快目标"下载，需要 IOS 9.1 以上版本，安卓手机"快目标"下载，需要安卓系统 7.0 以上版本。然后登录单击手机端"快目标"图标，如图 6-52 所示。

在登录界面输入用户名、公司名、密码，账号信息与电脑端相同；单击登录箭头按钮，如图 6-53 所示。

项目任务 6　构建客户关系管理平台

图 6-51　快目标二维码　　　图 6-52　快目标 App　　　图 6-53　手机端登录快目标 App

1. 电话

步骤 1　搜索客户。登录 XTools CRM 系统页面后，工作台客户查询处，输入客户关键字后，单击【搜索】按钮，如图 6-54 所示。

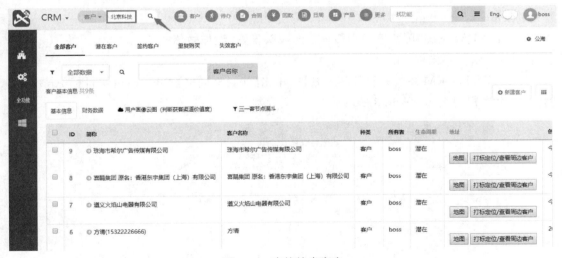

图 6-54　直接搜索客户

步骤 2　进客户视图。单击搜索出的客户名称，进客户视图，如图 6-55 所示。

步骤 3　通过超兔 App 打电话。客户视图中，单击联系人手机后的打电话图标，如图 6-56 所示。

步骤 4　确认拨打。手机端弹出页面，单击【呼叫】按钮即可给客户联系人打电话；或单击【下次直接呼叫】按钮，以后单击电话图标后就没有提示，直接拨打客户电话了，如图 6-57 所示。

图 6-55　单击搜索出的客户名

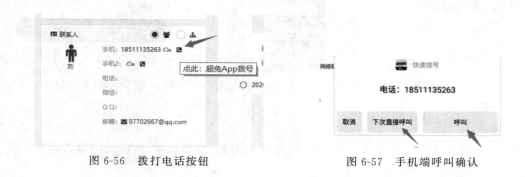

图 6-56　拨打电话按钮　　　　　　图 6-57　手机端呼叫确认

2. 微信

XTools CRM 系统,可快速识别微信信息及头像,一键加微信。

步骤 1　快目标同屏。

登录 XTools CRM 系统并打开客户视图;单击【快目标同屏】按钮,超兔快目标 App,会自动打开这个客户视图,如图 6-58 所示。

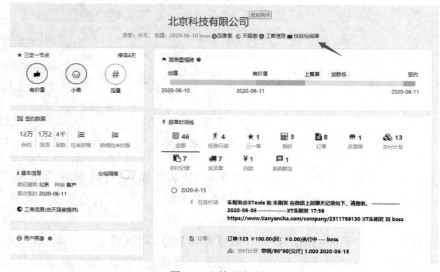

图 6-58　快目标同屏

步骤 2 获取客户微信头像及信息。

弹出的自动获取主联系人的微信相关信息的对话框,单击【确认】按钮,如图 6-59 所示。

步骤 3 开始获取。

相关无障碍权限设置开启后,单击【开始】按钮,系统即会自动获取微信头像及微信信息,如图 6-60 所示。

图 6-59　自动获取信息确认　　　　图 6-60　开始获取

查找到的微信信息及头像,会上传到客户视图中,如图 6-61 所示。

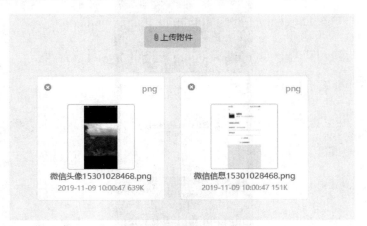

图 6-61　获取的微信头像及信息

步骤 4 一键加微信。

客户视图下面的按钮,单击【雷达】按钮,如图 6-62 所示。

步骤5 加微信。

单击【加微信】按钮,如图 6-63 所示。

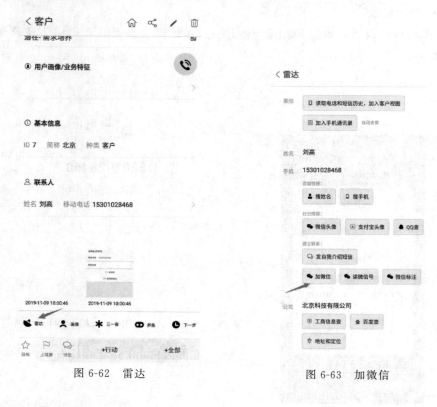

图 6-62　雷达　　　　　　　　图 6-63　加微信

步骤6 设置验证信息。

设置好验证信息,单击【确定】按钮,之后会自动一键加微信,如图 6-64 所示。

图 6-64　设置验证信息后确定

3．客户分级

XTools CRM 系统，可快速给客户做分级标识。

步骤 1 打开三一客。

登录快目标 App 并打开客户视图，单击【三一客】按钮，如图 6-65 所示。

步骤 2 三定标识。

根据与客户的接触、沟通，给客户分级，做定性、定级、定量标识，单击相应图标即可，如图 6-66 所示。

图 6-65 三一客

图 6-66 三一客标识

步骤 3 标识后的结果，如图 6-67 所示。

4．下一步事项

客户要做持续跟进，我们要做好下一步事项的安排。

步骤 1 下一步事项安排。

登录快目标 App 并打开客户视图；单击【下一步】按钮，如图 6-68 所示。

步骤 2 事项及相关信息选择。

选择具体日期及时间，选择下一步事项，然后单击【下一步】按钮，如图 6-69 所示。

步骤 3 安排好下一步事项的详细内容，如图 6-70 所示。

图 6-67 标识后的截图

图 6-68 下一步

图 6-69 下一步事项具体日期时间、内容

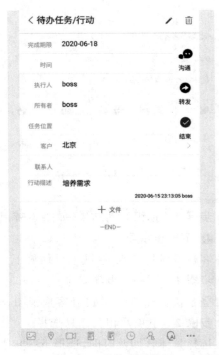

图 6-70 具体事项截图

项目任务 6　构建客户关系管理平台

 客户签约流程

1．报价

在客户跟进时，常常会遇到客户的询价，在系统中给客户做好产品报价。

步骤 1　进报价单列表。

登录 XTools CRM 系统后，进入工作台，单击【全功能】按钮，单击【报价/预下单】按钮，如图 6-71 所示。

图 6-71　报价

步骤 2　新建报价单。

报价/预下单列表，单击右上角【新建】按钮，如图 6-72 所示。

图 6-72　新建报价单

步骤 3　报价单信息填写。

填写主题，选择客户，具体分类及相关信息后，单击【保存】按钮，如图 6-73 所示。

步骤 4　报价单产品明细编辑。

在弹出的页面，单击【3 种编辑明细】按钮，如图 6-74 所示。

231

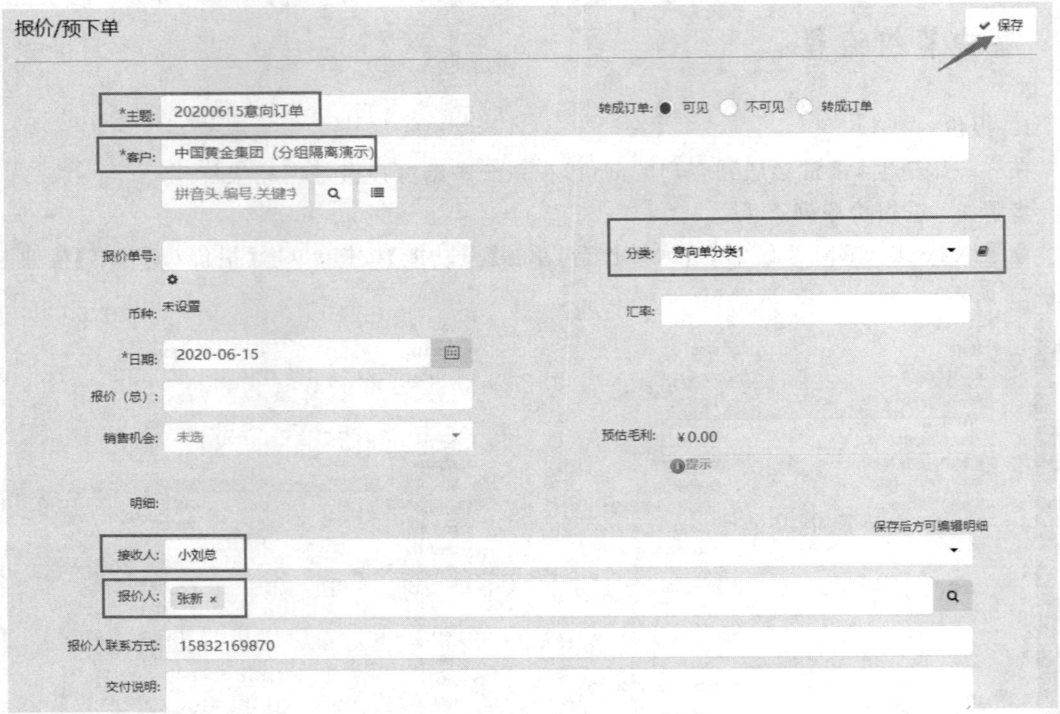

图 6-73 报价详细信息及保存

图 6-74 3 种编辑明细

步骤 5 产品选择及修改单价、数量。

右边输入产品关键字,搜索并选择产品,然后在左边修改单价及数量,全部产品改好后,单击【保存明细数据】按钮,如图 6-75 所示。

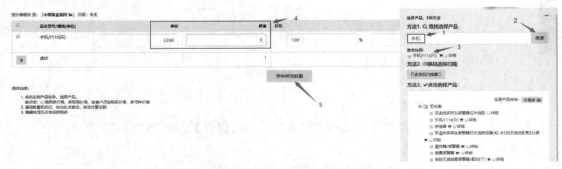

图 6-75 产品选择并修改单价数量

步骤 6　报价单打印。

报价单可按设置好的模板，打印出来；在报价单明细处，单击【打印单据】按钮，如图 6-76 所示。

product	model	guige	单位	数量	单价	金额	备注
手机	r11s	-	只	1	¥3,299.00	¥3,299.00	
合计				1	---	¥3,299.00	
总计（大写金额）				人民币叁仟贰佰玖拾玖元整			

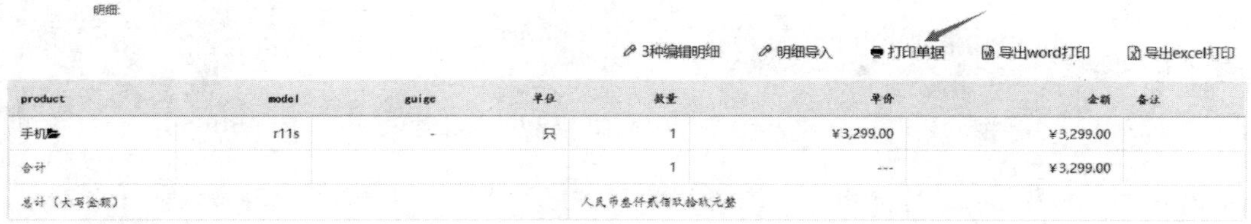

图 6-76　打印报价单

报价单打印示例，如图 6-77 所示。

报价单

客 户:	中国黄金集团（分组隔离演示）	接收人:	小刘总	日期:	2020-06-15
报价人:	陈默13681025887	制表人:	陈默		

报价明细:

product	model	guige	单位	数量	单价	金额	备注
手机	r11s	-	只	1	¥3,299.00	¥3,299.00	
合计				1	---	¥3,299.00	
总计（大写金额）				人民币叁仟贰佰玖拾玖元整			

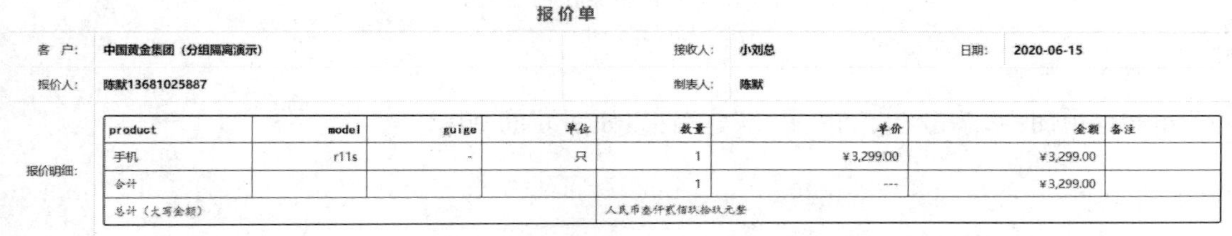

图 6-77　报价单打印样式截图

2. 订单

成交的客户，是实物销售的，合约以订单的形式在系统中记录。

步骤 1　搜索并打开客户视图。

登录 XTools CRM 系统后，在工作台的客户查询处，输入客户名称关键字或拼音首字母，单击搜索按钮，如图 6-78 所示。

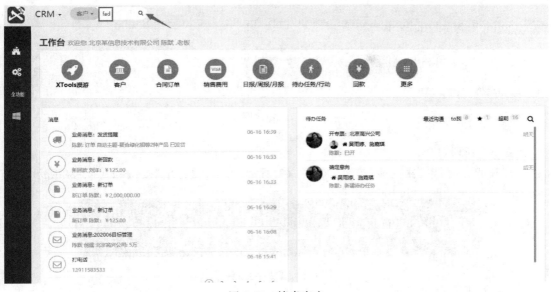

图 6-78　搜索客户

在弹出的界面单击搜索出的客户名称,打开客户视图,如图 6-79 所示。

图 6-79　单击搜索出的客户名

步骤 2　新建。

在客户视图中,单击右下角"＋"新建图标,如图 6-80 所示。

图 6-80　新建图标

步骤 3　新建订单。

在打开的界面,单击【更多】按钮,如图 6-81 所示;再单击【订单】按钮,如图 6-82 所示。

图 6-81　【更多】按钮

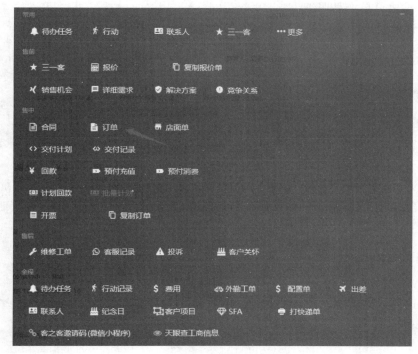

图 6-82 新建订单

步骤 4 订单基本信息填写。

打开的"订单"界面,填写订单相关信息后,单击【保存】按钮,如图 6-83 所示。

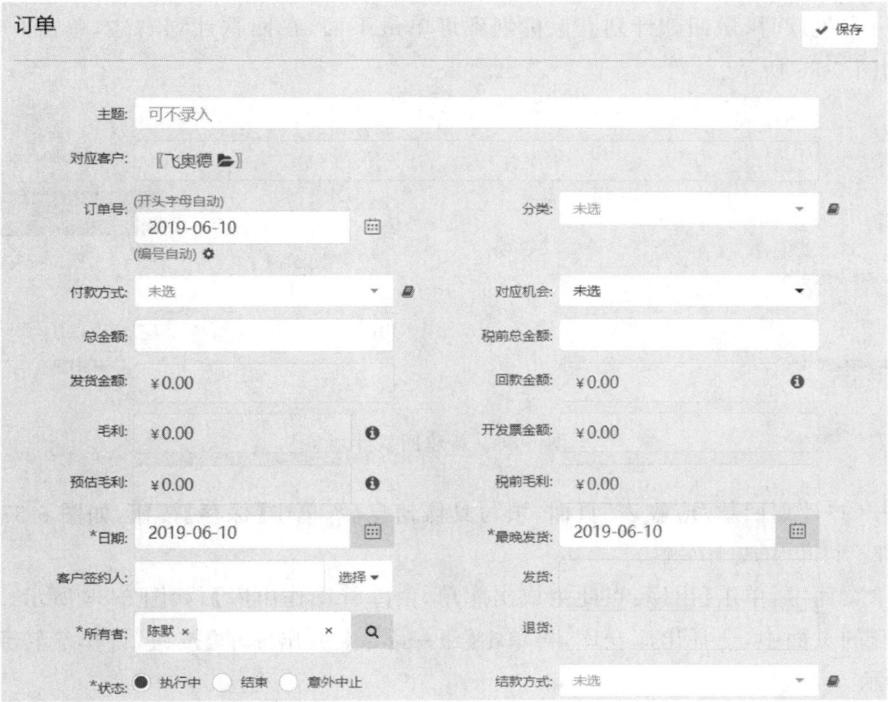

图 6-83 订单信息填写

步骤 5 编辑订单产品明细。

在"编辑订单明细"界面,单击【3 种编辑明细】按钮,如图 6-84 所示。

图 6-84　3 种编辑明细

在打开的界面中,右边输入产品关键字,搜索并选择产品;左边修改单价及数量,所有产品选择并修改完后,单击【保存明细数据】按钮,如图 6-85 所示。

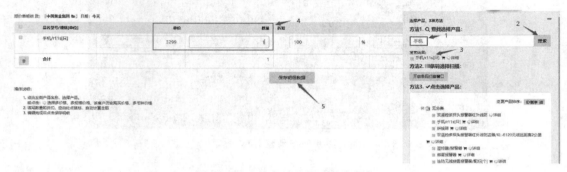

图 6-85　选择产品并修改单价数量

步骤 6 新建应收款。

若客户有欠款时,做回款计划。鼠标划到订单最下面,在回款计划右边,单击"＋"新建回款计划,如图 6-86 所示。

图 6-86　新建回款计划

在打开的"计划回款/应收表"页面,填写具体信息后,单击【保存】按钮,如图 6-87 所示。

步骤 7 订单生成出库单。

在订单页面中,单击【出库:点此生成出库单,由库管操作出库】,如图 6-88 所示。

在打开的页面中,选择出库仓库,再单击【下一步:生成出库单】按钮,订单流转到库管,如图 6-89 所示。

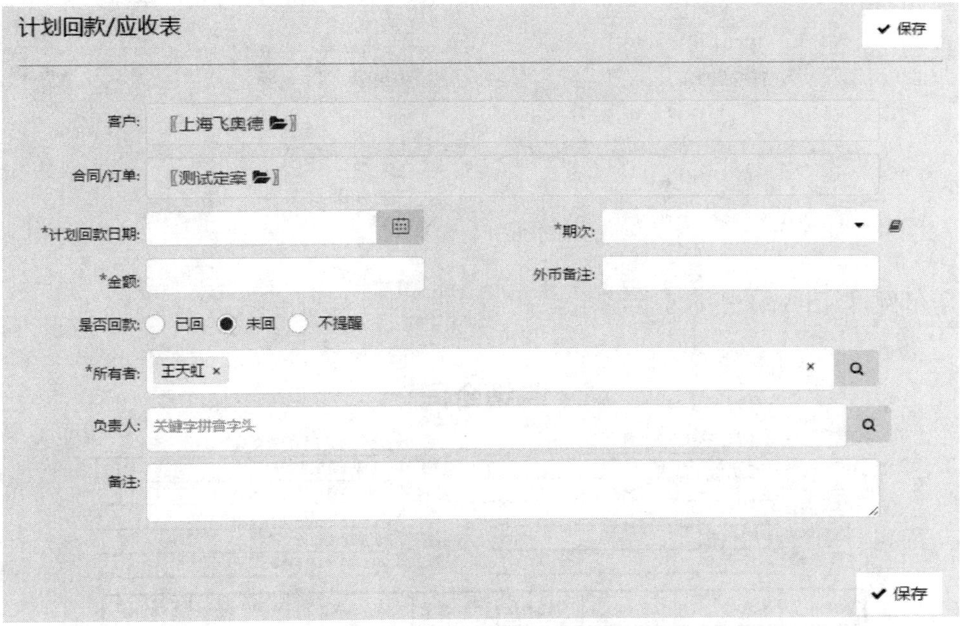

图 6-87 计划回款详细信息填写

图 6-88 生成出库单

图 6-89 选择仓库并生成出库单

步骤 8 订单打印。

订单可按设置好的模板,打印出来;在订单明细处,单击【打印订单】按钮,如图 6-90 所示。

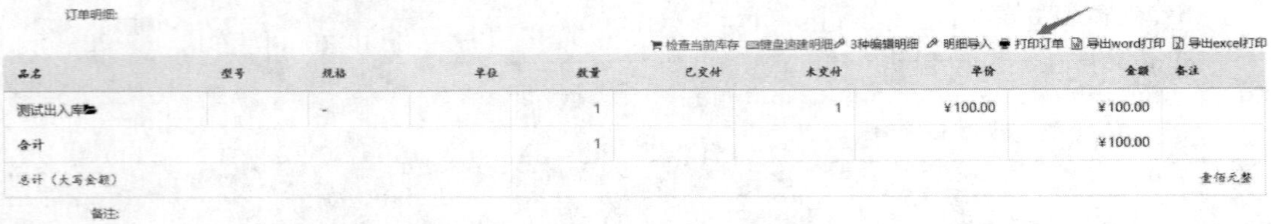

订单明细：

品名	型号	规格	单位	数量	已交付	未交付	单价	金额	备注
测试出入库	-			1		1	¥100.00	¥100.00	
合计				1				¥100.00	
总计（大写金额）								壹佰元整	

备注：

图 6-90 打印订单

打印示例，如图 6-91 所示。

图 6-91 订单打印示例截图

3. 收款

在 XTools CRM 系统中，收到客户打款后，由财务记录收款。

步骤 1 打开应收款列表。

登录 XTools CRM 页面后，工作台，财务提醒下，单击【回款计划】按钮，如图 6-92 所示。

步骤 2 选择计划回款做回款记录。

弹出界面，相应计划回款前打钩，如图 6-93 所示。

步骤 3 回款记录详细信息填写。

填写回款记录表中相关内容，单击【保存】按钮，如图 6-94 所示。

注：有 * 为必填项；所有者必须改为订单归属的业务员。

项目任务6 构建客户关系管理平台

图 6-92 计划回款

图 6-93 计划回款列表

4. 开票

在 XTools CRM 系统中,给客户开发票后,由财务做好开票记录。

步骤1 打开开票记录列表。

登录 XTools CRM 页面后,进入工作台,单击【全功能】按钮,单击【开票记录】按钮,如图 6-95 所示。

步骤2 新建开票记录。

开票记录列表,单击右上角【新建】按钮,如图 6-96 所示。

239

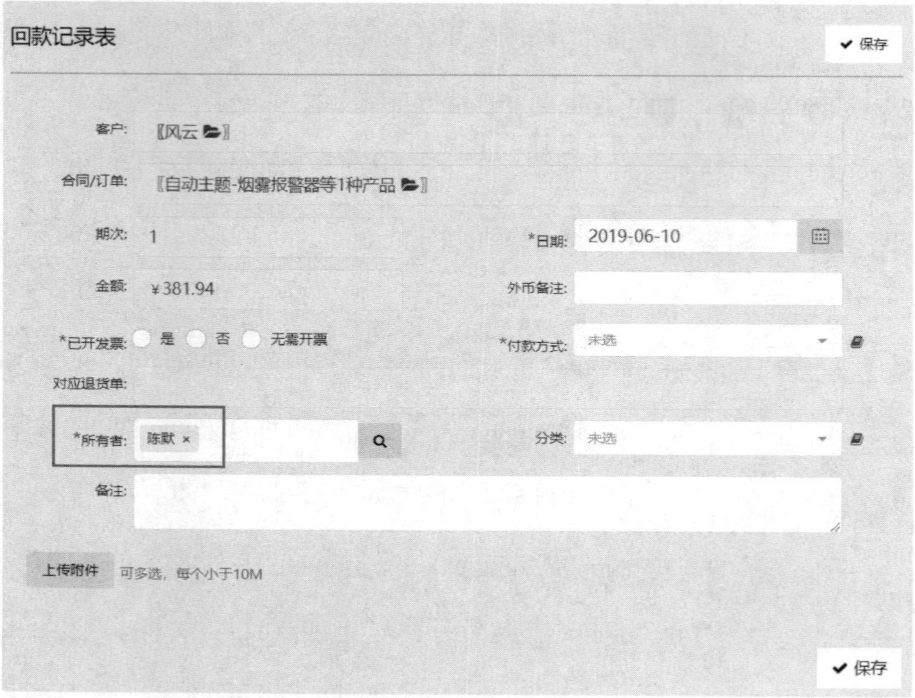

回款记录表
✔ 保存
客户: 〖风云〗
合同/订单: 〖自动主题-烟雾报警器等1种产品〗
期次: 1
*日期: 2019-06-10
金额: ¥381.94
外币备注:
*已开发票: 是 否 无需开票
*付款方式: 未选
对应退货单:
*所有者: 陈默 ×
分类: 未选
备注:
上传附件 可多选，每个小于10M
✔ 保存

图 6-94　回款记录信息填写

报价
报价/预下单
报价明细
多方项目
多方项目
项目售前漏斗
联系人
纪念日
虎客好店（熟客下单/分销）
店名和店铺Logo
分销参数设置
佣金列表
回款
计划回款
回款
开票记录
智能应收开关
产品
产品

图 6-95　开票记录

CRM
开票日期
ID
开票日期
47
¥20,000.00
2017-04-10
已回款
46
¥6,400.00
2017-03-31
已回款

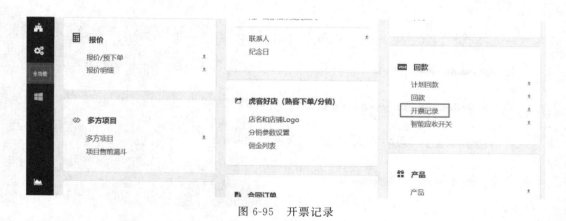

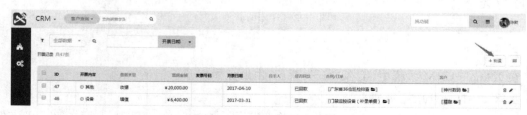

图 6-96　新建开票记录

步骤 3　开票记录详细信息填写。

填写好开票记录的相关信息后，单击【保存】按钮；有 * 为必填项，如图 6-97 所示。

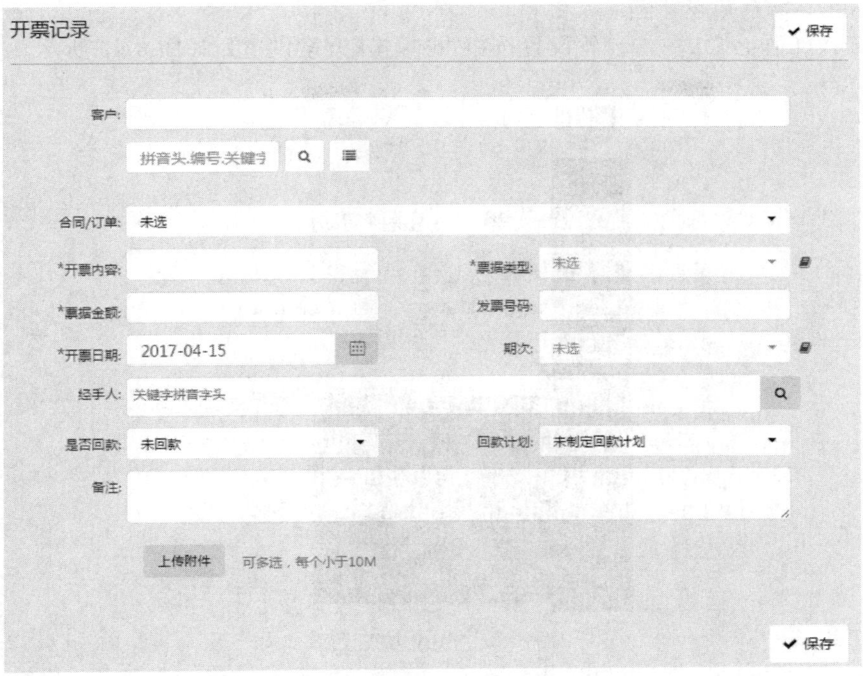

图 6-97 开票记录信息填写

客户维护流程

1. SFA 策略

步骤 1 进 SFA 工作台。

登录 XTools CRM 系统后,工作台左上角单击 CRM 后小三角,再单击【SFA:销售自动化】按钮,如图 6-98 所示。

图 6-98 进 SFA:销售自动化 工作台

步骤 2 进 SFA 方案列表。

进入 SFA 工作台后,单击齿轮设置按钮,再单击【方案设置】,如图 6-99 所示。

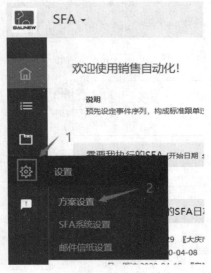

图 6-99 SFA 方案设置

步骤 3 SFA 方案命名。

输入方案名称,单击【新建 SFA 方案】按钮,如图 6-100 所示。

图 6-100 方案名称命名

步骤 4 进 SFA 方案事件设置。

单击相应方案名称后的【设置 SFA 方案】按钮,如图 6-101 所示。

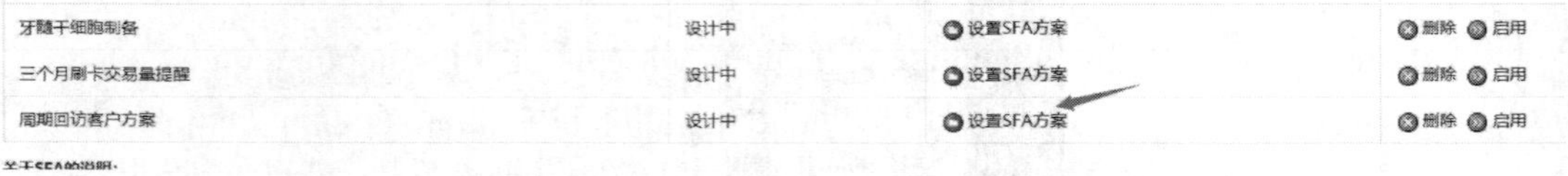

图 6-101 设置 SFA 方案

步骤 5 新建 SFA 事件

打开的页面,单击【新建 SFA 事件】按钮,设置方案的第 1 个事件,如图 6-102 所示。

步骤 6 具体 SFA 事件详细设置。

一个事件包含 3 项:

图 6-102　新建 SFA 事件

(1) 输入事件名称。

(2) 执行日期,有以下几种可供选择:1 无日期,2 绝对日期,3 相对日期,4 循环日期同,5 按月、按年循环,如图 6-103 所示。

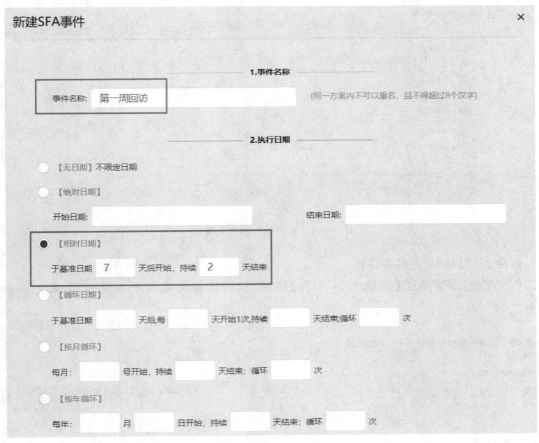

图 6-103　事件名称及执行日期

(3) 执行动作,有以下几种可供选择:1 具体事务,2 发短信,3 发邮件,4 创建待办任务。设置好后,单击【保存】按钮,如图 6-104 所示。

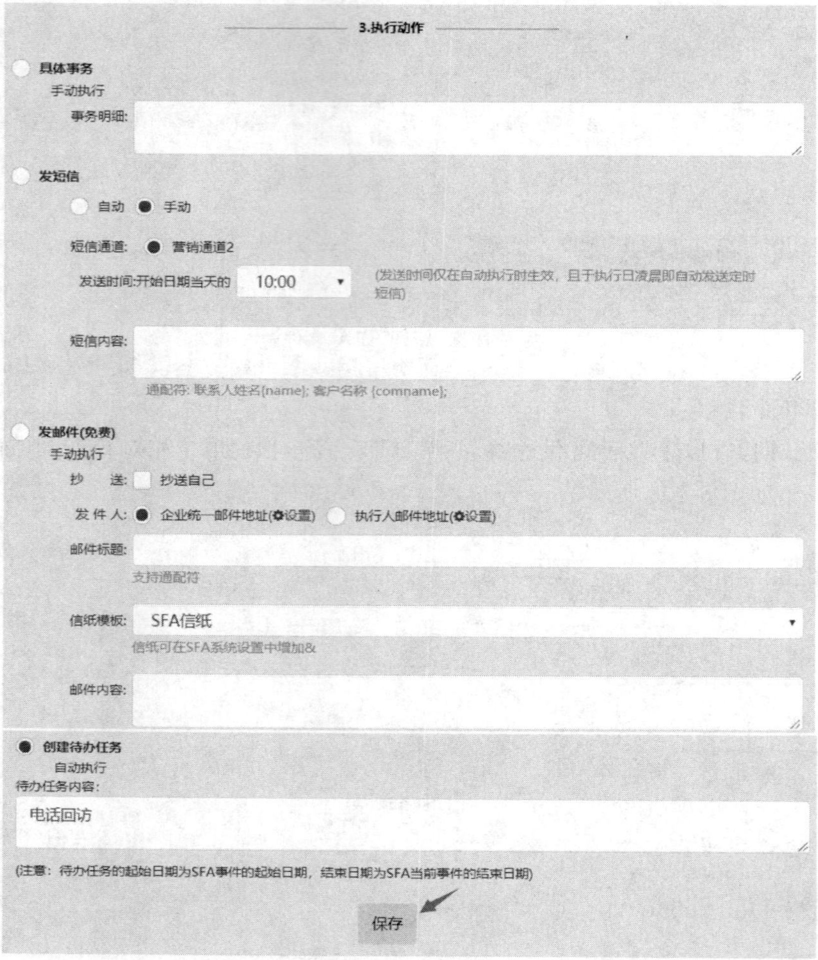

图 6-104　事件执行动作及保存

步骤 7　后续 SFA 事件设置。

后续事件，继续单击【新建 SFA 事件】按钮，设置步骤与第 1 个事件相同，如图 6-105 所示。

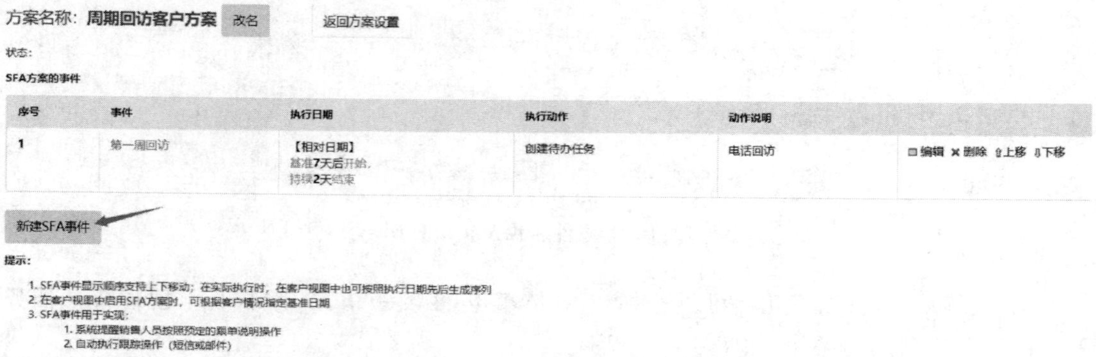

图 6-105　设置更多事件

步骤 8 SFA 方案设置启用。

全部事件设置完后,单击【返回方案设置】按钮,如图 6-106 所示;在对应方案后,单击【启用】按钮,如图 6-107 所示。

图 6-106 返回方案设置

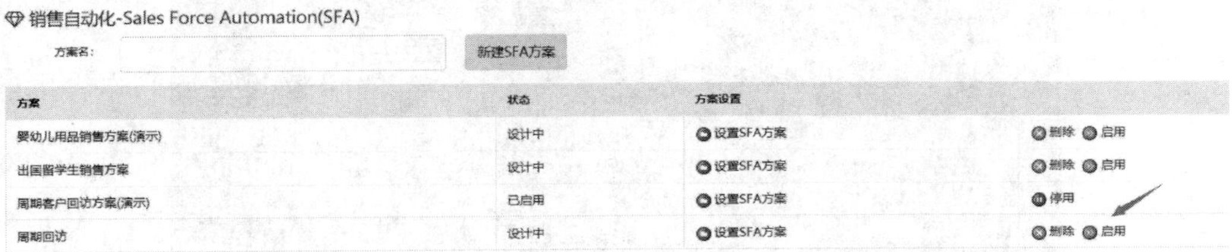

图 6-107 SFA 方案启用

步骤 9 启动 SFA,进客户视图。

打开要启动的 SFA 客户视图,单击"＋"新建按钮,如图 6-108 所示。

图 6-108 新建按钮

步骤 10 启动 SFA。

弹出界面,单击【更多】按钮,如图 6-109 所示。

图 6-109 更多按钮

单击【SFA】按钮,如图 6-110 所示。

图 6-110　新建 SFA

步骤 11　客户下启动 SFA 方案。

选择要启动的 SFA 方案名,基准日期,具体执行人,事件接收人后,单击【开始 SFA】按钮,如图 6-111 所示。

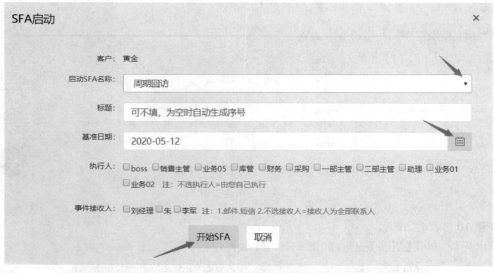

图 6-111　启动 SFA

步骤 12　客户视图查看 SFA 方案。

客户视图中,跟单时间线上,列出了启动的具体 SFA 序列事件,如图 6-112 所示。

图 6-112　启动中的 SFA 序列事件

步骤 13　手动执行 SFA 事件。

若 SFA 事件是自动执行的,不需要做其他操作;若是手动执行的,到期要执行时,单击执行的序列,如图 6-113 所示。

图 6-113　单击执行的事件

已手动执行完事件的,单击【执行事件】按钮;不需要执行的,可跳过事件,如图 6-114 所示。

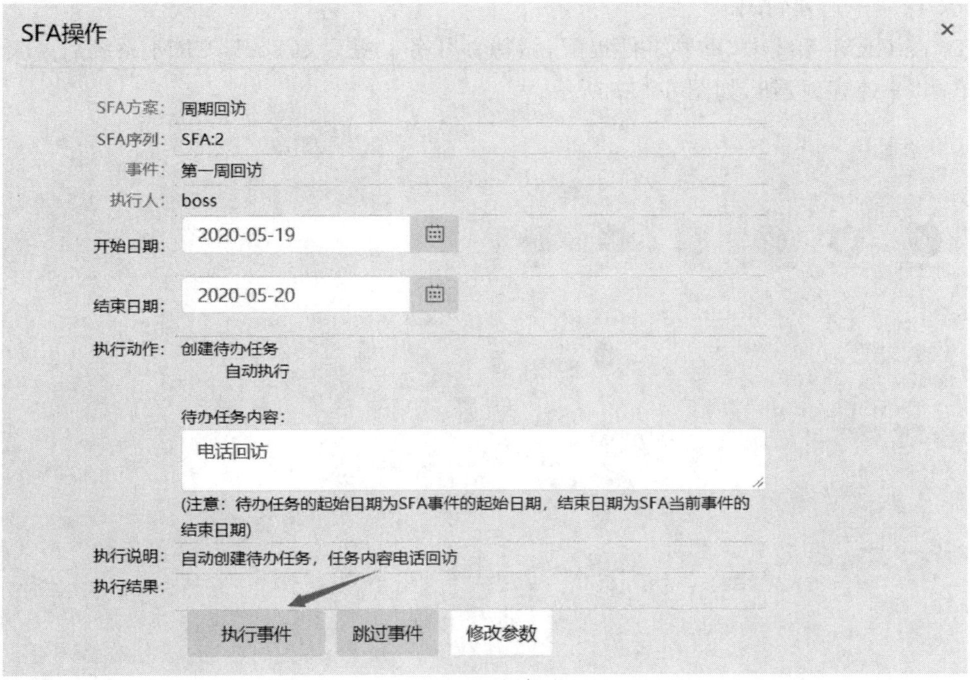

图 6-114　手动执行事件

步骤14 中止 SFA 方案。

要中止 SFA 事件序列时,单击方框状中止按钮,如图 6-115 所示。

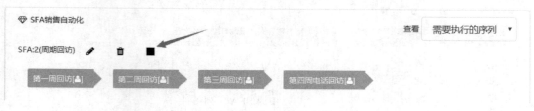

图 6-115 中止 SFA 方案

在弹出的界面中,单击【确定中止】按钮,如图 6-116 所示。

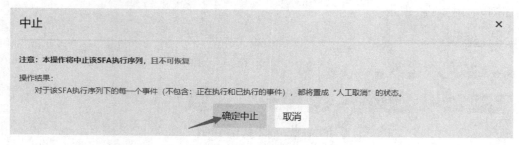

图 6-116 确定中止

2. 提醒

步骤1 "+速建"按钮。

XTools CRM 系统中,重要事件提醒,做待办任务。登录 XTools CRM 系统后,工作台右下角,单击"+速建"按钮,如图 6-117 所示。

图 6-117 速建

步骤2 新建待办任务。

在弹出界面中,单击【待办任务】按钮,如图 6-118 所示。

项目任务6 构建客户关系管理平台

图 6-118 速建待办任务

步骤 3 具体待办任务内容填写。

填写具体行动描述、选择完成日期、客户、联系人等相关信息后,单击【保存】按钮,如图 6-119 所示。

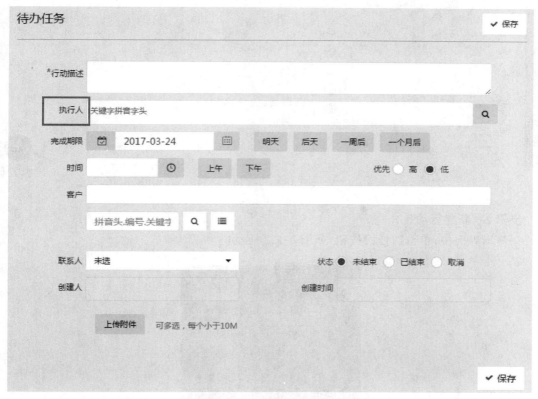

图 6-119 待办任务详细内容填写

步骤 4 待办任务提醒查看。

创建好的任务,会在工作台的待办任务列表处有提醒,如图 6-120 所示。

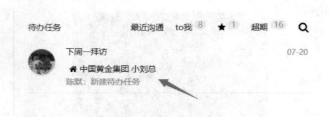

图 6-120　工作台任务提醒

3. 执行记录

步骤 1　"＋速建"按钮。

XTools CRM 系统中，对客户做过的事项，记录行动。登录 XTools CRM 系统后，工作台右下角，单击"＋速建"按钮，如图 6-121 所示。

图 6-121　速建

步骤 2　新建行动。

在弹出界面中，单击【行动】按钮，如图 6-122 所示。

图 6-122　新建行动

步骤3 填写具体的执行记录。

填写具体跟进内容后,单击【保存】按钮,如图 6-123 所示。

图 6-123 记录详细信息填写

客户生命周期

1. 潜在客户

导入或录入 XTools CRM 系统的客户,在未成交前,系统默认为潜在客户;客户生命周期处,可查看潜在客户列表:单击【潜在客户】按钮,如图 6-124 所示。

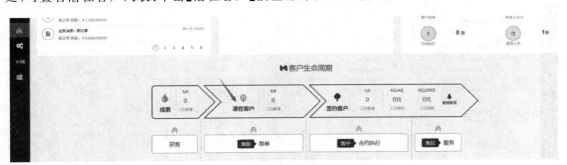

图 6-124 生命周期:潜在客户

潜在客户列表,如图 6-125 所示。

2. 签约客户

导入或录入 XTools CRM 系统的客户,有成交,即有合同订单,或有回款记录,系统自动变更客户生命周期为签约;客户生命周期处,可查看签约客户列表:单击【签约客户】按钮,如图 6-126 所示。

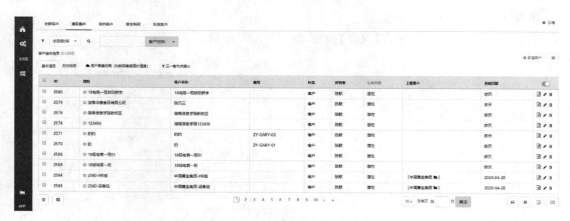

图 6-125　潜在客户列表

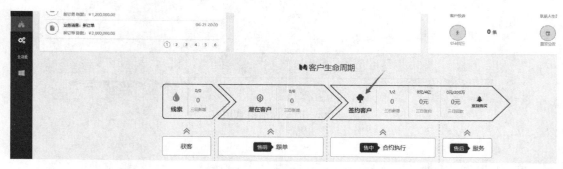

图 6-126　生命周期：签约客户

签约客户列表，如图 6-127 所示。

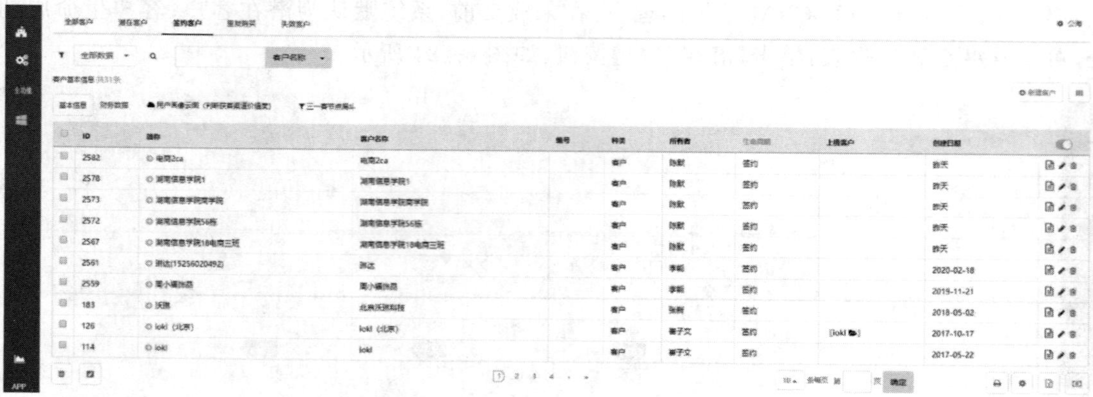

图 6-127　签约客户列表

具体签约客户视图，有合同、订单或回款记录，如图 6-128 所示。

3. 重复购买客户

导入或录入 XTools CRM 系统的客户，有两次以上成交，即有合同订单，或有回款记录两次以上的，系统自动变更客户生命周期为重复购买；客户生命周期处，可查看重复客户列表：单击【重复购买】按钮，如图 6-129 所示。

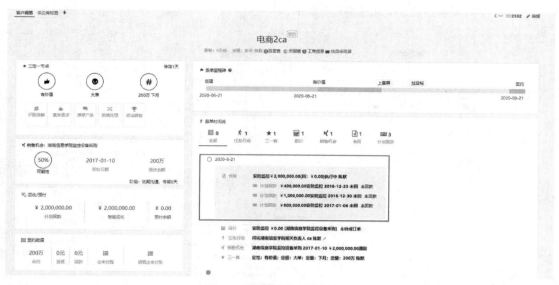

图 6-128　签约客户视图查看

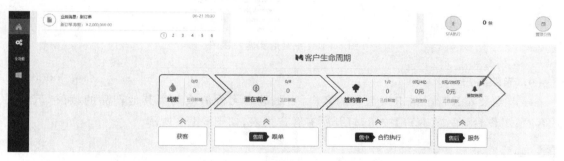

图 6-129　生命周期:重复购买

重复购买列表,如图 6-130 所示。

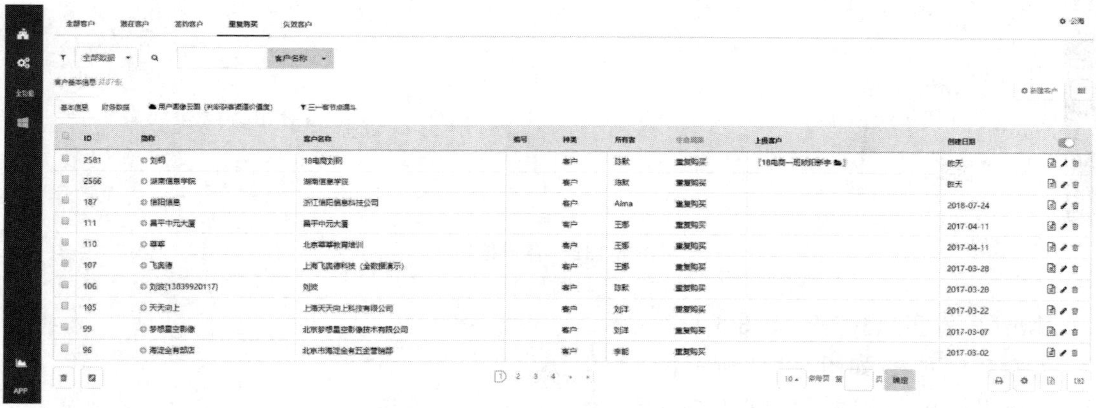

图 6-130　重复购买客户列表

具体重复购买客户视图,如图6-131所示。

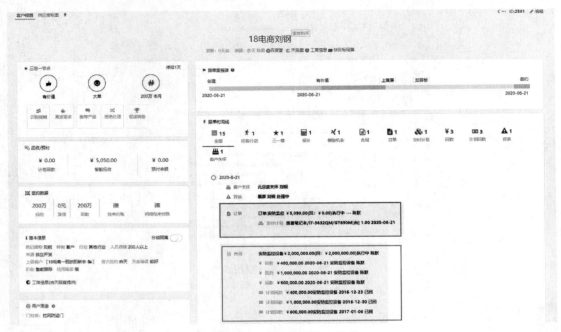

图6-131 重复购买客户视图

4. 失效客户

导入或录入XTools CRM系统的客户,当跟进后无价值或购买其他产品的,可标识为失效客户;工作台,单击【客户】按钮,打开所有客户列表,如图6-132所示。

图6-132 客户按钮

单击【失效客户】按钮,如图6-133所示。

失效客户列表,如图6-134所示。

具体失效客户视图,如图6-135所示。

客户标识为失效客户,路径:单击客户右上角【编辑】按钮,如图6-136所示。

客户基本信息中,生命周期选择【失效】,如图6-137所示。

项目任务6 构建客户关系管理平台

图 6-133 失效客户按钮

图 6-134 失效客户列表

图 6-135 失效客户视图

图 6-136 编辑

图 6-137　生命周期标为失效

绩效考核模型

1. 过程考核

步骤 1　每日数据参考,看日报。

XTools CRM 系统中,对客户跟进做考核的,每天行动记录事项的考核;可从看日报中查看每天的行动汇总。进入工作台,单击【日报/周报/月报】按钮,如图 6-138 所示。

图 6-138　日周月报

单击【看下级】按钮,如图 6-139 所示。

图 6-139　看下级

选人、选择日期后,查看数据参考,如图 6-140 所示。

图 6-140　查看数据参考

步骤 2　集信数据参考。

在 XTools CRM 系统中,对客户跟进有做电话记录考核的,集信的考核。进入工作台,左上角点开集信,如图 6-141 所示。

图 6-141　CTI 集信

进入集信工作台,单击【统计】按钮,如图 6-142 所示。

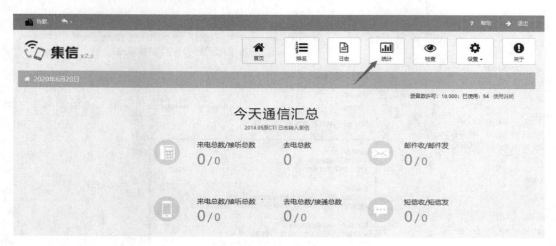

图 6-142　统计

单击要查看的月份,如图 6-143 所示。

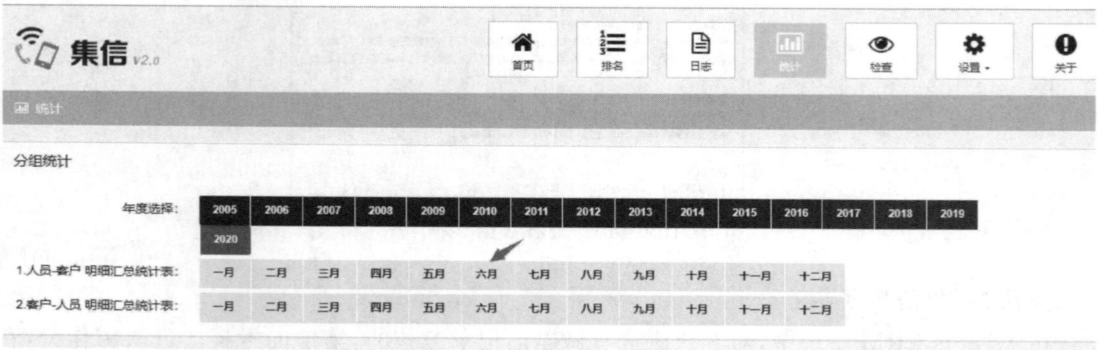

图 6-143　统计选择查看的月份

通话数量及时长统计,如图 6-144 所示。

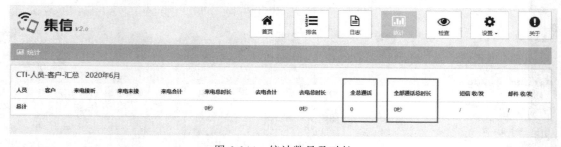

图 6-144　统计数量及时长

步骤 3　轨迹查询。

XTools CRM 系统中,对出差拜访,即轨迹考核的。进入工作台,左上角点开打天下,如图 6-145 所示。

图 6-145 打天下

轨迹查询,如图 6-146 所示。

图 6-146 轨迹查询

轨迹列表中,单击具体日期后的详细按钮,如图 6-147 所示。

查看具体定位信息,如图 6-148 所示。

2. 结果考核

对客户做跟进,最终结果是为了达到成交,结果考核,查看成交的合同额或实际回款额;路径:工作台,单击全功能,如图 6-149 所示。

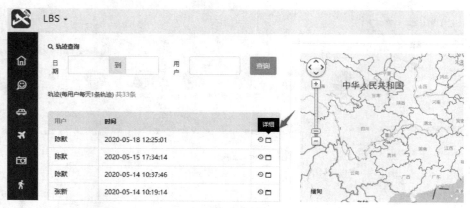

图 6-147 轨迹查看详细

时间	地点	状态	手机	设备号
2020-05-18 11:47:25	北京市, 北京市, 昌平区, X032(于善街),	正常	nullkmb	
2020-05-18 12:25:01	北京市, 北京市, 昌平区, X032(于善街),	正常	HONOR COL-AL10	nullkmb

状态中返回值的说明：

60：手机正在漫游，数据网络阻断，定位失败
63：数据网络异常，无法访问定位服务器，定位失败
68：定位异常，采用离线定位，有时差，一般会过滤不显示
167：百度定位服务器异常，失败

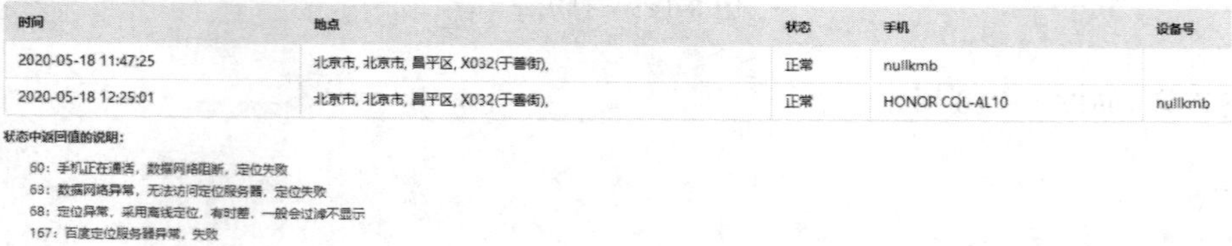

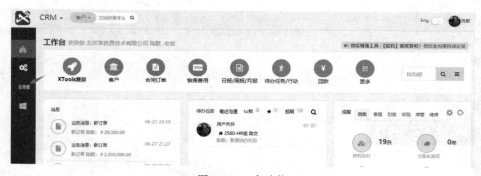

图 6-148 具体轨迹地址截图

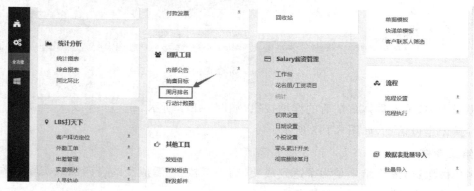

图 6-149 全功能

找到团队工具后，单击【周月排名】按钮，如图 6-150 所示。

图 6-150 周月排名

单击【月统计排名】,如图 6-151 所示。

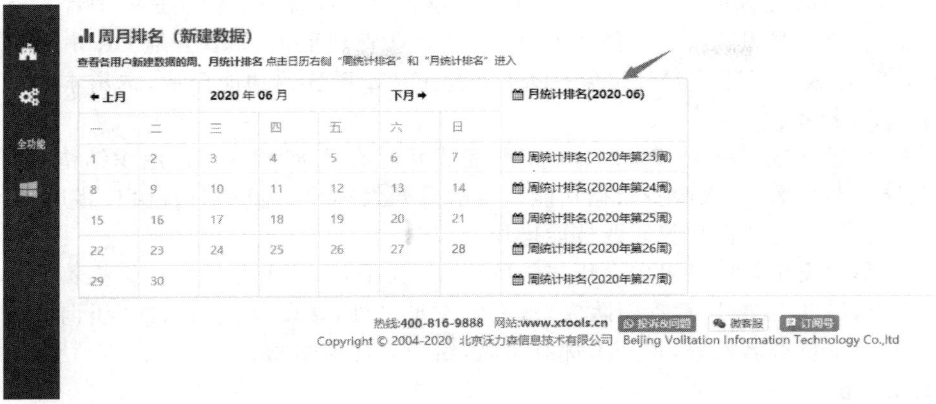

图 6-151　月统计排名

所有人员的合同额、回款额都可查看到,如图 6-152 所示。

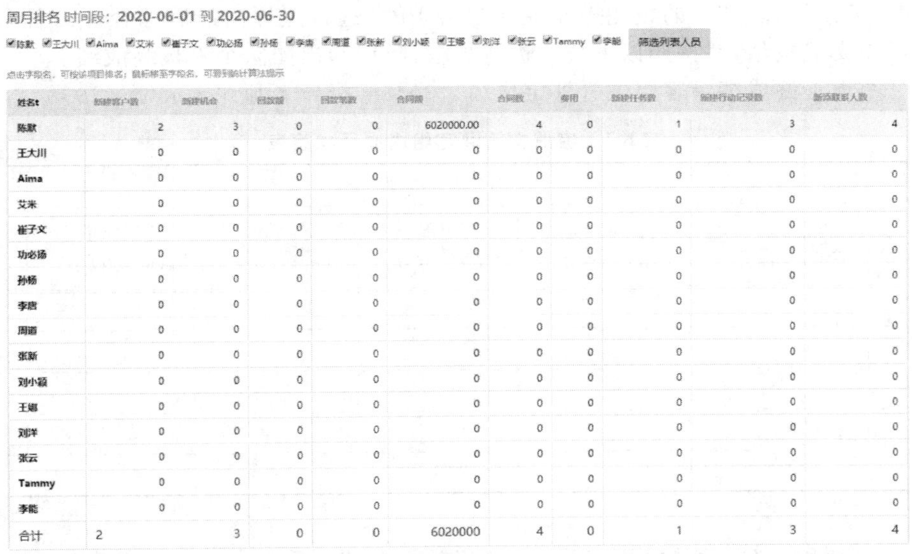

周月排名 时间段: 2020-06-01 到 2020-06-30

姓名	新建客户数	新建机会	回款额	回款笔数	合同额	合同数	费用	新建任务数	新建行动记录数	新添联系人数
陈默	2	3	0	0	6020000.00	4	0	1	3	4
王大川	0	0	0	0	0	0	0	0	0	0
Aima	0	0	0	0	0	0	0	0	0	0
艾米	0	0	0	0	0	0	0	0	0	0
崔子文	0	0	0	0	0	0	0	0	0	0
功必扬	0	0	0	0	0	0	0	0	0	0
孙杨	0	0	0	0	0	0	0	0	0	0
李唐	0	0	0	0	0	0	0	0	0	0
周道	0	0	0	0	0	0	0	0	0	0
张新	0	0	0	0	0	0	0	0	0	0
刘小颖	0	0	0	0	0	0	0	0	0	0
王娜	0	0	0	0	0	0	0	0	0	0
刘洋	0	0	0	0	0	0	0	0	0	0
张云	0	0	0	0	0	0	0	0	0	0
Tammy	0	0	0	0	0	0	0	0	0	0
李能	0	0	0	0	0	0	0	0	0	0
合计	2	3	0	0	6020000	4	0	1	3	4

图 6-152　月统计排名详情

6.4　实战演练

1. 操作步骤

第一步:指导老师下达企业客服工作任务单,介绍工作任务的背景及要求,强调构建客户关系管理平台的技能操作和技能知识点的学习,对提高客服工作效率,增强企业核心竞争力的重要作用,调动学生掌握"构建客户关系管理平台"相关技能操作的积极性。

第二步:组建企业客服实战团队,将教学班的学生按每小组 4～6 人的标准划分成若干项目小组,每个小组自主推选一名客服主管。

第三步：运用搜索引擎网上收集二手资料，了解客户关系管理平台的功能模块。客服团队成员搜索有关 CRM 的新闻报告 3 则/人，体会搭建客户关系管理平台/CRM 平台的重要性。

第四步：各个客服团队自主选择 3 个以上的 CRM 管理系统，如智云通 CRM、超兔 CRM、悟空 CRM 等，比较智云通 CRM、超兔 CRM、悟空 CRM 系统的功能模块，选出本团队拟解剖和搭建的 CRM 模型。

第五步：注册并试用超兔 XToools CRM，完成开通账号、创建公司的组织结构/登录设定/权限分配、导入客户数据（天眼查数据功能）、接触及开发客户、客户签约流程、客户维护流程、客户生命周期、绩效考核模型等实践技能操作。

第六步：集中安排各项目组向全班报告（PPT 口头报告）。由各项目小组推荐发言人或组长代表本小组，借助 PPT 展示本团队成果，说明不足之处，接受其他团队的"质询"，教师最后点评总结，并由全班匿名投票，评选出优胜团队，给予表扬与奖励。

2. 效果评价

根据学生上课出勤、课堂讨论发言、实施客户关怀、提高客户满意度和忠诚度、处理客户投诉及挽回客户流失的技能操作情况等进行评定。首先由各个客服团队主管对团队内各成员的技能操作情况进行成绩评定（优秀、良好、中等、及格、不及格），然后由指导老师对各团队提交"构建的客户关系管理平台"的技能操作成果报告 PPT 进行点评。最后综合评出各个客服团队的技能操作实战成绩，并按照以下公式进行加权计算，给出团队个人最终成绩。

个人最终成绩＝客服主管评定成绩×30％＋指导老师评定成绩×70％

表 6-1 客服主管评定组内成员成绩表

项目小组成员姓名	小组成员成绩					备注
	优秀（90 分以上）	良好（80～90 分）	中等（80～90 分）	及格（80～90 分）	不及格（60 分以下）	

表 6-2 指导老师评定维护客户关系技能操作成果及口头报告 PPT 成绩表

评价指标	分值	评分	备注
开通账号的技能操作情况	5 分		
创建公司的组织结构/登录设定/权限分配	15 分		
导入客户数据（天眼查数据功能）情况	10 分		
开发客户管理的技能操作完成情况	10 分		
客户签约与客户维护管理的技能操作效果	20 分		
客户生命周期管理的平台技能操作	10 分		
客服绩效考核模型搭建情况	5 分		
团队成果 PPT 制作质量和口头汇报效果	25 分		
维护客户关系技能操作的总体评价	100 分		

6.5 分享与反思

分享 | 5 个赞赏

范例 6-1　微盟智营销客户管理中心,助力企业以精细运营提升业绩

管理大师彼得·德鲁克强调"企业经营的真谛是获得并留住顾客"。随着移动互联网增长红利的衰退,企业营销的重心已悄然从"产品导向"向"客户导向"迁移。在存量互联网时代的大背景下,企业间对于客户增量竞争的加剧以及客户需求多元化、个性化的特征逐渐显现,使得企业传统客户关系的管理模式已无法满足企业当下诉求。同时,无法统一沉淀企业多平台客户资产、不理解客户真正诉求导致流失、缺乏符合自身业务需求的会员管理工具等问题也成为了现代企业管理有价值客户关系的层层阻碍。

微盟智营销客户管理中心以"360 客户画像""客户全生命周期模型"与"会员管理体系"为三大核心能力承载,助力企业构建全渠道客户连接、需求深度洞察与精细化营销闭环,以搭建科学高效且符合企业诉求的客户智能化管理体系,从而帮助企业实现产品的精准营销与客户价值的优化管理。

1. 智能算法动态打标,复现客户全景画像

智营销客户管理中心的客群精细标签系统,以深度精细化埋点技术,动态收集企业客户多维行为数据,并为企业提供可视化客户全貌面板,直观且实时洞悉客户现状,真正理解并把握客户诉求。

对于企业既有客户集群,企业可借助客群精细标签系统,以"预设规则""固定标签模型""外部程序实现"等多重手动或自动化的打标能力对于既有客户集群基于客户基础画像、当前特征以及全场景消费偏好因子进行聚类运算。同时,动态化对于客户群的各类身份信息、偏好行为以及消费趋势预测等细颗粒度属性进行深度智能洞察,并对每一个客户的"性别""年龄""消费能力""消费意向成熟度""近期付费意向"以及"客户来源"与"客户互动行为"等细颗粒度属性进行刻画,呈现 360°的客户全景画像,奠定企业客户精细化运营的基础。

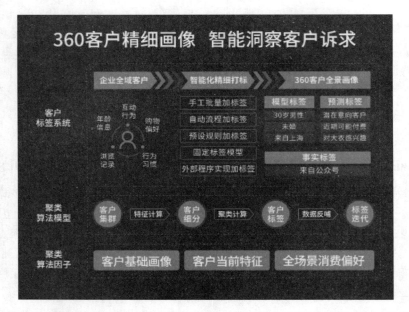

并且,客群精细标签系统将以大数据技术与 AI 能力的有机结合实现标签的自动迭代与更新,为后续的运营策略优化持续赋能。

2. 生命周期优化管理,精细运营提升黏性

智营销客户管理中心的全生命周期模型实现了基于客户运营智能算法模型与现代企业客户管理需求的有机统一,帮助企业基于客户当前价值、营销趋势构建高度灵活的客户分层分级体系。

通过对企业全渠道营销触点数据的动态化智能洞察,在企业所定义的业务规则下,企业客群将被自动分类并沉淀在全生命周期模型的各阶段内,建立高效科学的管理与精细化培育体系。企业可清晰、直观地掌握客户分布,及时调整运营侧重提升客户黏性。同时,客户管理中心全生命周期模型内置多重行业的主流模板,以满足不同行业对于客户精细化管理的诉求,并支持一键快速应用,极大程度地提高了企业客户管理的效率。

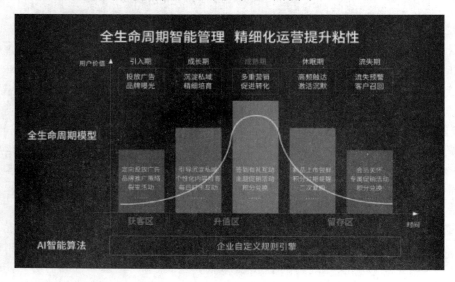

在企业预设的规则引擎作用下,企业可对处于不同阶段的客群实施差异化的运营策略:对于引入和成长期的客群,提升客户触达频次,并以精准、个性化的营销内容实现升级销售;对于处于成熟期的忠诚客户和 VIP 客户进行交叉销售,以提升客户价值;对于处于休眠期或流失期的客户进行流失预警、客户关怀并适度降级销售,以实现最大限度地唤醒与召回流失客户。

智营销将帮助企业管理者整体把控目前客群的健康度、客户运营的状态变化和趋势,真正从客户的角度去构建整体业务模型,并基于运转良好的客户数据循环不断迭代客户服务能力,实现客户运营能力与客户价值的双重升级。

3. 全域会员统一管理,社交驱动促进复购

智营销会员管理体系在原有 A-CRM(分析型 CRM)的基础能力上,以全数字化营销触点作为外延,实现包括线下门店、第三方电商平台、自有会员系统、社交媒体等企业全渠道会员的跨平台式地统一管理与全量客户资产的数字化沉淀,并以一体化的会员管理与运营能力实现企业线上与线下全场景、全渠道的会员资产打通,赋能企业以更高效、更智能的方式实现会员管理。

会员管理系统以轻量级的小程序为落地承载,赋能企业以高效轻便的方式进行会员管理:企业可以根据自身品牌定位与客群属性,借助多重可视化装修组件工具灵活轻松装修小程序页面,以个性化的内容实现品牌与会员的连接。同时,利用系统内置的积分商城和会员权益的管理能力,灵活设置会员积分体系,对不同等级的会员开放相应的会员福利,并配合以优惠券、积分兑换等方式引导会员持续复购,提升会员黏性。

此外,在任务中心,企业运营人员还可设置不同的签到、收藏、分享小程序等会员任务,以会员关怀和福利强化与会员的互动,让品牌会员小程序在社交环境中最大化传播,持续引导新会员开卡,老会员增值,优化会员管理,从而提高会员忠诚度和复购率,增加企业长期利润。

微盟智营销客户管理中心,以重构"沉淀-识别-洞察-运营"的一站式高效运营闭环为核心,结合多重 AI 算法引擎能力与差异化运营策略组合,贯穿于客户发展的全生命周期旅程。并且实现对企业客户价值科学评估与管理,客户差异化运营、客户流失风险识别与预警、大数据策略反哺优化等客户管理的核心模块的全面赋能。它从"数据驱动""场景赋能""优化人效"出发,助力企业实现内外部客户资产的良性运转循环,长期有效管理企业客户价值,提升企业经营效益。

——资料来源于官方网站艾瑞网

学习反思 | 5 个赞赏

  首先将团队与个人学习目标进行逐一对比,以清单列表或思维导图,分解出已完成和未完成两部分;然后用 3~5 个关键词描述自己团队在完成本项工作任务中未能解决的问题与所遇障碍;最后对照最佳客服团队,归纳出自己团队未完成部分的主要原因和对应责任,提交反思报告。

问题与障碍:

技能自我测试 | 5 个赞赏

一、判断题(每小题 2 分,共 10 题,总共 20 分)

1. CRM 是一种策略,不仅仅是一种技术。( )
2. CRM 就是"One-To-One"一对一营销。( )
3. 客户在整个生命周期内给企业带来的所有贡献称为客户终生价值。( )
4. CRM 通过个性化菜单,设置哪些菜单显示,哪些菜单不显示。( )
5. 客户关系管理是销售商与客户之间的关系管理。( )
6. 以客户为中心就是要求企业与所有的客户都建立稳定的关系。( )
7. 客户关系管理就是企业为对企业而言价值最大的客户提供服务。( )
8. 企业进行营销决策的主要依据是客户的行为特征、需求价值取向和成本收益。( )
9. 从客户关系管理的角度讲,当客户要离去时,企业应干脆放弃他们。( )
10. 客户关系管理是一项企业经营的商业策略,其核心思想是将企业的客户作为最重要的企业资源,通过选择和管理客户,挖掘其最大价值。( )

二、选择题(每小题 3 分,共 10 小题,总共 30 分)

1. CRM 是( )。
 A. 销售自动化   B. 客户信息管理   C. 客户关系管理   D. 客户关系营销
2. CRM 研究的是哪种类型的忠诚?( )。
 A. 垄断忠诚   B. 亲友忠诚   C. 惰性忠诚   D. 信赖忠诚

3. 在客户关系管理里,以下哪种情况不是客户忠诚的表现( )。
A. 有向身边的朋友推荐企业的产品的意愿
B. 对企业的品牌产生情感和依赖
C. 即便遇到对企业产品的不满意,也不会向企业投诉
D. 重复购买
4. 关于 CRM 产品的应用对象,以下哪一类不适合( )。
A. 市场营销人员 B. 销售人员
C. 仓库管理人员 D. 服务人员
5. 客户关系管理营销策略,成功实施的关键是( )。
A. 发掘潜在顾客 B. 留住贡献客户
C. 保持客户忠诚度 D. 培育负值客户
6. 在客户关系管理中,客户的满意度是由以下哪两个因素决定的?( )。
A. 客户期望和感知 B. 客户抱怨和忠诚
C. 产品质量和价格 D. 产品性能和价格
7. 在客户关系管理战略中,"流失预警"是对以下哪个关键因素进行管理?( )。
A. 客户满意度 B. 客户忠诚度
C. 客户状态 D. 客户成本
8. 客户关系管理常用"二八原理"分析与评价客户价值,这个原理是指( )。
A. VIP 客户与普通客户通常呈 2∶8 的比例分布
B. 企业的内部客户与外部客户的分布比例为 2∶8
C. 企业 80% 或更高的利润是来自于 20% 的客户,80% 的客户给企业带来收益不到 20%
D. 企业 80% 的利润是来自 80% 的客户,20% 的客户给企业带来 20% 的收益
9. 关于客户关系管理的战略实施层次,下列说法正确的是( )(多选)。
A. 处于最高层的是公司远景和战略
B. 人力资源管理属于企业文化建设
C. 企业价值观和文化建设是企业的"指路灯"
D. 基础信息系统是最低层次
10. CRM 与 ERP 的不同是( )(多选)。
A. CRM 客户关系管理,管理面向客户的前台应用
B. ERP 的目标是"节流",CRM 目标是"开源"
C. ERP 企业资源计划,管理企业内部应用,称为企业后台应用
D. CRM 主要给销售、服务、市场人员使用,ERP 主要是订单处理人员、财务人员使用
E. ERP 核心思想是对整个供应链的有效管理,而 CRM 核心思想是以"客户为中心"

三、设计题(每小题 50 分,共 1 题,总共 50 分)

企业同客户的关系就像人和人的关系一样,会经历建立、巩固、成长并走向成熟的阶段。许多企业往往在初期建立了良好的合作关系,却因未能及时而有效地促进客户关系的健康成长,最终难以充分发掘客户对企业的最大价值。请你为你团队所在的企业,设计一个新的 CRM 模型,通过该模型的核心功能,要能挖掘出客户最大价值。

参考答案

判断题
1. √ 2. × 3. √ 4. √ 5. √ 6. × 7. × 8. √ 9. × 10. √

选择题
1. C 2. D 3. C 4. C 5. C 6. A 7. C 8. C 9. ABC 10. ABCDE

6.6　合页式笔记与新技能 | 5 个赞赏

学生合页式笔记/评论/体会

完成合页式笔记/评论后,对其等级评价:＋赞 ☆☆☆☆☆　　分享/转发 ☆☆☆☆☆

教师实时补充合页式新技能

学习合页式新技能后,对其等级评价:＋赞 ☆☆☆☆☆　　分享/转发 ☆☆☆☆☆

6.7　技能拓展 | 5 个赞赏

1. 阅读:《客户关系管理——基于用友 Turbo CRM7.2 软件》,上海教育出版社,2019。
2. 在传统的客户关系管理中,企业同客户的相识、合作和相互尊重可以建立在理性的基础上,但客户对企业产生信赖和忠诚的关键却在于情感的召唤。凭借团队自身资源优势和创新优势,利用客户关系管理 CRM 平台,向客户提供全新的、适合客户需求的情感活动方案。